成都宽窄巷子二期概念构思：城墙上的演艺公园（设计：洪斌、李天宝、付广超；图片来源于项目组）

整合：
商业地产开发运营理论与实务

洪　斌　王玉龙　著

中国建筑工业出版社

图书在版编目（CIP）数据

整合：商业地产开发运营理论与实务 / 洪斌，王玉
龙著 . —北京：中国建筑工业出版社，2021.6（2025.8重印）
ISBN 978-7-112-25759-1

Ⅰ.①整… Ⅱ.①洪… ②王… Ⅲ.①城市商业—房
地产开发—运营管理 Ⅳ.① F293.35

中国版本图书馆CIP数据核字（2020）第256200号

责任编辑：刘　静　何　楠
责任校对：焦　乐
版式设计：锋尚设计

整合：
商业地产开发运营理论与实务
洪　斌　王玉龙　著

*

中国建筑工业出版社出版、发行（北京海淀三里河路9号）
各地新华书店、建筑书店经销
北京锋尚制版有限公司制版
建工社（河北）印刷有限公司印刷

*

开本：787毫米×1092毫米　1/16　印张：13¾　字数：290千字
2021年6月第一版　2025年8月第三次印刷
定价：**55.00**元
ISBN 978-7-112-25759-1
（36993）

版权所有　翻印必究
如有印装质量问题，可寄本社图书出版中心退换
（邮政编码100037）

整合 ——"资管"视角下的商业地产新思考

什么是商业地产？有别于销售型地产，商业地产是通过提供物业来赚取租金收入从而实现盈利的一种地产模式。本书特指"零售类"商业地产。商业地产的一项主要工作为运营。运营的核心是通过各类业态和品牌的组合使得物业收益最大化，从而有效提升租金水平。通过运营提升租金的议价能力，但最终目的还是实现资产的增值。所以，商业地产的本质是商业物业的资产管理。资产管理是一个全生命周期的管理过程，从拿地建设到运营管控都是资产管理的内容。本书从商业地产的"融、投、建、管、退"五个关键阶段，对开发运营的全过程进行了解读。

经过长期理论与实践，笔者对商业地产有以下几点感悟：

1. 我们要从"资产管理"的角度来研究商业地产

商业地产项目整合了金融、地产、物业和商业的庞大产业链条，并且通过消费者的长期重复的消费行为，实现整个产业链条的持续更新和市场流通，最终实现项目的保值和增值。但这几大元素互相制约、互相促进，在中国特殊的社会环境下衍生出了复杂的产品关系。

笔者曾经参与过一个商场装修改造的讨论。该商场设施落后，迫于市场的压力，装修工作提上了日程。经过测算，内部装修及改造需投入1500万元，但每年总租金可稳定增加500万元。开发商认为三年可收回额外投入，勉强值得投资，而笔者却认为，投入1500万元，资产估值却增加了1个亿，这个投入太值得了。笔者这个思考角度就是我们常说的"从资产管理"的角度来思考商业地产。

目前成熟的机构，无论是金融机构还是商业地产开发商，都将管控项目的核心目标放在了资产管理能力上。

2. 理清产业链的复杂关系，商业运营管理是核心

商业地产的核心是商业运营，无论是地产开发还是资产运营，最终的盈利都需要商业运营来体现。运营形式又分为重资产自持、轻资产商管品牌输出两方面。地产开发是阶段性行为，而商业地产运营则是长期性行为，所以从这个角度上考虑，传统地产开发商并不

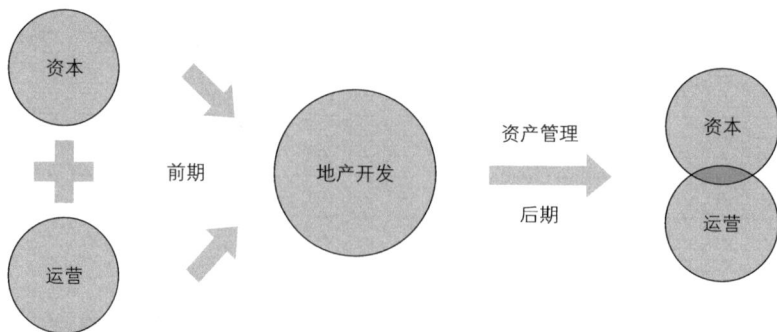

图0-1　商业地产具有三重属性之演变

适合处于整体运营的主导地位。

由图0-1我们可以看到，地产开发是商业项目的源头，决定了项目的规模和性质。但从商业项目开始运营起，就脱离了地产的属性，迈向了资本和运营的双核时代。两者在不同的方面保证了商业项目的成功经营并最终盈利。这三重属性互相制约、互相促进，在中国特殊的社会环境下衍生出了复杂的产品关系。

在整个运营中，商业是核心和本质，项目的成败最终取决于其商业运营的成败。而地产开发是基础和表象，如果没有包括拿地和建设的地产开发，附着于其上的商业运营则失去了必要的基础和载体。资本运营是线索和目的，商业地产运营的各环节都由资本运营所牵引，并且任何商业项目都是以良性的资本运营为最终目的的。

3. 商业地产的本质是"金融"，我们要从资本的层面来思考问题

作为一个泛金融类的产业，我们要从资本的层面来思考问题。为了实现"资产管理"的目标，商业地产全操盘流程包含了"融、投、建、管、退"五个环节。这五个环节构成了一个完整闭环，每一环都少不了资本的身影。商业运营背后的决定性力量就是金融，没有金融，商业运营将无法持续地实现开发和经营，而资本运作恰恰就是通向金融的最佳途径。熟悉商业背后的资本运作逻辑至关重要。

以资本的视角来看，商业地产是一个金融工具，它是通过对不同成本的资金进行有效利用来获得资产，然后在产业的大周期中，通过买进和退出来获得溢价。在商业地产"融、投、建、管、退"的闭环中，它的专注点是融和退。笔者想和大家一起从商业地产的本质出发，也就是以"资产管理"的角度，从资本层面挖掘中国商业地产特有的逻辑，以便探索商业地产运营发展的未来趋势。

4. 充分理解中国特殊的商业地产模式背后的本质

中国的商业地产产品及商业模式有什么特殊性呢？中国特色的政策制约、信贷体系是决定因素。特殊的土地、财政政策造就了中国特殊的商业地产模式。中国最大的不同是土地的公有制，政府是唯一的土地提供者。由于某些地方政府依赖土地财政，造成了短期内

一系列商业地产特殊的资本运营模式。为什么笔者一定要强调短期内？因为笔者相信中国商业地产的发展模式最终会与国际接轨，并为世界商业的发展做出应有的贡献。

5. 研究典型企业模式，从40年的发展史里找出规律

时势造英雄，中国商业地产的40年，都是和社会变革相呼应的。社会变革带来了企业和商业产品模式的变革。

40年间，中国社会经历了计划经济转轨、住房改革、地产上升周期、证券市场改革、国企改革，以及现在的供给侧改革、去杠杆等一系列历史阶段。这中间涌现出一大批有代表性的企业，也产生了多种多样的运营模式。

40年的"中国式"蜕变之路中有两个关键词："争论"和"试错"。有许多困惑和争论，也有很多新思路。转型升级无处不在，无时不在……

我们能不能用一种剥丝抽茧的办法，找出其中的规律呢？那就是分析典型企业的发展史。本书选择了几个典型的商业地产公司，对它们的商业模式进行研究剖析。

6. 展望未来，研究商业地产业态的未来发展趋势

商业地产商需要在内外部变化中掌握消费需求变化规律、新技术迭代规律，洞察商业业态变革与发展规律，从而为商业的创新与发展提供有力支撑。随着购物中心数量在全国的迅速增加，一线城市开始出现商业地产过剩现象，竞争愈发激烈。抢占消费者时间和心智的体验式商业开始成为主流：差异化定位凸显、建筑和空间环境升级、体验类业态（主题）开始炙手可热……

商业地产市场从"增量时代"向"存量时代"转换之际，商业市场细分不断深化，项目定位升级、个性化明显，体验式商业成为主流，各个运营商都在建筑、场景、特色营销等各个环节进行创新突破（图0-2）。

7. 商业地产操盘流程的"闭环"是项目成功的保障

纵观整个商业地产项目的全程操盘过程，笔者将其分为三个关键阶段：产品打造期、开发建设期、经营管理期。本书将围绕这三个阶段，运用思维导图的表达方式进行展开，选取相对重要的关键点进行详细的阐述（图0-3）。

商业地产具有"投资大、风险大、收益大"等特点，如果能通盘考虑，就可能使投资有保障，风险降至最低，收益最大化。其中，产品打造期主要涉及最根本的商业模式问题，关系到项目后续的运作逻辑。经营管理期的长期运营能力是资产回报的关键。

除了对以上七点感悟进行描述外，本书还对商业本身的内涵和发展趋势在以下几个方面进行了阐述。

（1）文化的追求：体验式商业从有趣到灵魂塑造

如果说文化街区、美食主题街、IP形象展等创新形态是体验式商业的"形"，那么现阶段全国的购物中心则迈向了探索体验之"魂"的阶段。带有文化内涵的商业地产往往能

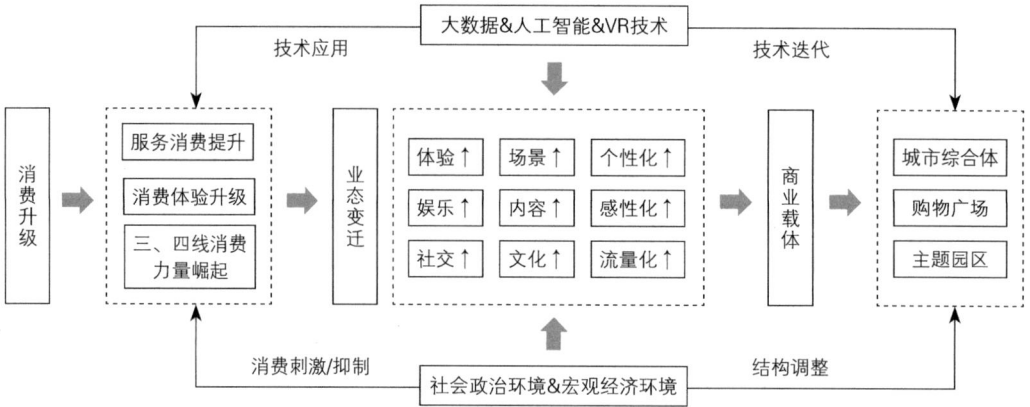

图0-2 商业变迁逻辑图：消费升级、业态更替，驱动商业地产高质量发展

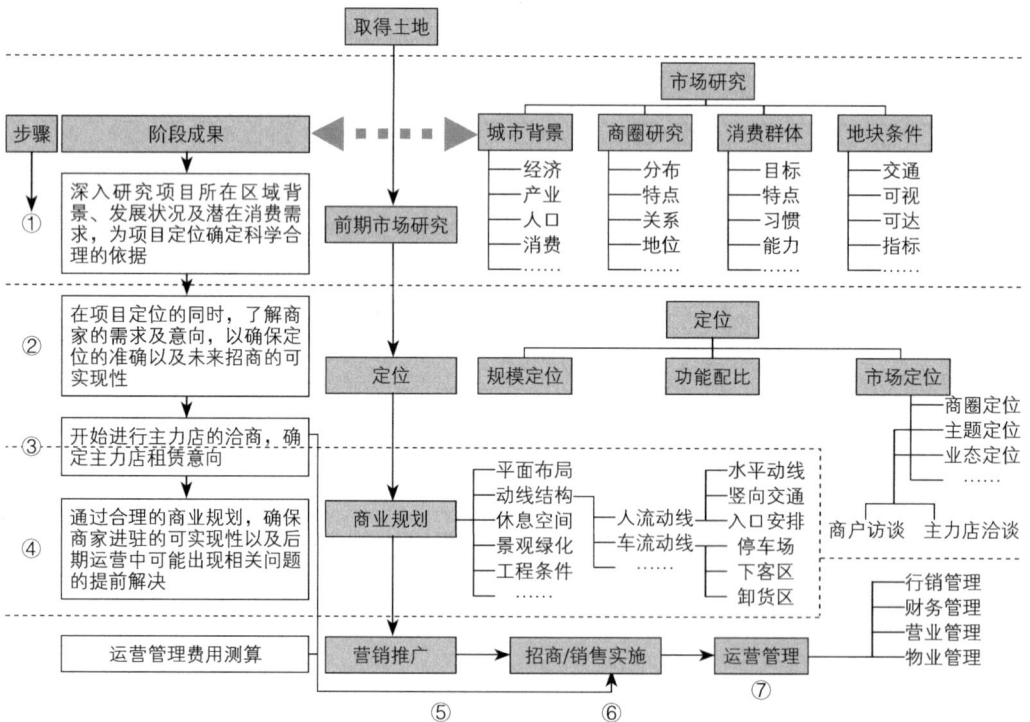

图0-3 商业地产实际操盘基本流程示意

从千篇一律的购物、娱乐、零售等常规定位中脱颖而出，成为整个商业项目的重要卖点和增值点。复合型文化空间的加入就成为商业综合体破局的思路之一，消费者在这里就能够满足所有的生活需要。

（2）差异化产品创造：精准定位与运营升级，打造个性化体验和差异化品牌

为应对消费者不断升级的消费需求，企业在商业创新方面，应坚持差异化定位，补足

区域功能短板，打造休闲娱乐的体验式场景；同时运用特色主题IP赋能，丰富商业内容，从内容和场景上提升体验感和互动性。如此，方能打造出备受消费者喜欢的产品，引领消费升级新趋势。

（3）退出渠道多元化：关注资产证券化，REITs①落地基础不断夯实

商业地产更加显现其资本属性。商业地产的"融、投、建、管、退"五个阶段中，其中的"退"是核心，最终的获利退出是终极问题。当开发商更多地抛弃散售模式而选择持有物业之后，如何通过资本通道退出变得更为重要。在那么多退出模式中，资产的证券化是商业地产退出的最优出路。REITs是商业地产资产证券化的核心产品。REITs是出口，没有它，其他的金融创新都会因为没有退出通道而无法顺畅地在商业地产项目中展开。本书在此方面作了较大篇幅的论述。

（4）资本整合进程加速：并购与整合加速，"补短板"与"扩规模"成效显著

历史上每一次商业地产并购浪潮的兴起，都与"时"和"势"息息相关。近两年，随着国家对住宅房地产市场的调控及线上商业流量增长的不断放缓，消费者对线下体验的需求回归，中国商业地产正渐渐走出低谷，迎来重要的行业"拐点"。

商业地产项目的整合主要分为扩规模和升级改造两类。一线城市主要通过收并购改造获取优质项目。如有资金实力且布局早，可以渐成商业强者。另外，已有商业项目的升级改造近年更加频繁，原本相对成功的购物中心在升级后继续保持优势地位。整体来看，扩规模和补短板策略下，行业的集中度会越来越高，能否成为行业排头兵，关键在于2020年及以后，能否在这两方面依旧保持优势。

商业地产行业已经进入调整和高度竞争期，面临众多的不确定性。这对于市场中的各类参与主体提出了新的挑战，企业需要不断调整和完善自己的发展路径，准确把握政策走向和市场需求，在价值投资的原则下，积极应对市场变化。

本书着重在新趋势研究方面进行阐述，成书之时的疫情发展也给商业地产带来了巨大冲击。这个冲击是短时的，对于商业地产而言，疫情不会改变趋势，只会使更新迭代加速。疫情危机将加速行业整体格局的重构、服务模式的重构，甚至业务模式的重构。在重构的过程中，商业地产的整体逻辑是不会变的，甚至在关键元素中进行了强化（图0-4）。

商业地产依靠资本和规模进行大体量的简单复制终将成为过去时。在产业发展、消费模式升级的情况下，商业地产的功能与业态也产生了翻天覆地的变化。本书最后引用了笔者另一著作《整合：商业综合体全程设计》中的结语：变革与时代共舞，商业地产永恒的主题。笔者设想：是否可以遵循《失控》的作者凯文·凯利（Kevin Kelly）总结的"九律"那样去思考、去工作呢？如何无中生有？商业地产是如何演变、进化的？我们研究商业地

---

① Real Estate Investment Trusts，房地产信托投资基金。

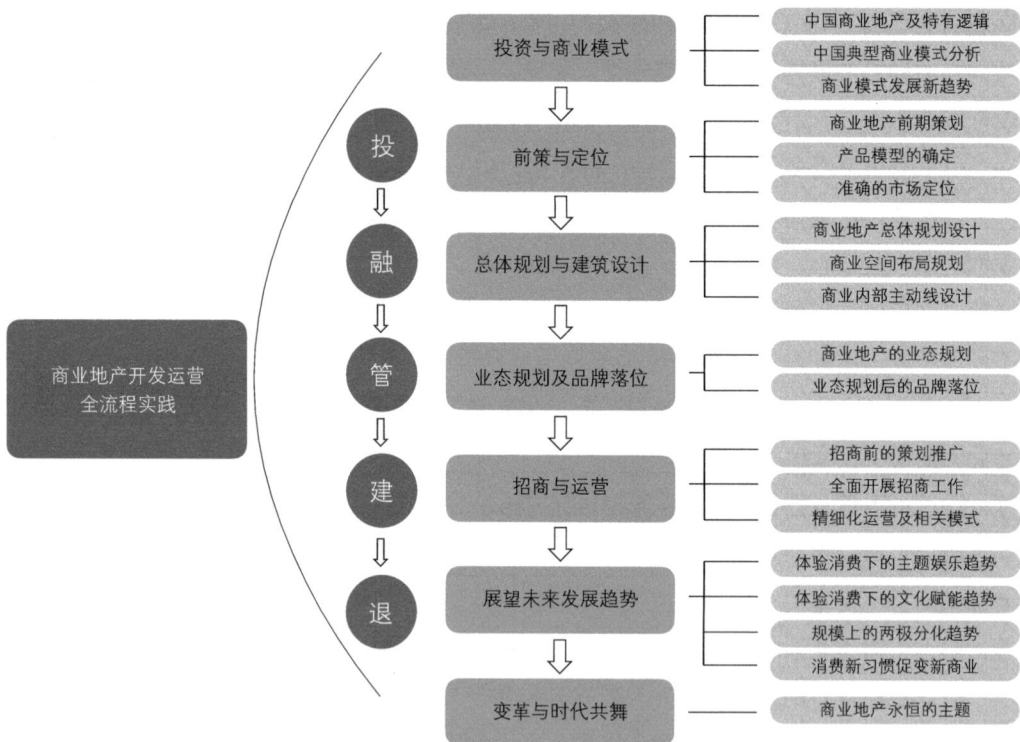

```
投资与商业模式 ─┬─ 中国商业地产及特有逻辑
              ├─ 中国典型商业模式分析
              └─ 商业模式发展新趋势

前策与定位 ─┬─ 商业地产前期策划
          ├─ 产品模型的确定
          └─ 准确的市场定位

总体规划与建筑设计 ─┬─ 商业地产总体规划设计
                 ├─ 商业空间布局规划
                 └─ 商业内部主动线设计

业态规划及品牌落位 ─┬─ 商业地产的业态规划
                 └─ 业态规划后的品牌落位

招商与运营 ─┬─ 招商前的策划推广
          ├─ 全面开展招商工作
          └─ 精细化运营及相关模式

展望未来发展趋势 ─┬─ 体验消费下的主题娱乐趋势
                ├─ 体验消费下的文化赋能趋势
                ├─ 规模上的两极分化趋势
                └─ 消费新习惯促变新商业

变革与时代共舞 ── 商业地产永恒的主题
```

图0-4　本书阅读导图：商业地产开发运营全流程阐述

产的变化、大自然的进化，其实就是研究商业地产的进化方向。

在本书中，通过对大自然"九律"的一些领悟，笔者实现了对商业地产的"全程设计"到"全流程操盘"的思考演进。

全书引用了大量的设计案例。除了笔者作为建筑师时主持设计的15个商业设计项目外，写作过程中的资料得到了国内众多知名设计单位、房地产公司、学者和师长的支持与提供，如深圳中深建筑设计有限公司、美国凯里森建筑事务所、美国RTKL、美国捷得JERDE、美国AECOM、英国BENOY、英国EDAS、悉地国际（CCDI）、北京市建筑设计研究院、华东建筑设计研究总院、浙江绿建、上海三益设计、中船第九设计研究院等。他们有的提供了详细的设计资料，有的作为顾问为我们提供了技术支持，有的甚至帮助我们撰写了部分内容。如悉地国际的艾侠，振联控实业总裁丁积朋，室内设计师姜智军等；美国BPI照明设计的曲涛和西安建筑科技大学建筑设计研究院上海分院院长张剑光还参与了灯光照明内容的写作；同杜文商设计院的同事们在资料提供和文章写作上给予了无私的帮助。特别感谢上海杜房的商业专家张晓锋、城典（上海）合伙人李兆奇等，对书稿提出了尤为宝贵的意见，使书的内容、深度等有了明显提升。

还有在写作过程中一直给予鼓励和帮助的家人、朋友、同事们，在此一并致谢！

目录 | Contents

1 综述：中国特色的商业地产模式解读

关键词：商业模式

我们为什么要从一开始就关注商业模式？因为商业地产的核心价值点就在于"商业模式"。商业模式构成了商业地产开发的核心竞争力，决定了该企业的商业版图。国内的万达集团能成为中国最大的商业地产集团，就是得益于独特的"现金流滚资产"商业模式以及特殊阶段的社会发展需求。全世界最大的商业地产商——澳大利亚的西田（Westfield），也是利用独特的房地产信托投资基金（REITs）和投资商模式发展为世界巨头的。

商业模式包含了企业开发的金融、产品、运营、品牌、资源、拿地等各种模式，解决了一系列的市场难题，最终决定了企业的扩张速度、品牌价值和市场地位（图1-1、图1-2）。

作为物业的持有者及运营者，商业地产的开发模式、融资模式、经营模式及功能用途都有别于散售住宅、公寓、写字楼等房地产形式。商业地产的参与者有房企、房地产基金、商业地产运营商，同时涵盖了重资产、中资产、轻资产等三类模式。商业地产包含了资本、运营和地产三种属性，互相制约、互相促进，在中国特殊的社会环境下衍生出复杂的产品关系（图1-3）。关注商业模式是我们思考的起点，本书更侧重于论述中国特色的地产商业模式。

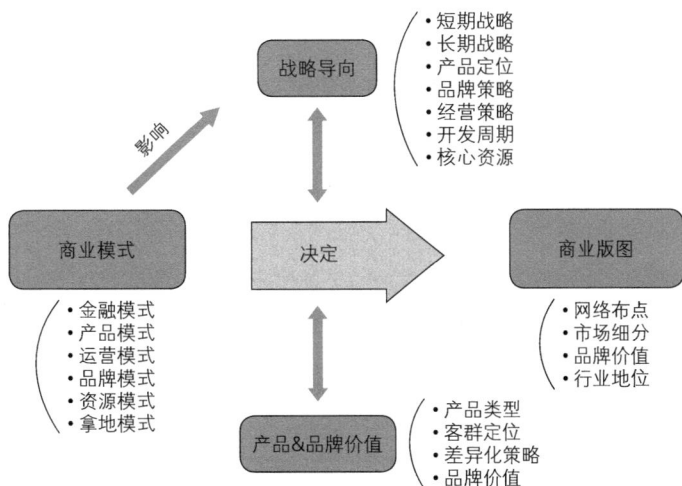

图1-1 商业模式与商业版图的关系

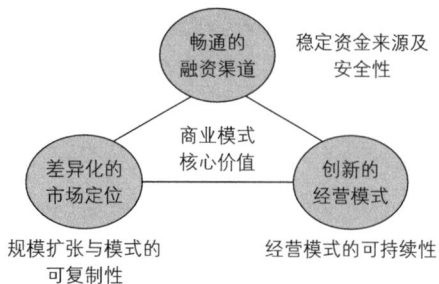

图1-2 商业模式的核心价值分析

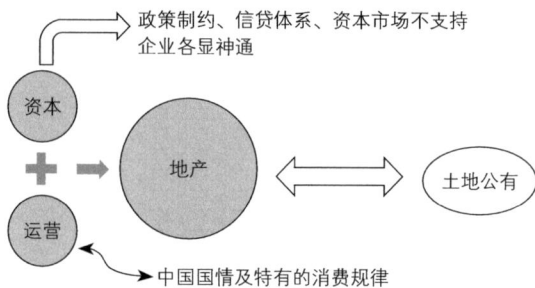

图1-3 商业地产的三种属性，互相制约，互相促进

1.1 中国商业地产史及特有的逻辑

资产管理就是与时间赛跑的游戏。商业发展都有特定的阶段性，商业也有一定的发展路径可循。

1.1.1 简述历史，寻找发展轨迹

20世纪80年代至今，中国商业地产经历了40年的蜕变发展。从最初的萌芽到逐步成型，伴随着商业模式的不断调整，中国商业地产完成了其特有的中国式演变之路。

1. 中国40年商业地产发展史简述

走过战争，又历经政治与经济政策的起伏跌宕，坎坷中前进的中国商业地产一直是和中国经济的发展相伴相随的。从百货商业到购物中心，现代商业在中国有一百多年的发展史，而真正进入快速发展历程的是最近的40年（1980～2020年）。随着改革开放的进程，中国商业地产经历了起步、上升、爆发和成熟等各个阶段。

（1）起步阶段：商业步行街、百货的兴起

往前追溯150多年，百货这个业态一直是世界都市的窗口、商业文明的象征，在众多零售业态中一直处于核心地位。中国第一批百货公司在20世纪初就已出现，到了20世纪80年代开始重新兴起。

1981年，"深圳最老商场"——位于深南大道的天虹商场开业。

1993年前后，全国刮起一阵百货商店兴建之风。

1995年，"中国第一条商业步行街"，广州上下九街诞生，一跃成为广州最繁华的商业集散地。

（2）上升阶段：从百货到购物中心的转变

1998年7月3日，是中国住房制度改革的一个分水岭。原先的福利分房制度被废止，房

地产开始市场化，迎来了地产的黄金20年，同时，商业地产随之大发展。

由于购物体验单一，百货类商业模式不久开始步入下行通道，1998年成为"百货的倒闭元年"。这时，Shopping Mall等购物中心概念开始流入国内，"造摩运动"拉开帷幕……

1999年，上海港汇恒隆广场开业，设计理念及业态布局都相当先进（图1-4）。恒隆之后，凯德、新鸿基等优秀的外资开发商纷至沓来。

1999年，万达在全国首创了商业和地产相结合的"订单地产"，从此步入快速发展期。

图1-4 20世纪的上海港汇恒隆

2004年，深圳万象城亮相，采取"主力店+次主力店+专门店"的门店组合形式。

（3）爆发阶段：购物中心刮起"个性化"风潮

随着购物中心数量在全国的迅速增加，一线城市开始出现购物中心过剩现象，竞争愈发激烈。抢占消费者时间和心智的体验式商业开始成为主流：差异化定位凸显，建筑和空间环境升级，体验类业态/主题开始炙手可热。

2010年，北京朝阳大悦城开业。朝阳大悦城在主题空间打造、主题性活动推广、品牌调整升级等方面不断进行创新探索，其打造的"悦界"和"拾间"已然成为业内标杆。

2012年，侨福芳草地开业。艺术品的经营，打造了艺术博物馆式的空间，艺术主题的活动俨然成为商业地产领域的新"网红"。

2018年，上海世茂广场改造开业。它以"歌剧院"为设计理念，定位为"魔都潮流枢纽"。项目以强基因的IP与潮流文化，营造出了"零售+体验"的多元复合业态，打造了综合性的文化场所。

（4）成熟阶段：产品模式逐渐稳定，资管模式开启

这40年间，中国社会经历了计划经济转轨、住房改革、地产上升周期、证券市场改革、国企改革，以及现在的供给侧改革、去杠杆等历史阶段（图1-5、图1-6）。

乘着政策之风，开发商阵营在不断地进行分化，房地产产品业态日渐丰富多元。资本大量流向持有型投资物业，地产企业的融资也逐渐从单纯依靠银行贷款转向与机构资本进

功能单一，较低端，如延安路两侧商业街	商业和办公两种功能集合体	集商业、办公、酒店、住宅、旅游、会展、交通、文化等多种功能于一体	集文化、体验、娱乐为一体的市民生活、交往中心
线性商铺	商办综合楼	城市综合体	商、旅、文综合体
直线形布局	简单块状布局	综合立体几何布局	定制式几何布局
初级阶段	中级阶段	中高级阶段	高级阶段
改革开放至90年代中后期	90年代末	现在	未来

发展阶段

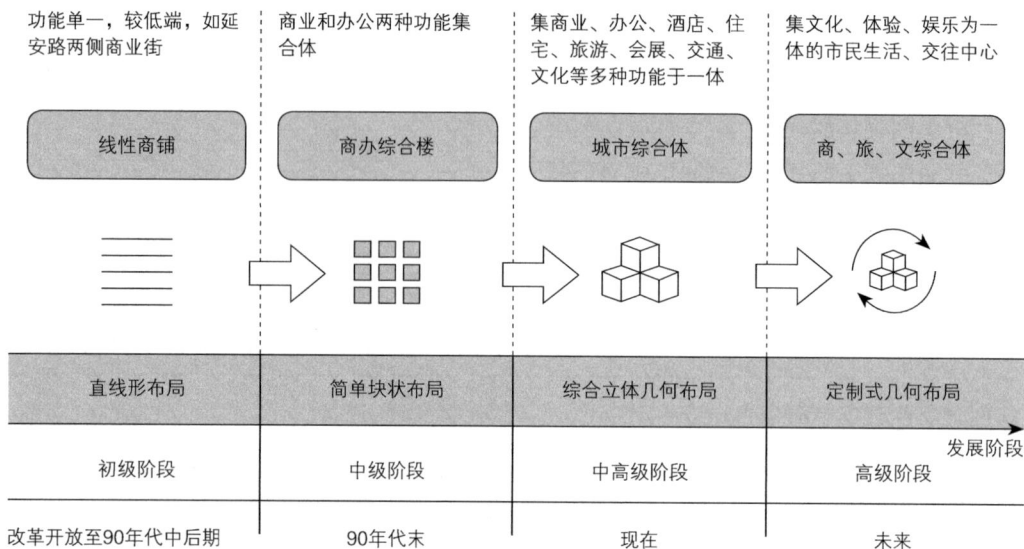

图1-5 我国商业地产40年的发展完成了从初级到高级的转化

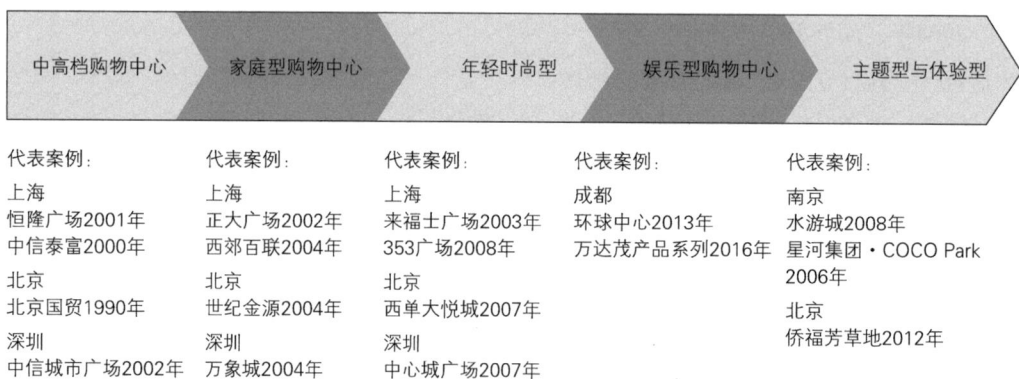

中高档购物中心	家庭型购物中心	年轻时尚型	娱乐型购物中心	主题型与体验型
代表案例： 上海 恒隆广场2001年 中信泰富2000年 北京 北京国贸1990年 深圳 中信城市广场2002年	代表案例： 上海 正大广场2002年 西郊百联2004年 北京 世纪金源2004年 深圳 万象城2004年	代表案例： 上海 来福士广场2003年 353广场2008年 北京 西单大悦城2007年 深圳 中心城广场2007年	代表案例： 成都 环球中心2013年 万达茂产品系列2016年	代表案例： 南京 水游城2008年 星河集团·COCO Park 2006年 北京 侨福芳草地2012年

图1-6 商业中心在中国发展的不同阶段

行股权合作或资产证券化操作。提升以回报管理为中心的资产管理能力、实现与资本对接越发成为市场的新趋势。

2. 我国商业地产的现状、机遇和挑战

目前，商业地产竞争加剧，"存量过大"及"同质化"严重是最大的现状特点。

2019年以来，受宏观经济运行及行业变革等内外部因素影响，新建商业地产的开发投资和销售面积均出现同比下降，使本来就已进入存量竞争的商业地产市场的库存压力进一步加剧，商业地产的运营能力就变得更加重要。另外，在经济结构的持续优化、新技术的迭代升级以及消费新趋势等共同作用下，商业地产行业的变革与调整步伐进一步加快。

此外，商业的同质化严重，电商的冲击加大。电商交易模式持续冲击实体商业市场，电商的崛起对于线下实体商业的影响持续发酵。社会消费品零售总额的增长活力更多地来自网上消费，线下实体商业受到冲击。

关于商业地产如何发展的问题，社科院2018年曾经预测：未来几年内，中国的商品交易市场将有三分之一被淘汰，三分之一转型为批零兼有的体验式购物中心，三分之一实现线上线下对接。面对激烈的存量竞争，商业地产商需要在内外部变化中掌握消费需求的变化规律、新技术迭代规律，洞察商业业态变革与发展规律，从而为商业的创新与发展提供有力支撑。

这里我们要着重关注：如何创新？

随着人的需求不断升级，消费者的获得感阈值也在不断提高。在商业创新上，企业应在体验场景和商业内容上发力，不断丰富居民的休闲娱乐生活（图1-7）。

为应对消费者不断升级的消费需求，企业在商业创新方面，应坚持差异化定位，补足区域功能短板，打造休闲娱乐的体验式场景；同时，运用特色主题IP赋能，丰富商业内容，从内容和场景上提升体验感和互动性。

在这个变革的过程中，市场将面临从"通用化购物中心"向"定制化购物中心"模式的转变。

传统商业，数十年如一日，统一品牌、统一业态组合、统一设计的标准化复制模式在商业地产行业大行其道。商业地产运营商以产品线的形式覆体量从1万～10万m²的所有商业地产项目。这些项目都有类似的主力店或自营业态，进行模块化设计。这种模式就是"通用化购物中心"，支撑了批量复制时期的商业地产增长。这个新时代就是"定制化购物中心"模式时代（图1-8）。

在这个新时代，从"资管"的角度出发，持有优质资产并具备资产管理能力的企业将胜出。以资产管理能力为核心竞争力，为资本服务的大资产管理时代为期不远。

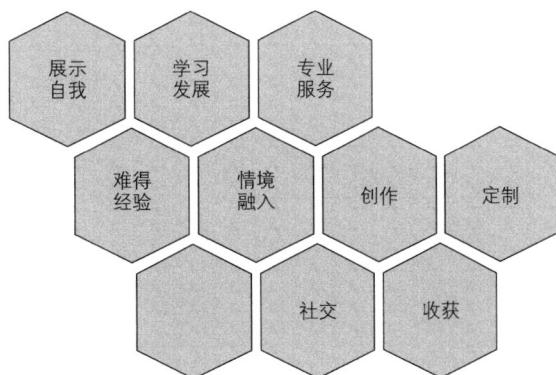

休闲娱乐、餐饮不等于体验业态，现在所流行的文化体验、儿童体验、科技娱乐、运动体验、IP主题展是体验的表现形式。
但体验业态并不等于体验性商业，不能忽略项目业态的全局性和准确性，要打造整体性的体验环境。

图1-7 利用"体验业态"来解决商业的问题

图1-8　中国商业地产"定制化"模式的三个发展阶段

1.1.2　中国商业地产的"盈利"模式及底层逻辑

无论是广义还是狭义，商业地产都是房地产商品的一个分支，其建设开发同样是为了实现对商铺的租售，从而获利。商业地产开发的本质是通过地产开发整合各种资源，最终形成一个可以提供稳定现金流的房地产载体。商业地产也是一个可以提供长期收益权的金融工具。

作为泛金融类产品，商业地产的"投、融、建、管、退"五个环节构成一个完整闭环，每一环都少不了资本的身影。但在传统的中国商业地产模式中，资本仅在企业内部循环，这与欧美发达国家的商业地产游戏规则完全不同。

我国商业地产的营利模式可分为五大类，如图1-9所示。

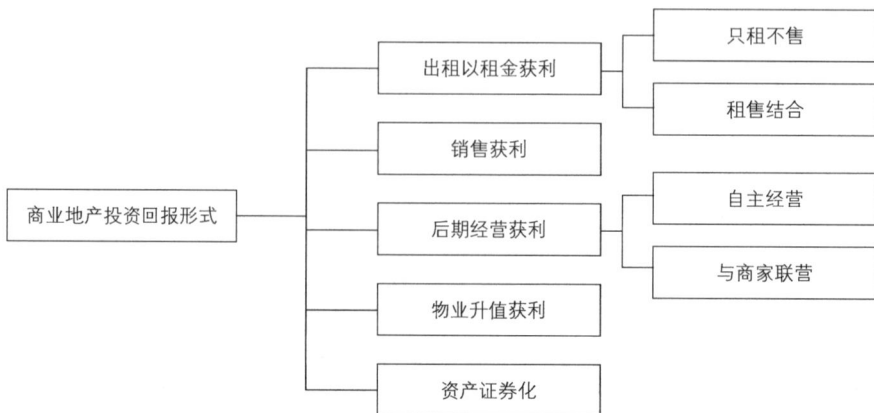

图1-9　商业地产的五种投资回报形式

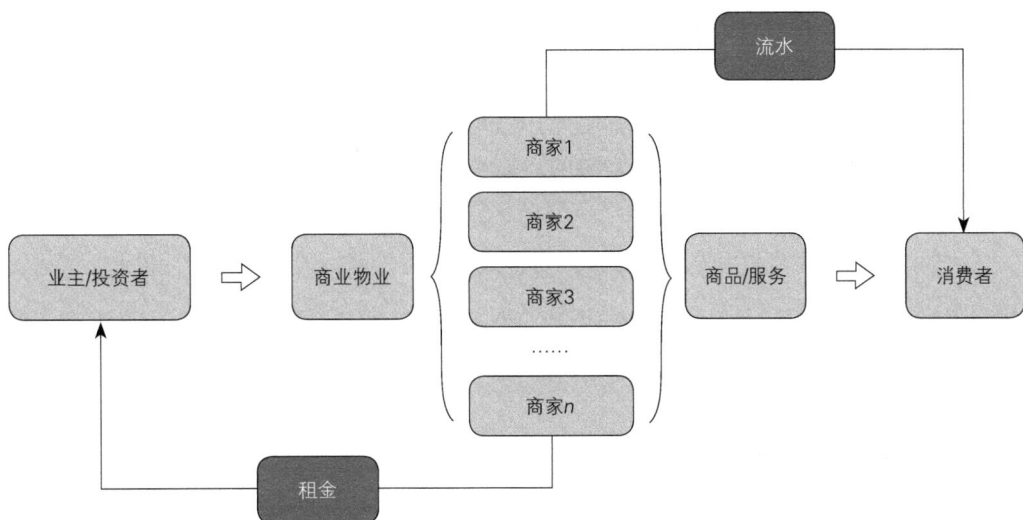

图1-10 开发商直接面对商家租户，间接面对消费者

（1）第一种模式：出租以租金获利

这种模式从根本上阐述了商业地产开发的本质：租赁给商家用来作为商品交易、提供服务的场所。这种模式由开发商进行市场培育，营造商业氛围，并承担经营风险，通过持续有效的经营管理提升商业价值。

整个项目过程中有三大主体：业主/投资者、经营商家、消费者（图1-10）。

目前市场上的持有型商业如购物中心、专业市场、社区商业等都属于此类模式。在具体的操作方式上，租赁模式又分为整体出租、分层或分片出租、零散出租等形式。在这种模式下，大型商业物业就是一个以追求租金收益为目的的资本载体。

开发商还创造了一种"租售结合"的妥协模式。这种模式就是持有一部分、销售一部分，既解决短期现金流的问题，又解决统一招商运营的问题。甚至还有先租后售型，待运营成熟后，带租约并溢价分割销售。

在这种"租售结合"的模式之中，统一整体运营是关键。只有统一经营管理、业态控制和招商，才能避免空铺、死铺，无论长期持有收取租金还是散售产权回笼资金，各方都能顺利退出。这就是"运营为王"的道理。

（2）第二种模式：销售获利

开发商销售、出让产权，销售完成后不再进行干预，仅由物业管理部门进行日常的统一维护管理。这是典型的传统地产商普遍采用的经营方式。这种方式可以快速回笼资金，实现短期套利。缺点是：产权分割销售后，经营权迅速分散，开发商无法进行统一的招商和经营管理，导致业种业态组合混乱，呈现出一种无序状态。最终导致经营不善，商铺的价值大为缩水。当然，整体销售可以避免以上弊端，但市场价值无法充分体现。

（3）第三种模式：后期经营获利

这就不是我们常说的商业地产的范畴了，这是一个商业的范畴。开发商自己本身就是一个商家，靠商业经营直接获利。这是一个刨除资产升值因素后纯经营回报的营利模式，涉及投资回报率，也就是国际上通常讲的"资本化率"。此模式与第四种模式，即物业升值不矛盾，一般同时采用。

后期经营有自主经营和与商家联营两种模式。自主经营一般介入百货、超市、家居卖场、酒店等行业。与商家联营一般是与知名商业企业形成战略联盟，执行国际上通用的"先招商、后开发"的开发理念。但由于商业零售巨头对合作伙伴及项目地段的选择非常苛刻，中小开发商的机会有限。

（4）第四种模式：物业升值获利

这就是本书重点讲的"资管模式"。在成熟市场中，资本与地产高度结合，资产管理能力更是企业的核心竞争力之一。

优质持有型资产既是资产，更是金融市场保值和升值的工具。一个优质商业物业主要体现在四个方面：地址、物业本身、租户/商户、运营管理。要完全靠运营带来的物业升值退出获利，这四大要素缺一不可。

地址是商业物业最重要的影响因素之一，而其所处的区域或位置的土地本身就具有价值，例如潜在的产出、潜在的需求等。物业本身的硬件设施、设计、配套设施等也会对物业价值产生较大的影响。从成本估算来看，高端的建筑材料、优秀的建筑设计和空间规划、电梯、停车场、智能设备等，都能提升物业自身的价值。租户/商户和运营可以带来商业物业的增值。运营对物业的影响包括招商能力、品牌运营管理能力、物业服务、安保服务等。

从图1-11中我们可以看到：销售商铺或者先租再销售商铺的方式虽然资金回流快，但售后总收益在长期上没有持有商业并长期运营收益大。

（5）第五种模式：资产证券化

商业地产的资本属性更加明显，如何通过资本通道退出变得更为重要。

资产证券化的出现会改变传统的商业模型，成为未来商业地产行业发展的重要方向。房地产直接相关的资产证券化产品涵盖了私募REITs、准REITs、资金收益权证券化、物业费证券化、购房尾款证券化等。资产证券化对于房地产有两个意义：一是依靠资产增值和结构化评级获得一个高评级，同时通过流动性来获得溢价，优化企业的融资成本和资本结构；二是以私募REITs和REITs为代表的权益类证券化发展，可以盘活开发商的资产空间。

通过以上分析可知，中国商业地产的本质属性还是"商业+地产+金融"，是为资本回报服务的（图1-12）。商业地产的核心能力是"资产管理"能力这一点也没变。

中国目前的地产分为持有型和可分割销售型两大物业，一直是销售型占上风。市场上，商业地产的运营管理也一直不受重视。究其原因，是目前中国的资产证券化选择方式

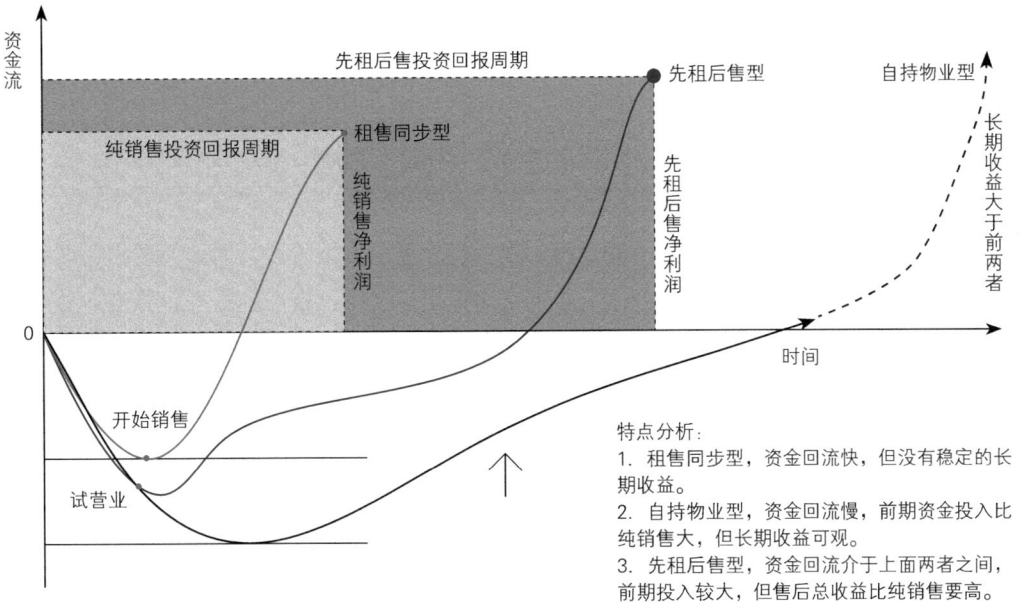

图1-11　几种营利模式收益对比表（来源：上海万科社区商业研发手册）

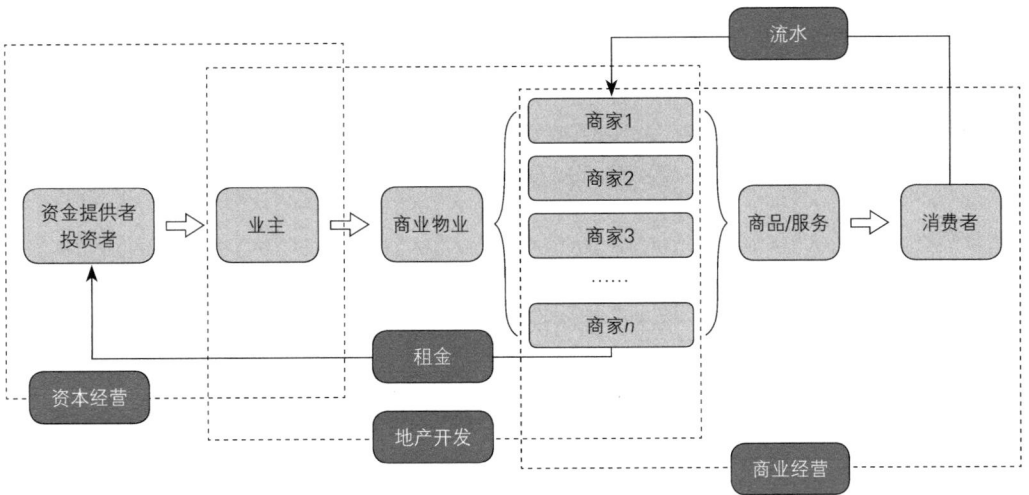

图1-12　资本为龙头的开发经营流程分析

有限，尽快退出渠道受限所导致的。比如现有的运营贷、资产证券化（CMBS、ABS）等金融手段都无法让散户参与，流动性不足。中国商业地产正是由于缺少像REITs这样的有效退出机制，导致商业地产开发商难以真正以资产增值为获利手段。也正是因为资本环境的不匹配，导致国内商业地产项目的营利模式多数以散售为主。但从整体上看，注重运营的核心逻辑也没变，所以在特殊的历史时期创造性地出现了"现金流滚资产"的模式（见下文分析）。

在现阶段，由于住宅开发产能过剩，中国地产市场正在进行结构性调整。货币增发伴随着资本市场的创新和多元化，地产与资本的融合不断深化。金融改革正在催生REITs市场，中国商业地产新的分水岭也即将到来。

1.1.3 REITs，中国商业地产的未来"资管"利器

商业地产的开发全过程包含"融、投、建、管、退"五个阶段，而如何退出，即如何最终获利是商业地产开发的终极问题。在那么多退出模式中，资产的证券化是商业地产退出的最终出路。而REITs是商业地产资产证券化中的核心产品。

REITs（Real Estate Investment Trusts）全称为房地产信托投资基金，是通过发行股份或收益凭证汇集资金，由专门的基金托管机构进行托管，并委托专门的投资机构进行房地产投资经营管理，将投资综合收益按比例分配给投资者的一种信托基金。

REITs就是以商业物业的现金流收益为基础，将整个商业物业拆成等额的收益凭证，称之为REITs单元，然后把这些REITs单元转让给普通投资人。这些REITs单元是可以上市流通的，就像股票一样，大家可以在证券交易所自由买卖，不受限制。

REITs有以下六个特点：

第一个特点是"持有型物业"。REITs只能投资成熟的收租型物业，不能投资其他产业，也不能投资房地产的开发。

第二个特点是"强制性分红"。REITs收益中的绝大部分，必须在当年分配给投资人。

第三个特点是流动性。它跟股票一样是可以上市交易的，普通投资者可以在交易所自由买卖。

第四个特点是专业化。REITs推出之后，很可能促使整个行业形成专业化分工的局面。开发商只负责拿地开发。资本方负责融资，在开发阶段可能会以信托、私募为主，等到运营之后，通过REITs退出。运营则会交给专业的商业管理公司，其中有些项目会采取商管和物管合一的模式，还有些项目会从商管公司再分出一个专业的物管公司来。

第五个特点是多元化。REITs的要求是收益稳定、安全，为了达到这个目的，REITs会考虑以多元化投资来分散风险，它会在不同地域和不同业态间进行合理的资产配置。

第六个特点是免税。按照国际惯例来讲，对于投资者的投资收益是要免税的。

对开发商而言，REITs并不是解决项目退出问题的"万能钥匙"，而是对其资产运营增值能力提出了更高的要求。但由于REITs具有以上特点，所以，商业管理公司可以甩掉前期投资回收的包袱，轻装上阵，只考虑如何把项目运营好就可以了。

商业地产运营真正的核心是系统优化，系统优化的重点是资产管理。所以，成熟的商业地产投资开发商都将管控项目的核心目标放在了资产管理能力上。资产管理是一个全生命周期的管理过程，从拿地到建设开发，到运营管控，都是资产管理的内容。诊断、优化、

改进项目，帮助资本退出获利是资产管理的核心内容。REITs是资本有效退出的有力工具。

国内商业地产若要建立REITs，需围绕持续提升租金收入、持续保证资产增值以及资本化操作三大目标进行组织建设。未雨绸缪地进行组织架构优化，并进行基于资产证券化的业务重组，将是大势所趋。

在REITs的组织形式方面，房地产基金一般分为公司型、契约型和有限合伙制型，其中有限合伙制型一般适用于私募基金，REITs主要体现为公司型或契约型。组织的建设除需考虑当地法律法规外，更重要的是明确组织建设目的，"以终为始"地组建架构。国外成熟的商业地产公司一般由三个板块或公司组成：首先是一个REITs运营机构，其次是商管公司，最后才是房地产开发商。成熟的REITs机构，其类金融和商业管理结合的组织特征较强。

案例：澳洲西田（Westfield）的强大资本运作能力

西田由洛伊（Frank Lowy）和桑德斯（John Saunders）在1953年创立，目前在美国和英国拥有35家购物中心，是世界上最大的购物中心集团，也是最初从商业地产商发展起步的。

西田集团的运作模式为：房地产投资信托基金（REITs）和投资商是市场主导者，而开发、建筑、销售及其他服务都是围绕资本进行运作的。

上市17年后，西田感觉发展遇到了瓶颈，开发资金大部分来自借贷，资产负债率高达81.7%。于是，西田开始从两个方面入手解决这一问题：

（1）对旗下商业资产进行重新评估，以体现客观的资产价值。

（2）分拆西田上市公司为西田控股（Westfield Holdings）和西田信托（Westfield Property Trust）（图1-13）。

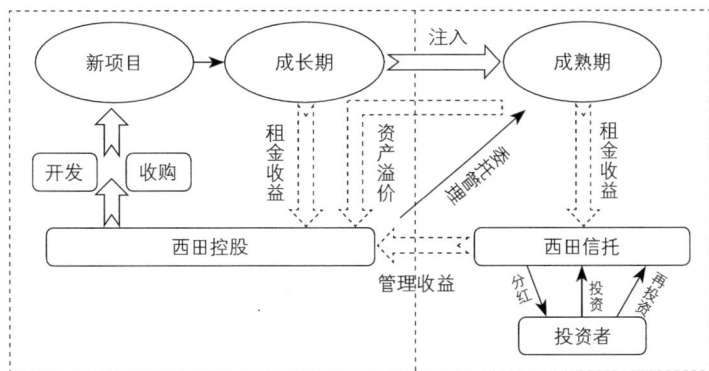

图1-13 澳大利亚西田公司的公司构架

经过分拆重组，西田信托成了西田购物中心的持有者，西田控股的负债大幅降低，流动资金充裕。西田控股开始集中精力于购物中心的商业、物业管理和项目开发。西田信托着重于投资，通过合理的投资策略实现低风险、高收益的回报，以吸引机构和个人投资者购买，进而为西田控股提供强有力的资金支持。西田开发项目的收回成本周期缩短，运转速度加快。西田在商业地产开发运营方面的优势，如同一个马力足、效率高的引擎，西田信托为它提供源源不断的燃料，助其走上了全球化扩张的道路。

1.2 中国商业地产典型商业模式分析

社会变革带来了企业和商业产品模式的变革。40年间，中国社会经历了计划经济转轨、住房改革、地产上升周期、证券市场改革、国企改革以及现在的供给侧改革和去杠杆等历史阶段。期间既涌现出了一大批有代表性的企业，也产生了多种多样的运营模式。

但由于缺少像房地产信托投资基金这样有效的资本退出机制，中国商业地产的商业模式也自有一些特点。40年的"中国式"商业地产蜕变之路中有两个关键词："争论"和"试错"。在特有的历史周期，中国商业地产也出现了一些有代表性的商业模式。"商业综合体"是商业地产的主要产品。

"业态变化"和"资金回报"是商业综合体发展演变的两条主线。商业综合体的经济价值体系可以简单分为四个层次：

第一个层次是现金价值，通过产品的销售，如公寓、办公、商铺等物业的销售实现现金的回流；

第二个层次是租金价值，通过物业出租实现长期现金流；

第三个层次是资产价值，通过产品的培育、经营，实现资产价值的提升；

第四个层次是资本价值的实现，主要通过资产价值提升、信托上市、资产证券化的模式，最后实现资产的乘数效应的放大。

现金的价值、租金的价值，这两者都与产品的自持和出售比例有关；而资产价值以及资本价值则是商业综合体的真正价值和长期价值所在。它们的实现不仅依靠前期的定位与招商，更依靠综合体的运营和管理，与城市化消费理念、消费水平同步，更新并提升自身品牌，引入物业和服务的新内容。

本书重点讲述两个带有时代特征的主流模式：带有明显中国特色的"现金流滚资产"

模式和以"注重运营"为特征的"资产管理"模式。另外，还有以外资为代表的"资本+商业"的经营互动模式、"文旅+地产"的综合模式以及"勾地"为主的商业模式、全销售散卖的纯地产模式等，就不一一详细分析了。

1.2.1 "地产+商业"的"现金流滚资产"模式

这个模式本质上是"销售+持有"模式。由于中国商业地产缺少有效的退出模式，许多民营企业缺乏国有资本的资金实力以及外资企业的融资能力，会时刻面临资金短缺的困境。这个时候，强化住宅、写字楼及商铺销售对持有型商业的反哺作用尤为重要（图1-14）。

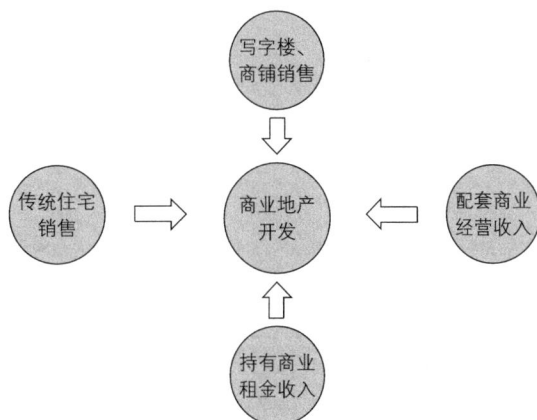

传统的开发和销售型房地产企业出现"高周转"模式与融资的渠道和成本有关。根据央行有关部门的测算，当前社会加权平均融资成本为8.3%。因

图1-14 销售对商业地产的反哺作用

此，资产回报率在5%以内的项目，基本找不到资金方愿意接盘。投资回报率在5%～8%的项目，只能嫁接便宜但风控非常严格的银行资本；投资回报率在8%～15%的项目，基本具备了信托融资谈判的条件；投资回报率在15%～20%甚至更高的项目，才能满足需要高回报的各类基金投资的要求。

但在目前市场环境下，投资回报率在8%以上的产品非常少。在这样的情况下，开发商只能以"高周转"，跑销量为主。同样的原因，商业地产的开发在国内也出现了"高周转"的特点。

"高周转"主要是伴随着持有型商业地产特有的"现金流滚资产"模式而出现的。这个模式的核心是：一方面通过销售的"高周转"实现现金回流，另一方面利用传统的融资方式（经营贷等）来提供扩张的资金，两相结合之后形成利润机制（图1-15）。

"现金流滚资产"商业模式的精髓是使其享受房地产开发和资产溢价的双重利润。其中环节的衔接最为关键，销售回款具有非常重要的作用。"保证工程进度，重视工程付款"以及"狠抓销售工作，保证现金流的主要来源"是决定性的环节。这就是商业地产也要"高周转"的特点的来源。

"现金流滚资产"的金融及拿地模式，也反映出了中国商业地产特有的资本逻辑特点。

特有逻辑之一：以地产养商业、销售滚现金流。

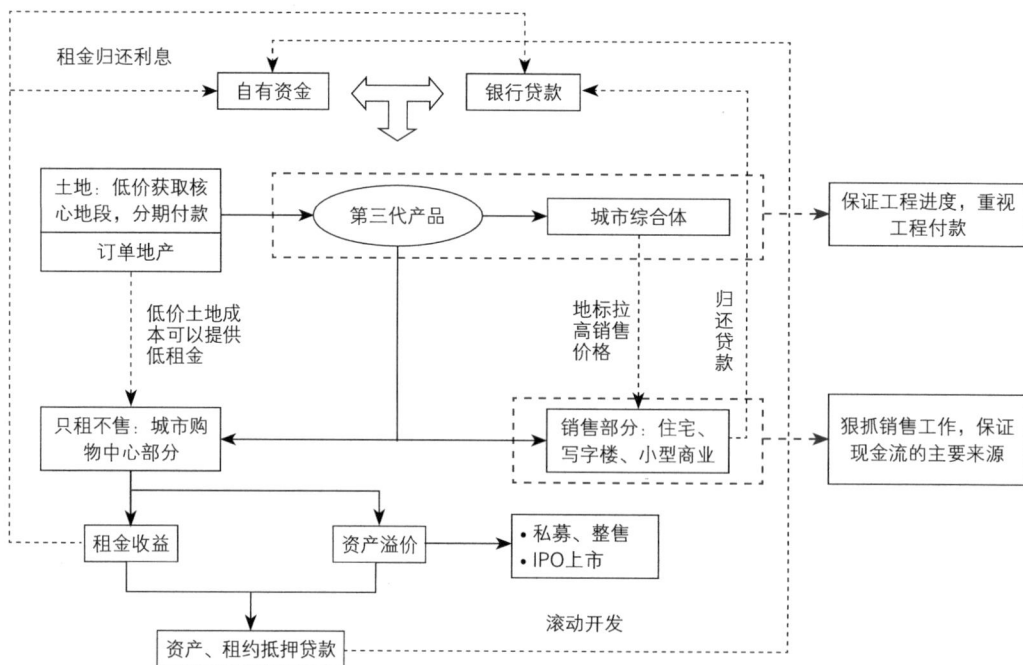

图1-15 "现金流滚资产"模式分析

  土地国有，商业用地定价不低，纯商业用地很难通过公开市场销售。政府一般肥瘦结合，将土地与住宅捆绑搭配出售。开发商拿地后，一般靠出售来弥补运营利润，这涉及房产泡沫问题。在整个项目周期中，运营回报并不重要，关键是现金回流。

  特有逻辑之二：资产保值的逻辑。

  资本放水、市场泡沫的大环境下，跑赢通胀、穿越周期（通过抵押回现）的需求，又使持有型的商业资产产生了价值。

  特有逻辑之三：土地套利，政府的让利。

  在中国特有体制下，政府掌握土地，同时又背负GDP发展的重任，政府一般会把利益让与共同拉动经济的企业，产生了靠商业获取土地溢价的可能。

  此类模式使商业开发企业享受着地产开发和资产双重溢价，但也有着几个无法回避的难题：

  （1）快速完成"租售并举"转型，将风险具体到每个项目上，会让公司现金流极为紧张。

  （2）为了更快地做大规模，产品规模化、标准化是这类企业的优点，不分地域的同质化则是其最大的缺陷。

  （3）由于需要不断地扩大规模，整个集团的负债率会不断升高，抵御市场波动的能力会不断减弱。

1.2.2 注重"轻重转换"的"资管"模式

此类模式一般运用在开发和经营环节，两条腿走路，在不同的时期有不同的侧重，一般在出租物业上实施"顺周期"扩张，在开发物业上实施"逆周期"套利。经过前期的野蛮生长以及市场洗礼，目前国内很多公司都在朝这个模式发展。

出租物业的价值在于稳定现金，保障开发物业的耐心，把握最佳套利机会。这就使企业成为一个纯粹的商业开发企业。国内一些企业，如中粮、恒隆、瑞安新天地等就是此类模式的典型代表。

这一类企业的发展历程也是从两条腿走路到重资产持有经营的典型案例，即在出租物业上实施"顺周期"的扩张战略，而在开发物业上实施"逆周期"的套利策略。出租物业的稳定现金保障了公司在开发物业上可以有足够的耐心，把握最佳的套利机会，同时，出租物业所支持的稳定分红则为公司的股票价值构筑了一个底线；与之相对，开发物业的灵活买卖和高额套利收益则为出租物业的跨越式发展提供了充足的现金支持。在出租物业上求稳，在开发物业上套利，用稳定的租金收益来支撑低谷套利和维持股价，而用丰厚的套利收益来推动出租物业的扩张并适时激活股价，这就是典型的发展策略。

目前这些企业的发展策略一般是：打造综合商业物业并长期持有，物业年收益是重要的开发资金来源；以大量持有资产经营为主，稳健开发新商业地产项目；拉长开发周期，尽可能利用租金收益去开发新物业。

除一些港资企业外，商业地产开发模式属于资产经营的企业还有中粮和华润。中粮主题化操作的大悦城模式经营效率至上，华润则坚持购物中心的品牌化战略（万象城、五彩城、欢乐颂等）。

案例：大悦城的"资产管理"发展路线

中粮大悦城的运营有三种模式：第一种是合作开发型，第二种是通过房地产基金获取核心区域存量商业物业，第三种是轻资产管理输出。公司获取项目采用的是新增土地招拍挂及存量物业或土地收购这两条途径并重的方式（图1-16）。

通过分析不难发现，大悦城于2016年进行战略转型，包括从开发运营项目到资产管理路线，并开启快速扩张。大悦城模式是以产品为核心，"重轻"更迭的资产管理模式。这也代表着一大批商业地产公司已将发展重心转变为"资产管理"（图1-17）。

由重到轻

经营模式	合作开发型	基金管理型	管理输出型
发展模式	• 商业综合体 • 未来收益及升值潜力大 • 项目主要位于一、二线核心城市	• 仅收购物业中心部分 • 存量项目，回报周期短 • 同时享有资本管理及商业运营管理两项收益	• 存量项目，改造周期短，不承担成本及费用 • 按项目业绩获得商业运营管理费 • 分享未来物业增值 • 锁定价格，成熟后并购
收益模式	• 购物中心租金及相关收入 • 可售物业收入 • 物业增值收益	• 基金管理费 • 商业管理费及其他相关费用 • 物业增值收益	• 商业管理费及其他相关收入 • 物业增值收益 • 股权收购选择权及提前锁价

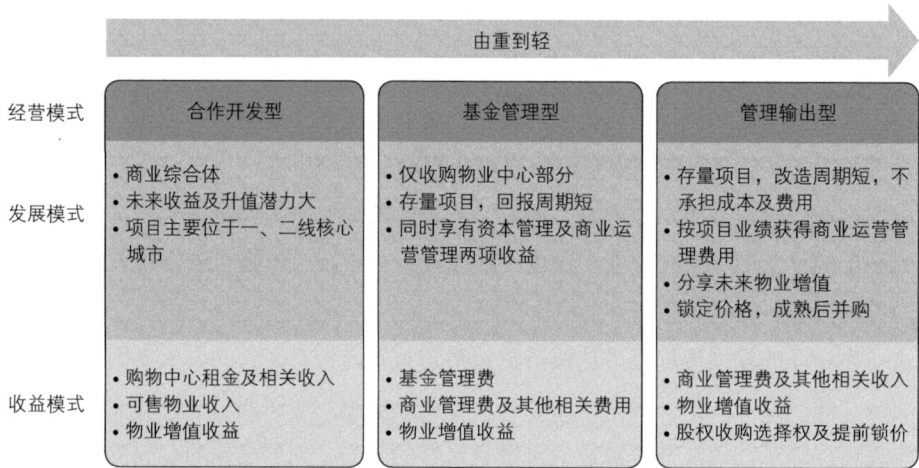

图1-16 大悦城地产运营的三种模式（来源：公司年报）

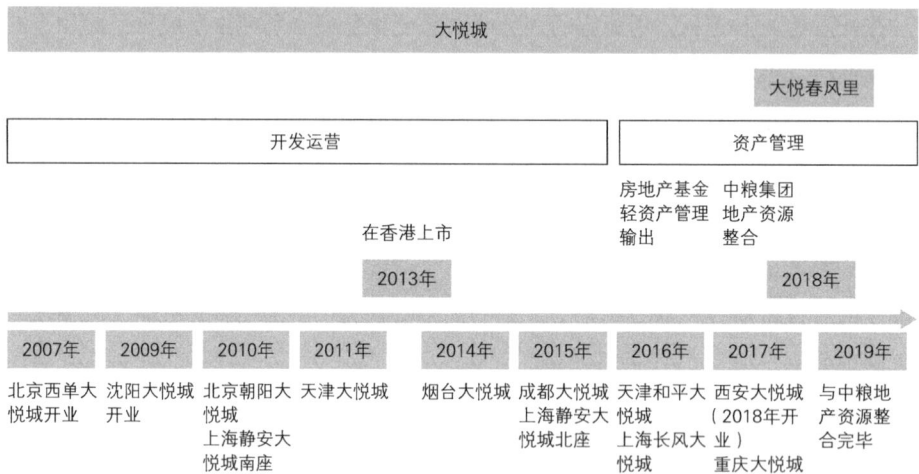

图1-17 大悦城于2016年战略转型，包括从开发运营项目到资产管理路线，开启快速扩张

1.2.3 其他几种商业模式分析

商业物业的"持有"与"销售"之争是市场几种运营模式的区别的关键，也是商业地产"金融"属性本质的反映。销售为主的开发模式，赚取的仅仅是开发环节的利润。而最为成功的商业地产开发模式，强调的是运营创造价值，运营赚的是资产收益和资本收益。

商业物业的"自持"是商业运营的基础。商业物业的"自持"不仅符合商业地产发展趋势，更有利于整个商业部分的科学规划与业态配比。商业管理公司统一招商，统一经营，统一管理，而不是分散出售再返租经营或放任中小业主"自由经营"，从而避免了许多购物广场的败局——小而散、散而乱、乱而无序、业态低端、同质化竞争严重等一系列问题。市场的几种模式分类如下。

1. 纯基金模式

基金对回报的主要要求是稳定，且回报率要比银行高，通过运营给基金投资人以稳定的回报。由于租金回报率是第一指标，同时投资人都看重未来的潜力，人流成为第二指标。采用此类模式的多是外资以及港资企业，凯德、新鸿基等都是此类模式的典型企业。

案例：凯德集团的基金模式特点

凯德以"PE+REITs"基金为核心，围绕"融、投、管、退"来进行组织设置。

凯德集团是亚洲规模最大的房地产集团之一，旗下拥有7支公募REITs以及20余支私募基金。凯德的REITs建立，一般是从拿地期到项目开发期均由凯德金融管理的私募基金参与资金支持。凯德商用从项目开发期、招商运营期到资本运营期全程参与，待项目孵化基本成熟且年收益稳定在6%~10%后（资本运营期），再联合凯德金融将商业资产打包或注入REITs后退出。组织方面，凯德商用实质为主管购物中心的商管公司，凯德金融的部门设置倾向于私募基金机构设置（图1-18）。

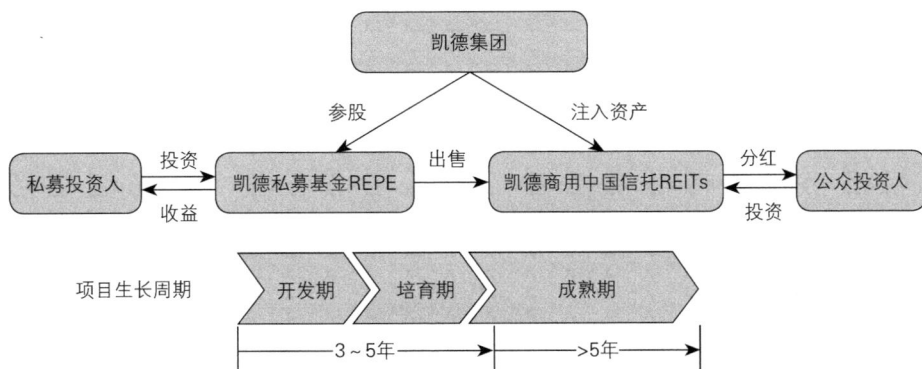

图1-18 凯德的双基金运作模式（来源：凯德集团年报）

2. 文旅商+地产模式

通过土地的成片开发，由知名的旅游品牌对环境景观进行包装，为房地产注入丰富的文化内涵，使旅游与房地产结合起来。这个模式和地产销售反哺商业的逻辑相似，操盘细节有所不同。

"文商旅+地产"的资本运作模式的核心就是通过高收益的房地产业为高投入、高投资的旅游业提供稳定的资金保障和风险规避，从而使得旅游带动地产，地产反哺旅游，两种产业互动发展、相得益彰。华侨城是这种模式的典型代表。

3. 勾地为主的商业地产模式

勾地模式源于中国香港，通过对政府承诺一定规模的产业，从而拿到价格比市场价更低的住宅用地，成此类商业模式的主要特点。

中小开发商如果采用此类模式，那么其重点是拿便宜的用地，商业运营结果不是重点考虑的问题，因为一些中小开发商一般不具备商业运营能力，所以此类模式的推广成为目前一系列商业烂尾楼的主要原因之一。当然，各地政府也应在相应的政策上不断完善，避免纯勾地的行为发生（图1-19）。

4. 纯地产的销售型模式

此类模式是典型的地产开发模式，就是以卖住宅的方式卖商铺，现金为王。模式特点为强化包装商业概念，为销售打好基础。坚持散售，项目能"分割销售"是底线。建成卖光是该商业模式成功的典型标志。SOHO中国是此类模式的典型企业。

除了以上四类典型开发模式外，还有其他商业地产的开发模式，比如资本对冲、单纯追求资本升值、商贸物流+地产的郊区化开发策略等，不一而足。

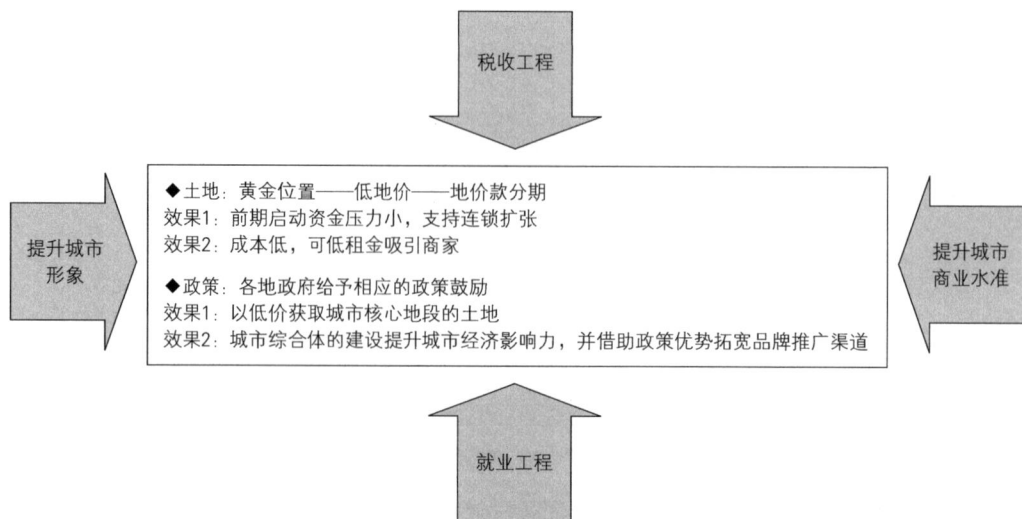

图1-19 政府对商业开发商在土地政策方面的优惠扶持政策

这么多商业模式，究竟该学习谁呢？

以上各种模式可归纳为全部销售、销售+自持和全部自持三种模式。其中全部销售模式的周转率及增长率均较高，但难以形成较强的长期竞争优势。自持型物业可以为企业提供长期稳定的现金流，可以抵抗宏观调控和行业周期性风险，但全部自持模式回报期较长，且增长速度较慢。采用这种模式经营的城市综合体往往位于城市核心区域，拥有较高的商业价值，开发商一般会采用长期持有的方式经营，以期获得商业物业价值递增，深圳华润万象城即属于这种盈利模式。销售+自持模式是目前最常见的策略。该模式既可以通过销售非核心物业实现资金回笼，还可以通过持有优质物业获得长期稳定的投资回报。由于国内上市公司资金实力有限，所以很多公司都采用这种模式。

企业不同的背景、不同的资金实力、不同的管理能力，对应不同的开发模式和不同的产品模型。

1.3 回归商业本质，商业模式新趋势

新的时代背景下，商业地产的市场环境发生了很大的变化。中国开始了以核心城市向外围扩展的"二次城市化"，进入了城市群和都市圈的发展新阶段。"人口质量红利"将代替"人口红利"。如何回归商业本质？存量市场将变得更重要，经营创造价值将更为显著。

由以上分析可以得出：销售为主的开发模式，赚取的仅仅是开发环节的利润。而真正成功的商业地产开发模式，强调的是运营创造价值，运营赚的是资产收益和资本收益的总和。商业地产"由重到轻"也成为一种趋势。注重轻资产运营模式的房企越来越多，甚至有些房企已经摸索出了自己的套路。

目前商业地产行业"轻资产"模式的兴起也从另一个角度显示：中国商业地产"运营为王"的时代来临了！

1.3.1 轻资产模式，从资产升值走向服务增值

重资产模式和轻资产模式中哪个更符合市场形势，与行业的发展阶段相关联。在行业快速上升期，资产升值速度超越了资本成本，重资产模式就是理性选择。但当房价受到抑制，持有资产的回报率不足以弥补其资本成本时，做轻资产是顺势而为。

净资产收益率（ROE）=利润率×周转率×杠杆率。利润率和周转率一般负向变动。我国净资产收益率整体回报水平方面，2014年前地产行业的高利润率主要来自土地升值收

产销模式	⇨	资管模式
"买地—造房—卖房"		资产整合优化运营
规模，高周转	房企盈利模式转变 ⇨	注重持续现金流入
注重收入，成本控制		复杂结构化金融体系搭建

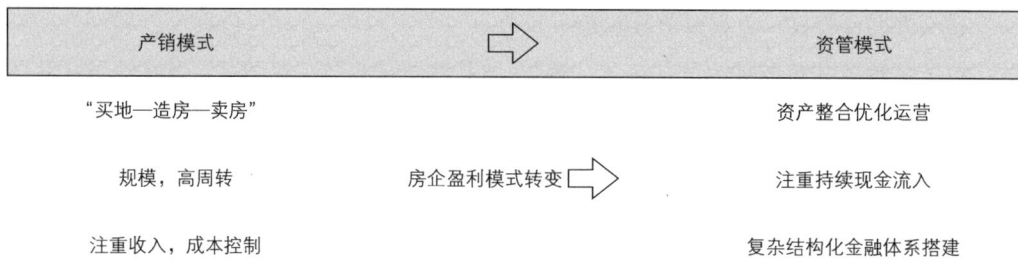

图1-20　房地产进入下半场，以"产销模式"到"资管模式"的更迭

益。但随着规模扩大，在国家去杠杆政策的影响下，要想提高公司整体资产回报率和净资产收益率，重资产模式显得不可持续。轻资产，势在必行。

重资产模式和轻资产模式房企的开发模式有一个较大的差异。

传统的房地产开发模式是：开发商在拿地前后向各类金融机构融资，然后开发建设，之后进行项目销售来回笼资金。房地产开发就是一个融资、拿地、开发、销售的循环过程，以较少的自有资金通过资本市场的手段来撬动大量社会资金来投资项目。开发商的融资渠道是否完备很重要。但如果大量融资，开发商本身会承担较大的资金压力及风险。快速上升期，多拿土地占领市场，逻辑上没有问题。

目前，融资端收紧，土地价格处在高位，加上政府要求等各种原因下，持有型的物业项目越来越多，地产公司的资金压力越来越大。从重资产模式走向轻资产模式，从赚取资产升值收益走向赚取增值服务收益的模式转变就很有必要了（图1-20）。

轻资产模式可以使优秀的具有操盘经验的公司以更少的投入获得可观的利润，在行业波动中占据主动。相比同类企业发展得更快，从而最终为投资者创造价值。房地产轻资产化的管理模式和类型范围比较广，包括代建、小股操盘、代建+基金、物业管理和基金管理等。根据不同的类型可以分为住宅和商业、开发阶段和持有阶段的房地产轻资产管理。品牌开发企业只需负责品牌、（其至）选址、设计建造、协助融资和运营等，避免了土地竞争和政策收紧的不利影响，并能够坐享品牌、管理服务输出的收益。这样可以做到用有限的投入，获取最大收益。

轻资产运营是以价值为驱动的资本战略。在轻资产模式中，企业一般会紧紧抓住自己的核心价值，而将非核心业务剥离出去。

轻资产化和轻资产模式的核心，是公司具有较强的资源整合能力。做轻资产的企业需要拥有品牌、技术、管理、产业链等无形资产作为企业发展的依托，对项目、土地、资金等资源具有较强的整合能力，通过整合资源和分享收益来扩大规模。在万亿存量市场面前，房地产企业也看到了未来的方向，甚至可以说，先涉足轻资产的房企，很有可能会在未来竞争中取得极大的优势。

案例：万达，由"重"转"轻"，运营、管理、输出的二次转型

万达的四代产品就代表了中国商业地产发展的四个阶段：第一代产品以开发销售为主，设计上以分割的产权式商铺为导向；根据第一代产品的经验教训，万达的第二代产品全部持有运营，但又出现了资金回报率低的问题；第三代产品，也就是目前的万达广场，在前两代的基础上调整为租售并举的策略；第四代万达广场刚刚起步，走的是"轻重并举、重在运营"的轻资产模式。此前，商业地产的投资、建设、管理全部由万达自己完成，通过房地产销售收入现金流来投资万达广场，被称为重资产模式。而轻资产模式没有任何房地产销售，彻底去房地产化，成为一种准金融投资行为。

万达于2017年初宣布全面实施"轻资产"战略。所谓"轻资产"，即万达不出项目投资资金，只输出品牌和负责设计、建设与运营，并分得收益。

以"轻资产输出"为主要模式的时候，以下几点是其着重考虑的内容：

（1）全产业链融合，匹配不同业态现金流，构建更好的商业模型；

（2）多元业态经营拓宽流量入口，以获取盈利弹性；

（3）并购和合作是重要的扩张模式，越早开始利用资本市场资金杠杆和平台优势，将越早掌握主动权。

三年来，万达的"轻资产"战略取得显著成效。2019年开业的43个万达广场中，29个是"轻资产"项目。2020年开业的50个万达广场中，37个是"轻资产"项目。在建的133个万达广场中，107个是"轻资产"项目。由此可见，万达的"轻资产"战略成效显著，万达品牌经营已经形成核心竞争力（图1-21）。

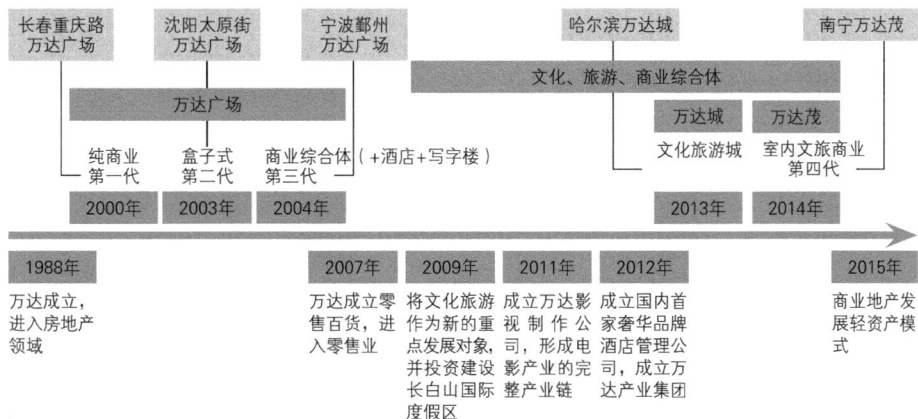

图1-21 万达的产品发展历程（来源：万达集团官网）

1.3.2 注重资本整合模式趋势

资本整合一直是商业地产企业做大做强的直接有效的途径之一，它不仅可能带来资本和项目端的协同效应，而且也是企业获取优质存量资产的重要方式。

从成本角度看，收购一家成熟而盈利能力较好的商业中心，可能需要大量的资金，但资金占用时间短；而选择新土地进行开发，则大多需要经历拆迁、重建、招商、发展这几个阶段，资金占用的时间较长，产生效益较慢。

从风险角度看，收购的风险较低。自主开发因为需要经历一个很长的建设、成长期，期间的政策、经济形势等都会发生一些变化，因此，自主开发风险相对较高，对市场的判断也需要更为准确和具有前瞻性。

这几年，商业地产企业之间的资本收购非常活跃，企业间整合的机会不断显现。综合来看，商业地产项目层面的整合主要分为两种不同的策略：一方面是"规模为王"策略，加大布局二线和三、四线城市的优质商业项目，提高市场占有率；另一方面是"城市更新"策略，聚焦于一线城市存量优质商业项目，精耕细作。

作为资方，收并购商业地产并运营盈利，有以下几种方式：

（1）A模式（资本部分入股）：投资商对开发商运作的项目进行投资。这种模式在上述轻资产的运营模式中已有论述。

（2）B模式（整体收购项目）：投资商直接收购项目或者项目公司，这样，对于开发商来说迅速回笼资金，而投资商则可得到全部的项目运作收益。

（3）C模式（入股母公司，收购项目并运营）：当投资商得到了项目的投资收益后，认同了开发商的实力，于是投资或者收购开发商，拥有开发商的部分股权，进行商业地产的运作，由此产生了后续一系列的动作。实际上投资方完成了从买项目到成为开发商的演变。

通过上面的阐述，商业地产运作模式的资金链，从投资的角度来看，分为两种：投资商对商业地产项目的投资和投资商对开发商集团或企业的投资。同时，如果投资方只是作为债权方出现，开发商本身就是操盘主体，那么，在业务模式上就是开发投资、运营、资本退出，就是我们常说的"投、融、建、管、退"的全过程闭环。

上述收并购商业模式的核心是被收购项目的盈利能力以及开发商的运营管理能力。一句话，就是要么项目本身好，要么运营有"点石成金"的能力。

有些开发运营商把收并购作为商业地产再开发的重要形式。如澳大利亚西田公司的做法值得研究和借鉴。它运用其强大的全球集资能力，在发达国家购买区位优势明显、盈利能力强但未被充分利用的购物中心。通过改造和调整，结合"西田"的品牌，赋予其新的生命，提升其物业价值与盈利能力，以获取租金与资本增值的长期回报。长期以来，西田公司靠这个战略成为全世界最大的购物中心管理方。

2 商业地产的前策与定位

关键词：前策定位

前期策划定位工作是所有商业地产项目工作的龙头。

商业物业的开发和运营是价值创造和分配的过程，发现价值和创造价值同等重要。制定完善的"价值链"全面策划活动，就是我们所说的商业地产"前策定位"（图2-1）。前期策划是"因"，准确的市场定位是"果"。

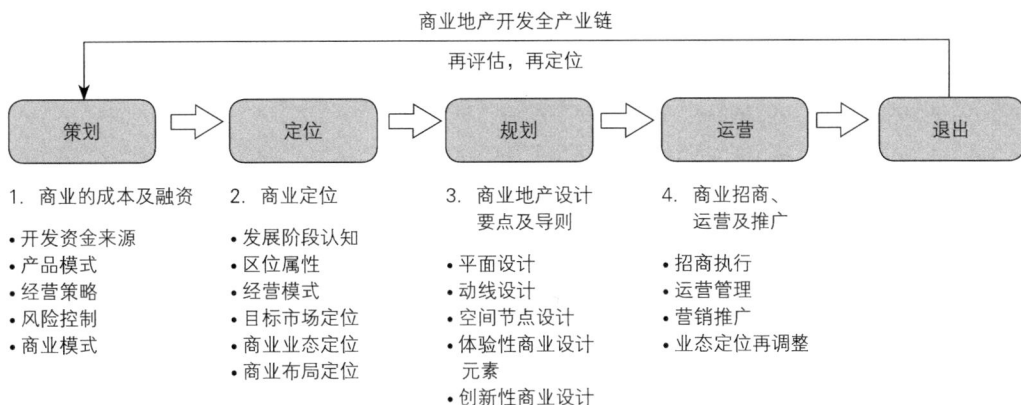

商业地产开发全产业链

再评估，再定位

策划		定位		规划		运营		退出

1. 商业的成本及融资

- 开发资金来源
- 产品模式
- 经营策略
- 风险控制
- 商业模式

2. 商业定位

- 发展阶段认知
- 区位属性
- 经营模式
- 目标市场定位
- 商业业态定位
- 商业布局定位

3. 商业地产设计要点及导则

- 平面设计
- 动线设计
- 空间节点设计
- 体验性商业设计元素
- 创新性商业设计

4. 商业招商、运营及推广

- 招商执行
- 运营管理
- 营销推广
- 业态定位再调整

图2-1 前策定位是所有项目工作的龙头

2.1 商业地产的前期策划

纵观整个商业地产项目的全程操盘过程，笔者将其分为三个关键步骤：产品打造期、开发建设期、经营管理期。其中产品打造期主要涉及最根本的商业模式问题，关系到项目后续的运作逻辑。这个阶段往往处于拿地和顶层设计阶段，也就是我们所说的前期策划阶段。这个阶段的主要任务是项目战略定位——确定项目整体开发规划思路与目的，回答项目运营模式的问题。

2.1.1 前期策划阶段核心内容分析

这个阶段首先就是要确定商业项目的运作模式，也就是前面提到的商业模式的问题。

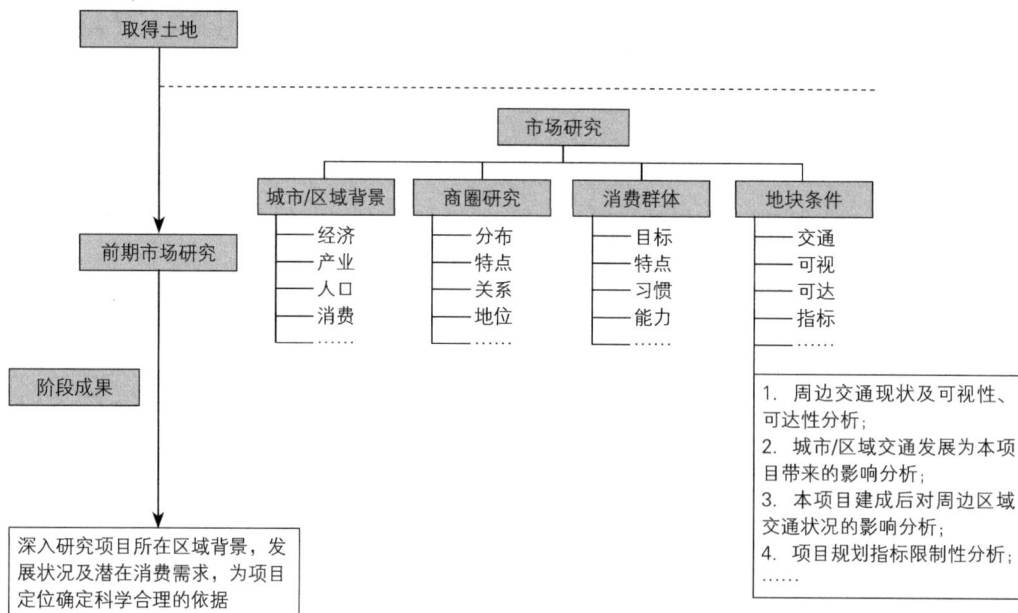

图2-2 前期市场研究工作内容示意

是开发商自建商业团队，还是找一家商业顾问公司共同运作？甚至找一家商业运营管理公司全盘委托？资金如何来？如何退出？商业地产具有"投资大、风险大、收益大"的特点，如何通盘考虑，使投资有保障，风险降至最低，收益更大，这都需要在此阶段进行解决。

商业地产（非狭义的商业）的前期策划阶段包含以下核心内容：

1. 项目市场研究及发展方向判断

开发什么样的物业才能实现价值最大化？前期策划工作是决定项目的发展方向和运营模式（图2-2）。

首先要进行大的项目背景研究，包括城市及区域背景、项目自身条件背景等，为此，策划人员必须研究地段、街区、商圈、商业功能演变、不同类型的物业与地段的经济效果，甚至要研究物业建成后物业与街区发展的互动关系。

其次是潜在消费人口分析与商圈规模深研，包括商圈辐射范围研究、区域内城市功能及人口数量分析、潜在消费人口类型及基本特征。

这个阶段中的"前期市场调研"用于提高项目市场定位的精准度，需要做到"站在今天看未来"，对项目及市场的基本判断最起码要看到未来3~5年的样子。精准的市场定位决定着整个项目的方向正确与否。

前期策划工作决定项目的发展方向（图2-3）。

前期策划的价值判断结论决定了商业定位方向阐述，包括主题定位、消费客群定位、功能定位、档次定位的初步思考等。

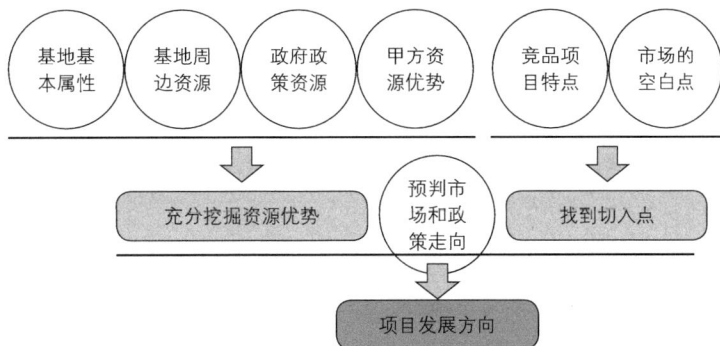

图2-3 前期策划工作决定项目的发展方向

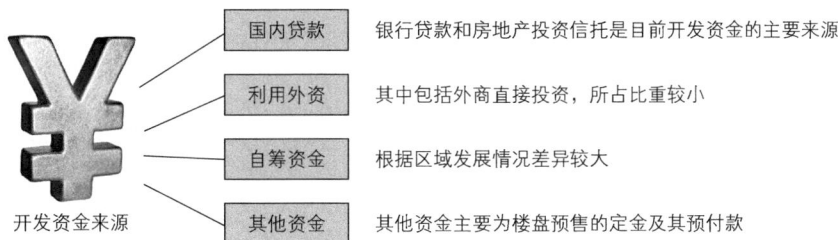

图2-4 开发商的资金来源

2. 项目的融资策划

商业地产开发和运营的突出特征是需要巨资投入（初始投资和总投资），筹措足够的资金是项目成功的关键。为筹措资金，赢得投资人（银行、基金、信托机构、独立投资人、投资公司、开发商等）的青睐和认可，必须制定系统、科学、完善、可实施的可行性研究报告，描绘完整可信的投资收益"路线图"（图2-4）。

根据融资方案，企业应通过招商寻找潜在投资人、建立融资渠道，并评价融资方案的成本与收益，选择最合适的方案。例如投资方可以纯债权投入（如银行贷款等），可以股权投入，也可以股债结合，甚至还有明股实债等。固定回报的，债权方一般不介入管理。分配利润的，一般会介入公司的经营管理。究竟如何选择，应具体问题具体分析。

3. 项目的价值策划

商业物业的开发和运营是价值创造和分配过程，发现价值和创造价值同等重要，价值受多种因素和规律的影响，应制定完善的价值链策划活动。价值链构造包括产品纵向价值链和企业内部价值链。

针对一个商业地产项目，首要的是构造产品纵向价值链，把参与商业物业开发和运营的各方利益有机地结合起来。着眼于长期发展的企业，为适应商业地产的开发和经营，也会采取组织措施构建企业内部价值链。

4. 项目的产品模型策划

商业地产的产品主要由持有型商业、销售型商业、办公、酒店、住宅和共享空间等各类产品单元构成。产品策划意在优化建筑空间与经营业绩之间的关系，优化产品单元的功能组合，实现项目开发利益的价值最大化（图2-5）。

商业地产公司的建筑师一般会根据项目的基本规划条件，构建一个参考性的测算产品模型（图2-6）。

需要注意的是，针对当前商业地产项目中的一些发展，如运营模式的变化、商业多样性、体验式消费的发展，一些设计分析工作也需要进行相应的调整。在这个阶段，懂前期商业策划的建筑师可起到两个阶段间"承上启下"的作用，非常关键。

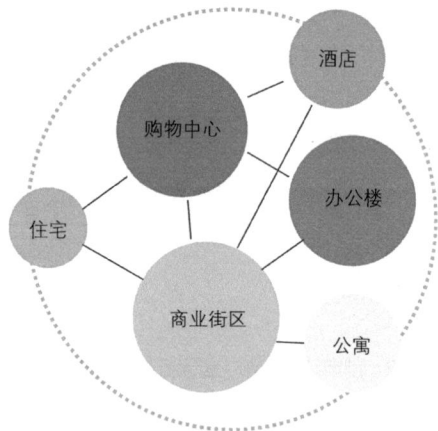

图2-5 合理的产品组合模式会产生互动与渗透，实现项目效益最大化

5. 项目的物业功能策划

设备配套及物业功能策划是商业规划设计的重要内容。虽然这可能是商业顾问的工作范畴，但也是建筑师需要考虑的重点。因为物业功能设计中"功能"是核心，也是重点。

物业功能策划意味着物业在综合体前期介入，可以实现综合体开发、建设、维护全过程的物业服务，实现物业建、用、管的结合。另外，也可以优化建筑空间和经营业绩之间的关系，优化建筑空间的功能组合，以降低成本，提高使用率。

购物中心地块占地面积5万m²；容积率2.0；计容面积10万m²，可构建如下模型：
购物中心为地上4层，地下2层

总建筑面积	15.6万m²	
地上商业建筑面积	10万m²	（根据规划指标）
地下建筑面积	5.6万m²	
其中，地下车库面积	3.5万m²	（按小汽车75辆/万m²、每辆45m²，货车1辆/万m²匡算）
地下商业面积	1.5万m²	（一般不超过2万m²）
机电用房面积	0.5万m²	（按车库和地下商业面积之和的10%匡算）
物业辅助面积	0.1万m²	（按地上建筑面积的1%匡算）
标准层建筑面积	2.5万m²	（地上建筑面积/层数）
占地面积	2.8万m²	（地下建筑面积/2，小于标准层建筑面积/0.85）
可出租面积	7.5万m²	[（地上建筑面积+地下商业面积）×0.65]

机电配置：

扶梯	7组	（标准层可出租建筑面积/2500）
客梯	8部	（可出租建筑面积/10000）
货梯	12部	（可出租建筑面积/6500，与消防梯合用）

根据项目基本规划条件，构建一个参考性的测算产品模型

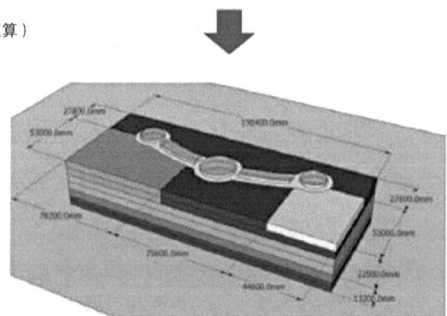

图2-6 产品模型的构建流程示例

此外，商业综合体在物业功能策划中也包含着一般物业所不具有的一些特殊内容。为此必须采取科学的建筑设计和评价方法，遵循整体化设计和全过程监理理念。

物业功能规划设计总体要求：环境美观、内外沟通、四通八达、功能明确、自成体系、标识明显、集散有序、便于管理。

物业功能策划设计涉及的主要内容，如项目主力店和主要功能区基本物业需求，主要是电力、消防、安防、通风、给水排水、暖通、弱电、电梯等，特别是运营方面的内容（表2-1）。

物业功能策划内容　　　　　　　　　　　　　　　　表2-1

建筑空间设计	中庭设计、内街设计、主连通口、出入口
运营时间	各种商家营业时间不同，如何有分有合
内部交通系统	水平交通系统、垂直交通系统、货运交通系统
外部交通系统	内外部的交通设施有序对接、机动车及非机动车停车需求和停车场设置要点
无障碍设计	自动步道、平进平出入口、自动门、有高差处设坡道、残疾人专用电梯/厕所/停车位
绿化设计	种植花树荷载/空调出入口关系、现场植被的维护、浇灌系统的设计、避免强光
灯光设计	照明的色温、照度、显色性，室内装修的质感/色彩
商业业态分布	建筑、结构、水电、暖通、装修与业态分布要求的关系
层高、荷载的分布	不同业态的层高（净高），楼层荷载的分布需求

在策划方案阶段就预留好了商业运行的动线、布局、空间、层高、荷载、物流以及各商家运行所需要的机电条件。设计根据商业定位及商业落位，全程进行"预招商商家落户与商业运行性能化设计"，使商业运行更流畅。

按照"定制商业开发模式"，在商业物业设计过程中，通过"预招商商家落户布局设计"，把重要商户的落户空间与运行需要的技术条件设计进去，再通过"商业运行性能化设计"，把商业运行所需要的条件全部准备到位。

6. 项目的营销推广策划

即销售促进，实质是把商品和服务的信息有效传播给目标客户，促使客户愿意购买。传播的最佳模式是整合营销传播，以消费者需求为导向，瞄准消费者的需求和期望，整合生产、管理和营销活动。

7. 项目的招商策划

招商是商业地产永恒的主题，也是难点。在商业地产开发的不同阶段，招商内容不同。例如：项目前期，招商的重点是主力店的招商，与大商家签订合作合同；建设过程中的重点可以转为物业销售，回馈现金流；建设后期，也就是开业前6个月，招商内容转变为寻找中小经营者进场经营；投入使用若干年后，招商的目的是不断优化客户组合，进行运营调整、优化升级。

8. 项目的租金及财务策划

商业地产开发商的目的是最大限度地出租营业面积，获取租金的最大化。但长期稳定的经营主体与短期高回报存在矛盾，难以两全。如在大型购物中心的招商过程中，往往存在以下现实：主力店招商是亏损的，租金低且租期较长，而中小店的租期短，租金较高。但主力店必不可少，是有利于项目的可持续性发展的。这个时候，不同商户的租金整体平衡及租金策略非常重要。

这个阶段，初步租金收益测算（后期在租赁决策文件中进行深化）非常重要，同时根据招商进度对项目落位方案、租金政策等提出动态的调整和修正建议。

2.1.2 项目前策定位的流程与内容

前策定位的内容一般包含以下几大章节：市场调研分析、定位分析、产品模型建议、业态组合规划、经济分析等。细分下来，可以有以下内容。

通过以上有关核心内容的分析以及图2-7所示，商业地产常见的项目前策定位流程和各节点内容为：

（1）市场调研：在了解市场环境、片区发展及地块条件的基础上，对项目发展方向、可能的物业功能进行预测，提供细供市场调研方向。

（2）地块分析：主要针对项目地块的开发条件进行透彻的分析，找出影响项目发展的因素。

（3）项目SWOT分析（优势、劣势、发展机会、竞争威胁）：分析项目发展的重点及难点，明确项目本身的优势、劣势、发展机会、竞争威胁等。

（4）产品模型的确定：项目功能组合及业态配比定位，主要包括项目内部主要物业类型的功能确定、组合方案定位、功能布局及各功能间的关联性控制。

（5）项目开发规模与档次定位：根据项目发展主题，结合项目所处市场背景环境，确定项目主要物业类型的开发规模与档次。

（6）目标客群分析：主要确定项目各功能物业的客户阶层、消费群体，为项目后期开发方案提供依据。

市场调研 ⇒ 地块分析 ⇒ 项目SWOT分析 ⇒ 产品模型的确定 ⇒ 项目开发规模与档次定位 ⇒ 目标客群分析 ⇒ 项目价值定位（含财务分析）

图2-7 项目前策定位常见的流程与各节点内容

（7）项目价值定位（含财务分析）：根据项目自身条件、总体定位、市场供需状况、市场现有物业供应价格水平、潜在购买水平，以及项目所在区域未来发展趋势等因素，明确项目各功能物业的价格水平。

2.1.3　前期策划主要成果输出

商业地产前期策划阶段的核心结论虽然是定位，但同时有两项重要的成果输出：一项是《总体策划报告书》（目录见图2-8），一项是相对应的产品模型。

根据上文论述，我们认识到商业地产项目前期策划成果具有以下主要内容：

（1）市场调研分析：包括宏观市场分析、区域市场分析、客户分析、消费分析、竞争对手分析、SWOT分析、未来商业预测分析等内容。

（2）定位分析：包括战略性总体定位、商业定位等内容。

（3）规划设计建议：包括市场依据、规划设计理念、市场总体形象、规划概念设计、环境景观概念设计、建筑产品概念设计等内容。

```
          XX项目前期策划报告目录

    第一章　城市房地产宏观市场分析
    第二章　区域市场分析
    第三章　客户群体需求分析
    第四章　项目定位结论
    第五章　项目开发经营模式建议
    第六章　住宅产品建议
    第七章　城市项目定位建议
    第八章　商业步行街定位建议
    第九章　星级酒店定位建议
    第十章　酒店式公寓定位建议
    第十一章　价格策略建议
    第十二章　营销策略建议
```

图2-8　商业地产前期策划报告的典型目录

（4）业态组合规划：包括业种选择、业种组合比例、业种功能设计、品牌业种布局、楼层主题等内容。

（5）经济分析：包括指标预算、分析评估等内容。

以上工作的内容和目的都是为了通过专业的调研和策划工作，赋予项目独一无二的主题概念，从而使项目成为同区域商圈的佼佼者和领跑者。

2.2　前期策划阶段产品模型的确定

商业地产，尤其是作为典型产品组合模式的商业综合体项目，其商业属性是项目开发的根本点。对商业部分的理解和分析有助于形成清晰的项目定位和设计逻辑，才能实现项目开发利益的价值最大化。商业贯穿项目开发、设计、建设、运营的每个过程与环节。做好了商业的策划，建筑规划设计会相对容易得多。

因此，商业综合体的规划首先是合理的商业规划。商业规划要结合项目特征、定位以及项目所处商圈的具体情况，把握差异化竞争策略，合理控制和规划项目各零售业态营业面积的比例。

2.2.1 产品和产品模型

商业综合体的前期策划阶段常常会接触到产品模型的工作方式。所谓产品模型就是对项目室内空间的限定和功能划分进行规划。商业公司的建筑师一般会根据项目基本规划条件，构建一个参考性的测算产品模型。

先有产品设计思路，才会有产品模型。

如根据市场判断设定和量化的市场经营目标，如客流量、销售额、提袋率等，清晰地描述未来可实现的经营目标，并反推出客流密度、销售坪效、消费档次等开店指标的核心数据；在此基础上推算出商业体量、业态占比、店铺数、楼层布置、主要功能、租金体系等，为定位规划、设计预算等的开发决策过程提供精准依据（图2-9）。百货等主力店、专卖店、超市、餐饮娱乐等放在何位置，体量有多大，都需要作出比较合理的策划。如果等建筑竣工、格局定型后再改变功能，将付出很大的代价。

产品模型的确定和图纸表达则应该由从事规划设计的建筑师来统筹协调完成（这个阶段，传统地产公司一般委托商业管理公司来牵头设计单位进行）。

以笔者曾经完成的产品模型星颐广场为例。

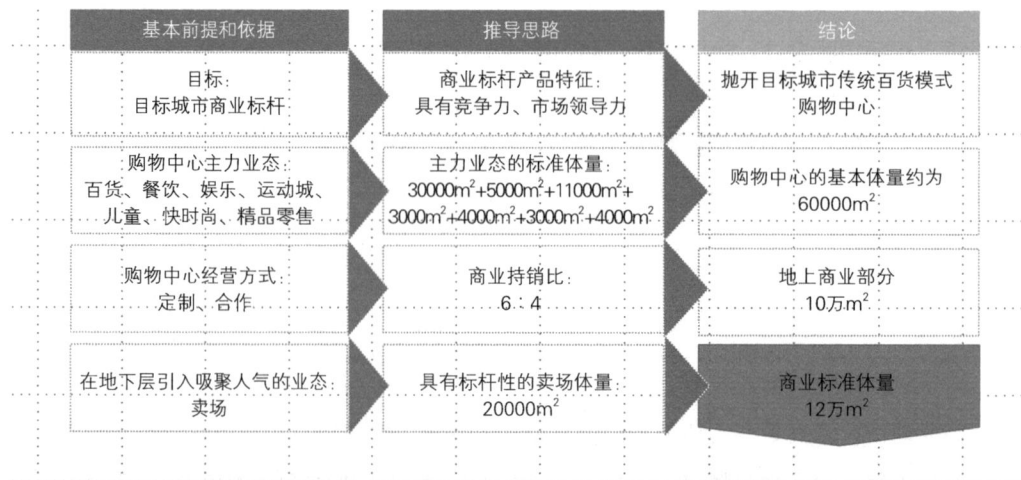

基本前提和依据	推导思路	结论
目标：目标城市商业标杆	商业标杆产品特征：具有竞争力、市场领导力	抛开目标城市传统百货模式 购物中心
购物中心主力业态：百货、餐饮、娱乐、运动城、儿童、快时尚、精品零售	主力业态的标准体量：30000m²+5000m²+11000m²+3000m²+4000m²+3000m²+4000m²	购物中心的基本体量约为60000m²
购物中心经营方式：定制、合作	商业持销比：6:4	地上商业部分10万m²
在地下层引入吸聚人气的业态：卖场	具有标杆性的卖场体量：20000m²	商业标准体量12万m²

*在具体测算各地实际适合的商业体量时，还需根据地区、人均零售消费/收入额、社会零售总额等经济指标。

图2-9 用业态组合反推法来确定产品模型的体量

星颐广场产品思路确定：位于三、四线城市的市中心或者一、二线城市的新区，是集购物、休闲、餐饮、娱乐、运动、文化、旅游、展示、商务等于一体的城市商业文化综合体，展现"多业态、多功能、全客群、全龄层、全天候"五大特征，是应有尽有的生活之城。

其中项目产品功能组合见图2-10。

产品测算模型如图2-11所示。

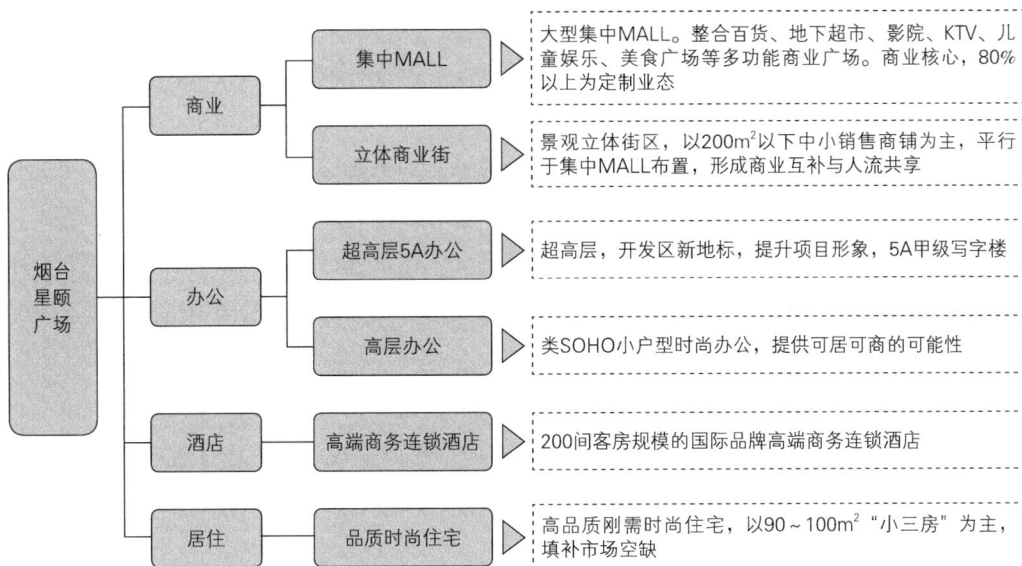

图2-10 烟台星颐广场产品功能结构图

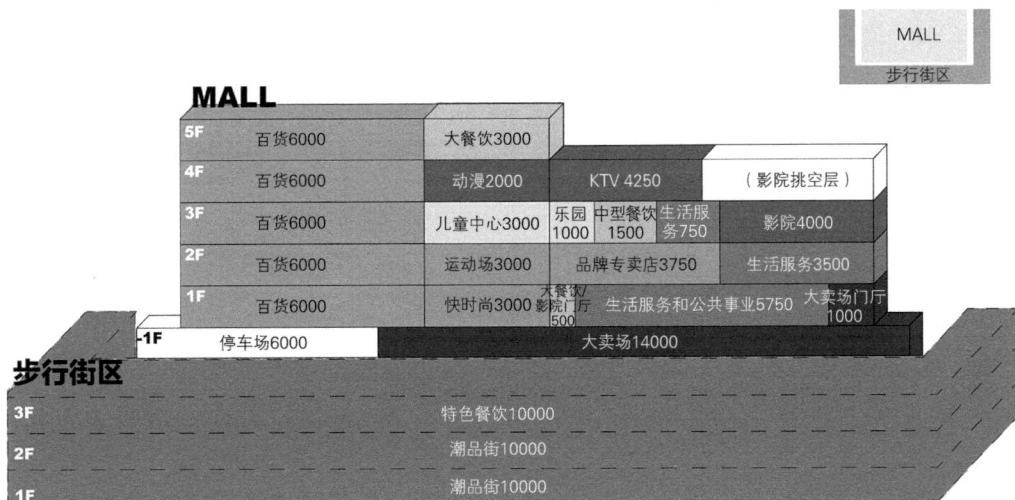

图2-11 星颐广场产品模型示意图（单位：m²）

2.2.2 商业规划与建筑规划的关系

商业规划和建筑规划是不同专业主导的两个不同层面的设计，但它们相互影响、相互重叠，属于不同的服务链，并且贯穿整个设计流程。它们之间的相互关系和分工界面见图2-12。

如何解决由不同专业主导的、两个层面的设计服务链之间复杂的配合问题？笔者认为关键是选好总包设计单位，把商业、商业综合体的"策划咨询"（C）与"实施策略"（I）阶段相关的服务，与传统的建筑设计业务（D）进行整合，形成"C-D-I"三位一体的集成服务（图2-13）。

关于"C-D-I"各部分的服务内容及重点内容，在具体操作中也可由管理公司与开发商带领国内一流设计院做好概念性方案设计和商业规划，以功能设计为主，确定好各部分的功能布局和主要业态布局，共同做好设计任务书。如果在没有充分准备的情况下匆忙委托设计公司进行方案深化设计，到后期基本上会推倒重来。

笔者曾经所在公司的产品规划部就承担此部分工作，进行相关产品的研究及规划。在商业综合体商业规划模型建立的这个环节中，功能组合及分区设计及面积指标是最重要的设计内容。

为直观说明产品模型阶段和建筑规划设计阶段的连续关系，特举一实际操作案例说明（图2-14）：针对某地块，产品部门提交设计院的产品商业模型示意图（包括行业业态配比，主力店、次主力店配比，不同功能模块在楼层中的配比）。

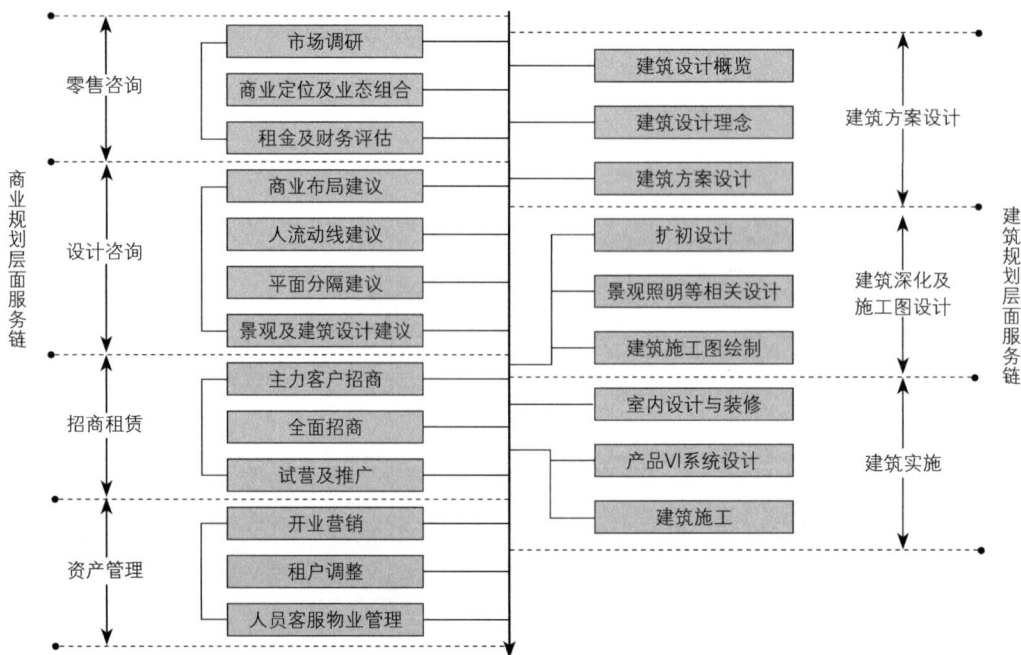

图2-12 两个服务链各设计阶段相互重合交替的关系

策划咨询	建筑设计	实施策略
城市发展宏观背景研究 城市总体商业市场研究 区域商业市场及竞争者研究 消费者需求调研 商户进驻意向访谈 项目本体分析 项目总体定位（功能、主题、形象、目标市场、档次） 项目概念及功能板块划分 业态组合及配比建议 主力店组合及建筑 财务分析及建议	规划概念设计 功能组团布局规划 交通组织及停车设施规划 平面分隔规划 人流动线规划（水平、垂直） 建设概念设计（建筑外立面、店铺视觉效果） 店铺形状、大小及深度设计建议 机电配置建议 环境景观概念设计（装饰、灯光、家具、标识系统等） VI设计	整体招商策略制定（招商工作安排、时间与任务节点、招商手段和措施） 招商条件（租金水平等）确定 主力店招商 招商宣传手册制作及推广计划确定 开发运营方案建议

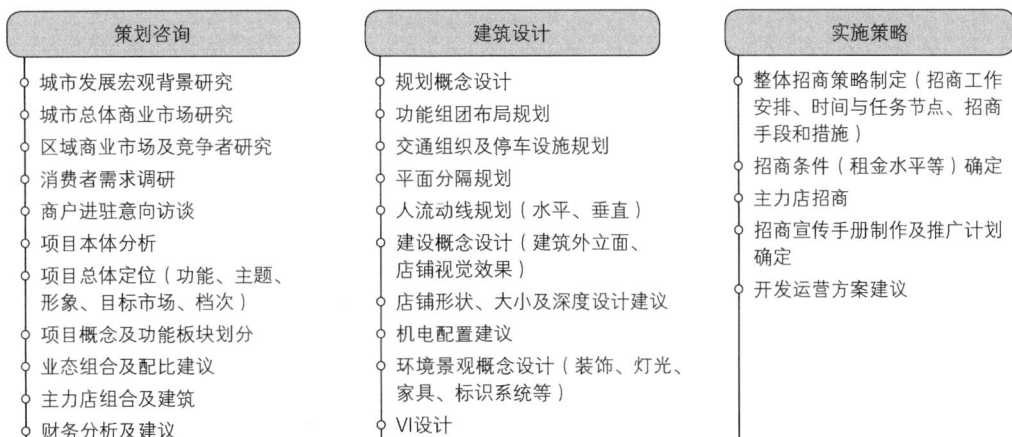

图2-13 "C-D-I"三位一体进行集成服务的工作内容

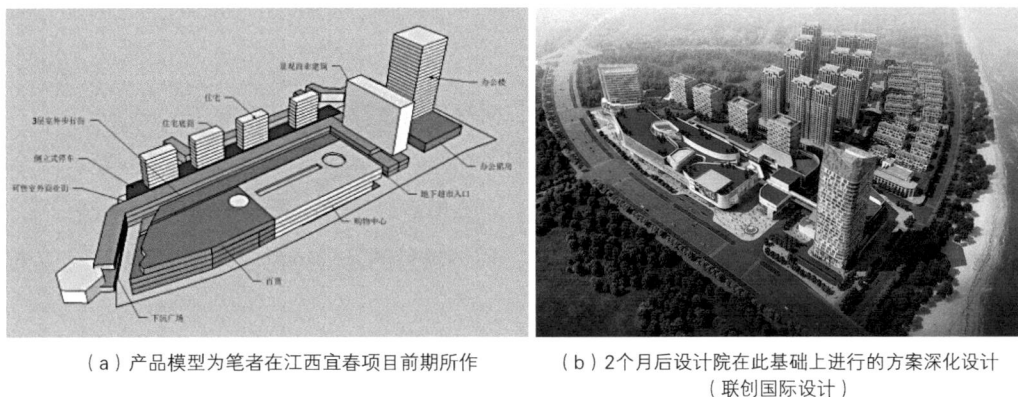

（a）产品模型为笔者在江西宜春项目前期所作　　（b）2个月后设计院在此基础上进行的方案深化设计（联创国际设计）

图2-14 产品策划模型与最终的方案设计的对应关系

2.3 准确的市场定位

2.3.1 市场定位概述

定位，改观了人类"满足需求"的旧有营销认识，开创了"胜出竞争"的营销之道。商业地产的项目定位是在项目市调及可行性分析的基础上回答项目"是什么、做什么、如何做"的问题。

要对项目进行科学定位，首先要对项目进行科学的分析，分析项目自身及资源条件，主要方式是对项目进行科学的SWOT分析，明确项目的资源优势，回答项目如何整合资源，最大化地提升项目的商业价值（图2-15）。

在完成SWOT分析后，对项目以下七个方面进行定位：

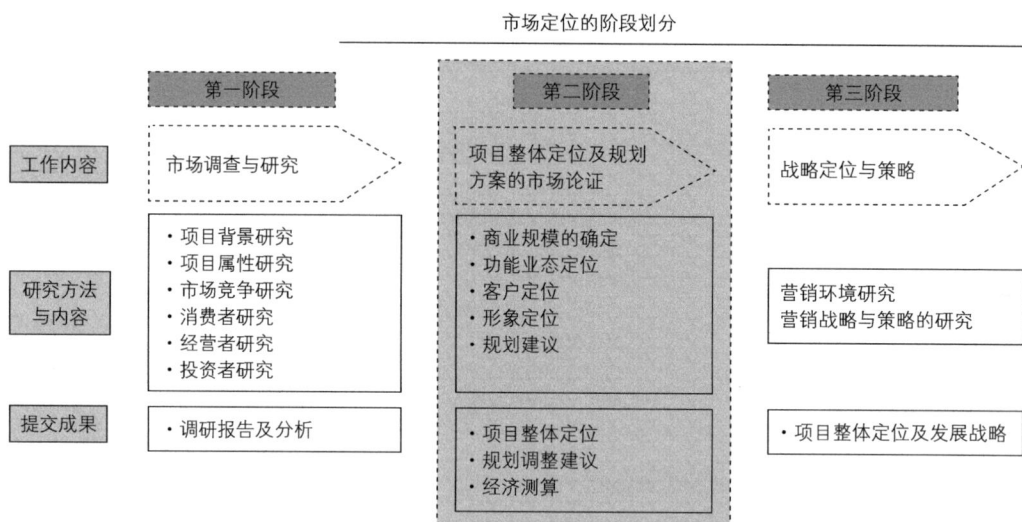

图2-15　市场定位工作阶段划分示意图

（1）项目业态定位——明确项目的业态，回答项目是什么的问题。

（2）项目功能定位——明确项目的基本服务功能，回答项目可以做什么的问题。

（3）项目主题定位——明确项目的主题，回答项目应该做什么的问题。

（4）项目形象定位——明确项目的形象，回答项目的经营特色、差异化策略、宣传推广原则的问题。

（5）项目目标消费群体定位——明确项目为谁服务，回答项目生存、发展的问题。

（6）规模定位——明确商业综合体（购物中心）的面积、大小及竖向空间结构。

（7）项目战略定位——确定项目整体开发规划思路与目的，回答项目运营模式的问题（这个在前期策划阶段已经作为重点考虑了）。

2.3.2　定位需要解决的四个问题

上述项目定位的七个方面，又可以简化为四个层面的问题。

1. 整体的市场定位

市场定位：市场定位也称作"营销定位"，是市场营销工作者在目标客户的心目中塑造产品、品牌或组织的形象或个性的营销技术。企业强有力地塑造出本企业产品与众不同的、鲜明的个性或形象，并把这种形象生动地传递给顾客，从而使该产品在市场上确定适当的位置。

市场定位包含功能定位、业态类型、形象定位、名称建议等内容。

做好市场定位的前提是进行扎实的市场区域分析。市场区域分析就是针对周边商圈区域范围内的分析，是商业项目吸引顾客的空间范围。通常，一个商业项目的辐射范围由其所在区位的辐射力、商业项目自身主题的辐射强度、商业项目的竞争态势来决定（图2-16）。

位于不同城市的不同区域属性的商业综合体，由于区位特征不同，其承载的基本功能及扮演的角色也会有较大的区别。

项目所处城市不同，对市场定位也有不同的影响（图2-17），如：

（1）城市发展状况：包括GDP指数、人口分布、产业结构等；

（2）项目所在区域商贸状况：包括商品交易状况，恩格尔系数等；

（3）居民收入及消费构成等；

（4）人流研究：人流量，停留时间，每次消费，对不同类别的需求（吃、喝、玩、乐）等。

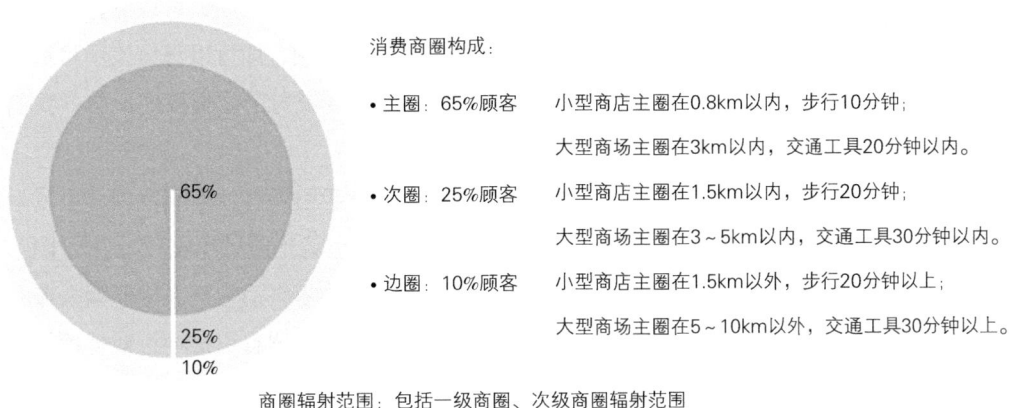

消费商圈构成：

• 主圈：65%顾客　　小型商店主圈在0.8km以内，步行10分钟；

　　　　　　　　　　大型商场主圈在3km以内，交通工具20分钟以内。

• 次圈：25%顾客　　小型商店主圈在1.5km以内，步行20分钟；

　　　　　　　　　　大型商场主圈在3～5km以内，交通工具30分钟以内。

• 边圈：10%顾客　　小型商店主圈在1.5km以外，步行20分钟以上；

　　　　　　　　　　大型商场主圈在5～10km以外，交通工具30分钟以上。

商圈辐射范围：包括一级商圈、次级商圈辐射范围

图2-16　商圈范围与目标客群的分布关系

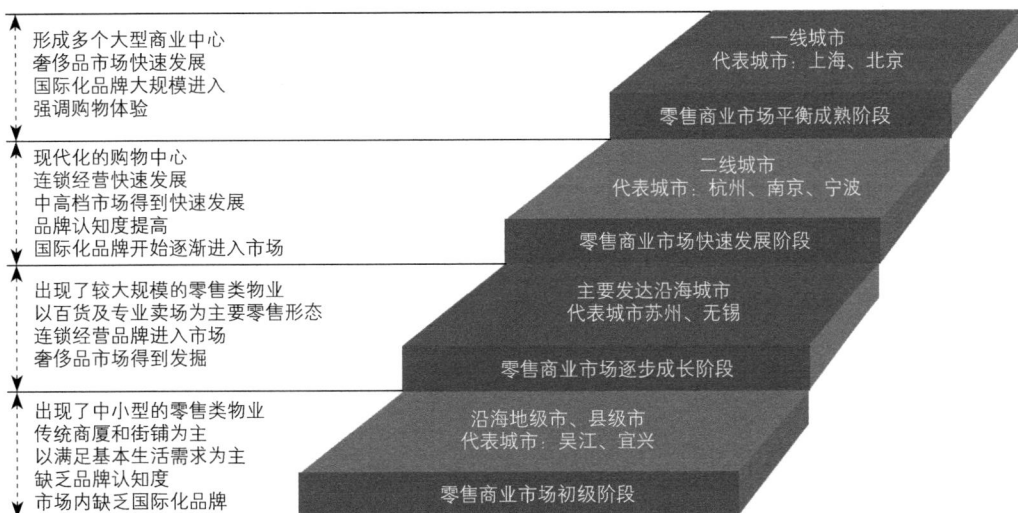

形成多个大型商业中心
奢侈品市场快速发展
国际化品牌大规模进入
强调购物体验

一线城市
代表城市：上海、北京

零售商业市场平衡成熟阶段

现代化的购物中心
连锁经营快速发展
中高档市场得到快速发展
品牌认知度提高
国际化品牌开始逐渐进入市场

二线城市
代表城市：杭州、南京、宁波

零售商业市场快速发展阶段

出现了较大规模的零售类物业
以百货及专业卖场为主要零售形态
连锁经营品牌进入市场
奢侈品市场得到发掘

主要发达沿海城市
代表城市苏州、无锡

零售商业市场逐步成长阶段

出现了中小型的零售类物业
传统商厦和街铺为主
以满足基本生活需求为主
缺乏品牌认知度
市场内缺乏国际化品牌

沿海地级市、县级市
代表城市：吴江、宜兴

零售商业市场初级阶段

图2-17　中国不同城市的发展阶段对项目市场定位的影响

2. 规模定位

商业规模的大小在一定程度上决定着商业的性质，主要考虑的因素有：

（1）区域的商业市场容量；

（2）市场整体租售状况对项目规模的影响；

（3）项目的商业属性（辐射型、中间型或内向型）；

（4）主力店的带动效应（一般主力店与其辐射区域面积比为1∶1.5）；

（5）竞争性项目对项目规模的影响；

（6）市政规划对项目片区商业规模的影响；

（7）项目自身条件对规模的影响等。

目前商业体量的测算一般都是先以市场调查为基础，建立相关分析模型，测算出该项目地址可能发生的客户流量，依据对所在地区人均零售消费额的判断，可以测算出该项目可能的零售额，再参照所在地区商业设施每平方米平均零售额，即可以得出该项目地可发展商业房地产项目的规模（图2-18）。通过经济技术指标规模与定位规模的比较，我们可以得知是面积不足，还是面积过剩。

这里面有一个基础的数据：商圈的判定。商圈是商业吸引顾客的空间范围，也就是消费者到商业场所进行消费活动的时间距离或者空间距离，也就是项目建成后的辐射半径。

商业设施的体量主要受两方面因素影响：人流量及人均零售消费额。据商圈人流、人均零售消费额、商业营业水平测算出商业体量。根据市场调查测算出该项目地址可能发生的客户流量，依据对项目所在地区人均零售消费额的调查，测算出该项目可能的最高零售收入总额，再参照所在地区商业设施每平方米平均零售额，即可以得出该项目地可发展商业项目的规模。

以上方法，我们称为"饱和系数法"：新增商业面积=（人均年消费支出×人口数量÷商业坪效-现有商业面积）×修正系数。

需要指出的是，测算出的该商业体量是项目片区内最大可开发商业体量，因此，当我们要得到某一具体项目的最大可开发体量时，还需要减去区内已经开发或准备开发的商业体量。

另外还有卖场面积占有率法：根据商业调查的特定方法（如超市的提袋率调查），获取相关目标商业体的月度商业营业收入，然后计算出其每平方米商业的市场营业额，根据

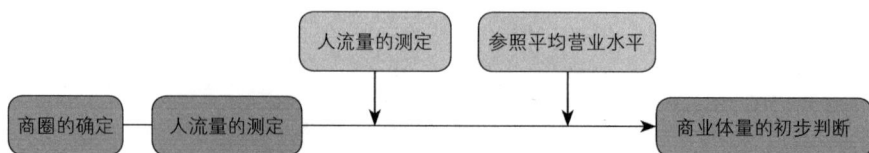

图2-18　根据商圈人流、人均零售消费额、商业营业水平测算出商业体量

各地区各行业一般性营业额水平，在保证在营商业和即将进驻商业都保持合理利润的前提下（平均利润率），判断片区内是否能新增目标商业体量和规模。这也是我们常用的对标法。这种方法也叫"租金反推法"：

新增商业面积=（人均年消费支出×人口数量÷（平均租金÷10%）–现有商业面积）×修正系数

案例：规模定位失误

目前该项目经营困难，主要原因在于：商业体量过大，当地消费人群有限；时机不成熟，消费水平跟不上。

计算依据如下：

综合体的面积为50万m²，28万多平方米面积（按照55%的有效利用率计算）用于出租。以每天每平方米租金3元来算，每天租金总额为90万元。即使按照商户15%的租金率来计算，也就是整个项目所有商户每天至少要有600万元的销售额才能保证盈亏平衡。

假设购物中心客单价是200元的话，要创造600万元的销售额，必须每天有3万名消费者产生购买行为。按照业内平均水平30%的提袋率计算，至少每天有10万人进入购物中心。假设周边消费者每周来逛一次，那么周边商圈（核心3km范围内）至少要有70万人。很显然，这块区域目前常住人口为30万人，远远低于70万目标居民的数量。如果仅仅是一个区域级的购物中心定位，那么明显是在规模定位方面产生了误差（图2-19）。

- 项目名称：青岛某城市广场
- 开业时间：2009年9月30日
- 地　　址：青岛市某区
- 占地面积：480亩
- 总建筑面积：75万m²（商业+住宅）
- 商业建筑面积：50万m²
- 商业楼层数量：4层
- 停车位数量：3184个
- 主力租户：大润发、春天奥莱、欢乐天地、中影、雍华庭、鑫复盛、恒星飞拉利（目前均有变化）
- 商业类别：购物中心

图2-19　项目鸟瞰图及其主要数据

3．目标客群的定位

通过定位工作，完成对顾客是谁、顾客规模、顾客特征（肖像描绘）等内容的分析。

位于不同类型的城市以及城市不同区位的商业综合体，目标消费人群的结构、消费能力以及消费倾向会有所差别，这必然会影响到综合体（尤其是购物中心）内商业业态种类的选择及各业态的配比。通过分析区域的目标购物人群，掌握对象的消费习惯、购物习惯，以形成自身的定位和特点。

一个购物中心的项目定位不但要考虑所在城市和区域的消费水平、商圈的成熟程度，还要考虑其他很多方面的因素。然而，目标消费客群从某种意义上说，是决定项目定位的最关键因素之一（图2-20）。

由图2-20可以看出，"城市级常规项目"面对的客群比较多元化和多年龄化。正因为这些项目所在的区域没有明显的客群特质，所以必须靠项目的定位去吸引特定的消费客群。

前期调研时，客群分析就占比很高。如我们在商圈调查分析时就强调以下内容：

（1）0.5km/1km/1.5km半径内居民人口数、人口结构、家庭收入水平。

（2）流动人口调研分析（数量、构成、职业、年龄、收入水平、消费特点等）。

（3）项目周边交通设施图示与主要客流对象及其走向（普通路、快速路、轨道交通、公交枢纽与线路）。

（4）项目客流监测：平时/周末（7∶00~22∶00），不同方向客流量及其交通工具。

同时进行消费者街头拦访调查（个人基本信息、消费习惯与特征、项目期望描绘等问题）。针对消费喜好、理念进行问卷调查，会涉及以下内容：社区居民的背景、消费习惯、儿童消费现状、消费满意度、消费概念等分析。

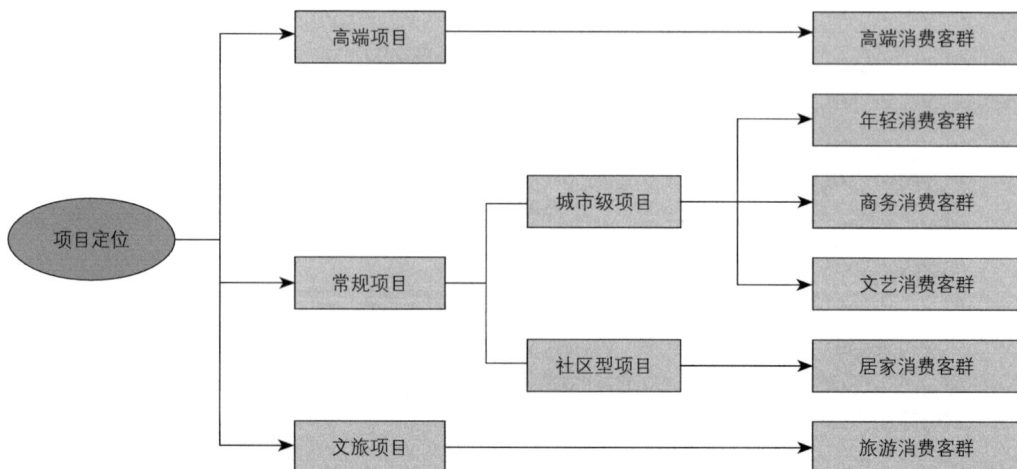

图2-20　项目基本定位和消费客群的对应表

消费群体定位必须与所处区域功能关联，还要做好客源重叠分析和规划，如消费群、投资群、商户群等。

在商业地产的发展过程中，消费者最能直接感受到的就是商业业态及产品的不断升级与创新，而精准定位则是获取目标群体、满足消费需求、建立品牌形象的前提和核心（表2-2，图2-21）。

商业地产代表企业产品线定位与客群的关系   表2-2

公司名称	产品线	产品定位与客群
大悦城控股	大悦城城市综合体	"年轻、时尚、潮流、品位"的以购物中心为主体的全服务链城市综合体，目标客群为18～35岁新兴中产阶层
	大悦春风里	"温馨、时尚、惬意、品位"的区域型商业中心，目标客群为25～45岁一、二线城市年轻及成熟中产阶层
	祥云小镇	全景开放式的休憩型商业街区，国内首家"城市微度假"主题生活小镇，目标客群是25～55岁城市中高产阶层
龙湖商业	天街	区域型购物中心，购物、餐饮、休闲、娱乐等多业态的一站式商业综合体，目标客群是中等收入新兴家庭
	星悦荟	社区生活配套型购物中心，面向中产阶级家庭的综合消费
	家悦荟	中高端家居生活购物中心
华润置地	万象城城市综合体	"一站式"消费和"体验式"购物
	万象汇/五彩城	区域商业中心
宝龙商业	宝龙一城	（超）高端产品系列
	宝龙城	宝龙广场的升级产品
	宝龙广场	主流社区MALL产品

注：来源于企业年报及企业公开数据，中国指数研究院

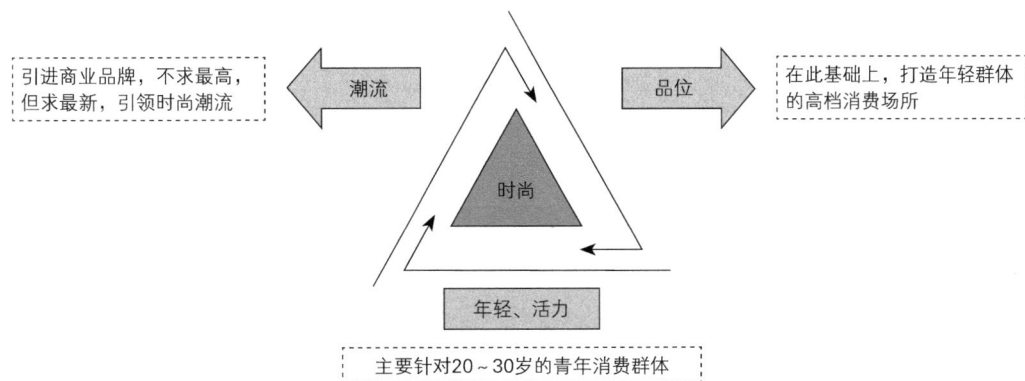

图2-21 大悦城产品定位与客群特点

4. 鲜明的主题定位

我们在进行商业定位时往往需要先设定一个"主题"，从一个主题出发并且所有服务都围绕这个主题，或者创造一个"主题道具"（例如一些主题博物馆、主题公园、游乐区或以主题为设计导向的活动等）。

这个主题主要取决于消费者的特征、竞争的环境以及开发商的资源、偏好等因素。主要考虑的因素有地方文脉、时尚坐标、项目片区的整体氛围、主题营造的可实现性等。

目前，商业地产功能定位大都千篇一律，缺乏个性，殊不知"主题特色"才是商业地产项目成功运营的基础。如何创造消费亮点？只有主题明晰，统一经营、统一规划、统一形象，才能落到实处。

所以，我们说：定位需主题明确化，尽可能地创造项目的消费亮点，提升项目的核心竞争力（表2-3，图2-22）。如何做到主题明确化，我们有以下几个思路：

部分国内外著名购物中心的经营主题   表2-3

购物中心	经营主题	开业时间	国家	所在城市
北京侨福芳草地购物中心	艺术购物中心	2012年9月	中国	北京
深圳欢乐海岸	休闲主题	2013年9月	中国	深圳
K11购物中心	艺术购物中心	2010年9月	中国	香港、北京、武汉
拉斯维加斯凯撒宫广场	嫁接"古罗马"和"亚特兰蒂斯"两大文化题材	2005年5月	美国	拉斯维加斯
蓝湖（Bluewater）	自然生态+购物+休闲	2006年5月	英国	伦敦
南京水游城	水主题	2010年8月	中国	南京
Garden Walk购物中心	城市花园	1999年8月	日本	东京
华南MALL	水乡风情	2005年1月	中国	东莞
维纳斯城堡（Venus Fort）	女士的主题公园	1999年8月	日本	东京
正大广场	家庭购物、娱乐新体验	2010年10月	中国	上海
东海购物中心	公园广场式	2007年2月	中国	深圳
又一城	无边无界，生活之态	2004年5月	中国	香港

（1）创造多元的经营主题，如自然景观、人文景观、城市休闲、24小时活力等主题。

（2）与文化相结合，充分利用文化的"个性化"特点。

（3）表现手法多样化，对主题进行"夸张化""拟态化""故事化"及回归商业本质的基本特点建筑表现。

文化创意型商业中心

- 选择特色产业，明确商业中心定位
- 配套相关产业，促进知识文化消费
- 举办文化活动，丰富商业中心内涵

多元时尚文化商业街区

- 以特定文化作背景
- 定位高端与时尚

确定文化主题
提升品牌定位

人文概念型购物中心

- 关注区域规划
- 确定文化理念
- 拓展文化辐射范围

文化主题定位的三种实现路径

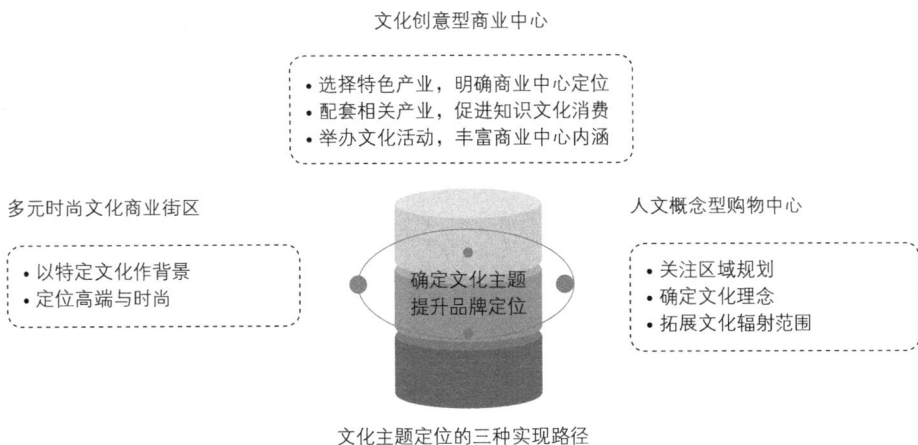

图2-22　主题定位与文化的个性化特点相结合

根据以上分析，我们可以明白定位的本质是解决"定性"和"定量"的问题。同时，精准的"客群"定位是关键。

案例："上海新天地"鲜明的定位和独特的魅力

图2-23　上海新天地

项目取名："新天地"源于"一大"的灵感，"一""大"合起来是个"天"字，与天对应的是"地"。

"国际交流和聚会的地点"的定位："上海新天地"成功地穿上了时尚文化的炫目外衣，抓住了人们的眼球，商业脱颖而出（图2-23）。

新天地现在的经营定位是在开发过程中，在开发的不同阶段，逐渐深化而最终确定的，这一深化的过程经历了三个阶段（图2-24）。

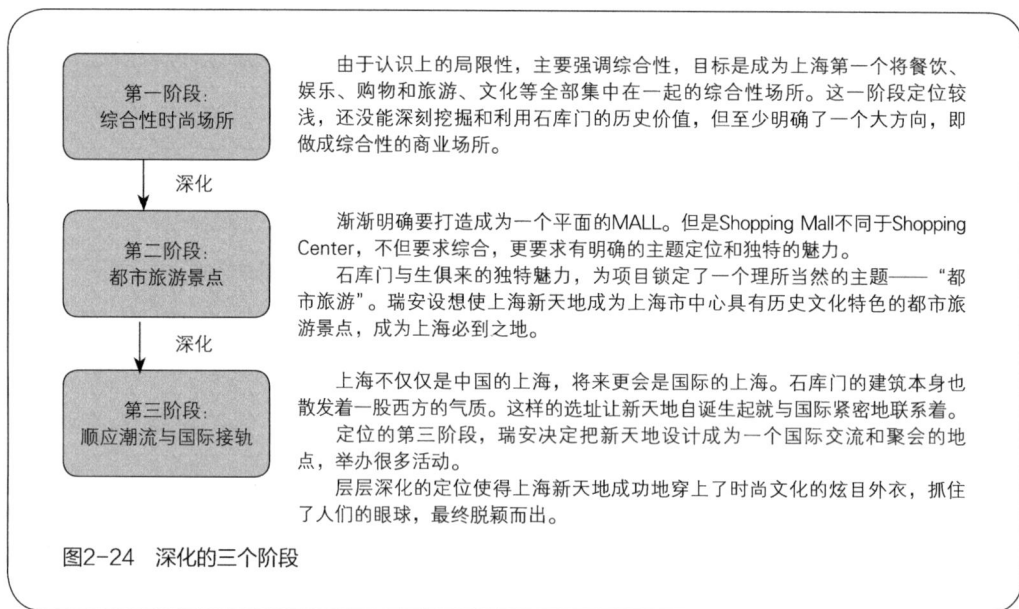

| 第一阶段：综合性时尚场所 | 由于认识上的局限性，主要强调综合性，目标是成为上海第一个将餐饮、娱乐、购物和旅游、文化等全部集中在一起的综合性场所。这一阶段设定位较浅，还没能深刻挖掘和利用石库门的历史价值，但至少明确了一个大方向，即做成综合性的商业场所。 |

深化

| 第二阶段：都市旅游景点 | 渐渐明确打造成为一个平面的MALL。但是Shopping Mall不同于Shopping Center，不但要求综合，更要求有明确的主题定位和独特的魅力。
石库门与生俱来的独特魅力，为项目锁定了一个理所当然的主题——"都市旅游"。瑞安设想使上海新天地成为上海市中心具有历史文化特色的都市旅游景点，成为上海必到之地。 |

深化

| 第三阶段：顺应潮流与国际接轨 | 上海不仅仅是中国的上海，将来更会是国际的上海。石库门的建筑本身也散发着一股西方的气质。这样的选址让新天地自诞生起就与国际紧密地联系着。
定位的第三阶段，瑞安决定把新天地设计成为一个国际交流和聚会的地点，举办很多活动。
层层深化的定位使得上海新天地成功地穿上了时尚文化的炫目外衣，抓住了人们的眼球，最终脱颖而出。 |

图2-24 深化的三个阶段

2.4 精准的客群定位是关键

艾·里斯、杰克·特劳特的《定位》一书中认为：所谓定位，是在对本产品和竞争产品进行深入分析，对消费者的需求进行准确判断的基础上，确定产品与众不同的优势及与此相联系的在消费者心中的独特地位，并将它们传达给目标消费者的动态过程。

这段描述中，"消费者"是关键词。消费者在"定位"中占据着重要位置，只有准确把握住消费者的需求，在找到自身优势的同时让消费者感受到优势所带来的效果，才能抓住机会，找到市场中的立足点。

精准的客群定位是定位中的关键!

目标客群的选择和圈定是其核心。商业项目的发展，归根结底需要消费者的消费作保障，否则项目最终的结果肯定是失败的。但项目目标消费群体定位又是开发商很难把握的，要准确地进行项目目标消费群体定位，必须由专业人士来完成。明确了项目目标消费群体定位，才能设置项目的功能组合。

随着国内商业综合体的快速发展，一些国内标杆企业逐渐形成了自己的产品定位与主题特征（表2-4）。又例如同为华润的品牌，万象城、五彩城和欢乐颂的产品定位各有特点。

在市场定位方面，一个比较成功的例子是上海环贸IAPM（图2-25），是集甲级写字楼、商业、高级公寓于一体的大型商业综合体项目。与一般的商场不同，上海环贸IAPM项目定位为："高端潮流+夜行消费"。该主题定位主要通过建筑空间设计及业态组合（图2-26）两个核心元素来实现。

国内标杆企业产品代表模式（2014年统计资料）　　表2-4

行业部分企业代表模式		
企业	发展模式	产品线
万达	快捷连锁复制	万达广场城市综合体
凯德	资本运营两强	来福士城市综合体 + 凯德 MALL
华润	央企多元孵化	华润万象城城市综合体等
中粮	快速改造复制	中粮大悦城综合体
世茂滨江	住宅 + 商业	世茂广场城市综合体
恒隆	高端地标精稳	恒隆广场城市综合体
瑞安	文化驱动商业	瑞安新天地城市综合体
世纪金源	大盘快推	大盘住宅 + 世纪金源等
宝龙	娱乐主题复制	宝龙城市广场综合体
平安	资本推动型	都乐汇
金鹰	零售主导	零售为主综合体

占 地 面 积：3.1万m²
总建筑面积：32.5万m²
停 车 场：2层，近800个停车位
主 要 功 能：集甲级写字楼、商业、高级公寓于一体
定　　位：
"高端潮流+夜行消费"，该主题定位主要通过建筑空间设计和商业品牌定位两个核心元素实现。
"夜行消费"：
上海环贸广场IAPM借鉴了香港APM商场的成功运营模式，主打"夜行消费"的购物理念。在该理念指导下，零售商户打破传统营业时间，至少延长一小时打烊，而餐饮以及电影院业态营业至凌晨，部分餐饮商铺甚至会更晚。目前，IAPM商场营业时间为10～23点，今后将根据客流推迟营业时间，尤其是餐饮普遍延迟到零点后，轻餐饮、咖啡吧、酒吧等将营业至凌晨4点。

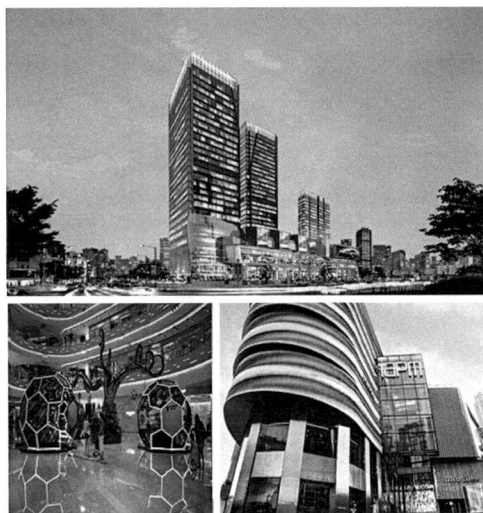

图2-25　上海环贸广场IAPM

　　在淮海路西段的高端时尚地区，周边写字楼白领较多。该项目"夜生活"的零售模式可以扩大淮海路商圈的影响辐射圈，并在夜间消费的领域形成新地标。

　　该项目业态组合由200多个国际级高端潮流品牌、比较吸引年轻消费者的奢侈品品牌，以及一些更独特、更具设计感的一线品牌构成，还包含了IMAX影院、特色餐饮等。

IAPM首层布局有Gucci、Prada、miu miu、Dolce & Gabbana等一线国际品牌；亦规划有Alexander McQueen、Jimmy Choo、Alexander Wang等设计师品牌，将"高端"与"时尚"元素进行了有效的结合与诠释。

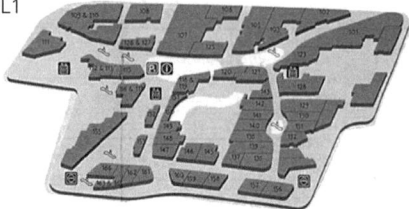

二层主要由一层品牌复式铺（如Prada、miu miu、Apple Store等）以及一线品牌副牌为主（如Just Cavalli、McQueen、Pierre Balmain、Glasstique等）；同时还配套部分知名轻奢品牌（如Jones the Grocer、Wedgwood Gourmel）。

L1

L2

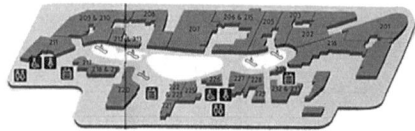

三层布局有风格各异的中高端餐饮；如鼎泰丰、稻香、老吉士等；部分潮流零售品牌，如Exception、Fcuk、Anteprima等；新型潮流买手制集合店，如The Stairs。

四层餐饮业态：广东菜系利苑，西班牙菜EL Pomposo，日式料理店千两等；户外用品牌：Columbia、Aigle；时尚家居品牌：Kartell；运动品牌：Onitsuka Tiger、Nike Kicks Lounge。

L3

L4

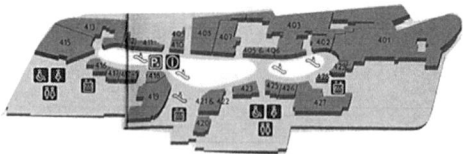

图2-26　上海环贸IAPM 一至四层业态布置图

尤其在商场五层及六层打造了一个动感主题区域，运用波浪形顶棚的动感设计，配上错落有致的闪烁萤火灯饰，营造了一个现代时尚的整体环境。

现代地产开发实践表明，综合体的市场定位从某种意义上讲将比选择地段更重要。这样才能准确把握市场脉搏，确定不同类别的经营模式，避免同质性，创造最大差异化，从而引领市场。

项目定位要考虑和周边项目的错位和互补。两个项目或几个项目之间，如果彼此的距离在步行距离范围外，必然形成直接的竞争，但如果在步行距离范围内，其实就是最好的盟友。从项目之间的错位和互补来看，上海南京西路一条街应该是目前国内最经典的案例，也是最成功的商圈之一。可以说，南京西路上，无论是恒隆广场、嘉里中心、芮欧百货、兴业太古汇、久光百货还是晶品购物中心，每一个项目的定位都是经过市场考验的。

案例："上海新天地广场"差异化商业定位

瑞安集团的新天地广场项目将整个新天地辐射扩张至淮海中路，新天地街区由此获得了淮海中路入口，还包揽了黄陂南路与新天地两个地铁站，直接与K11

短兵相接。K11定位为：抓住年轻消费者的心，开创全球首个博物馆零售模式的K11购物艺术中心。香港广场定位为：小体量商业的复合型业态，锁定"精品消费"与"创新多元体验"，将创新与高品质相融合，才能为消费者带来更精致的趣味生活。差异化定位成为该项目成败的关键（图2-27、图2-28）。

新天地广场总建筑面积2.7万m²，共9层，目标客群为女性消费者，主打"社交"，以"新女性潮流社交目的地"为发展定位。以新女性为定位的潮流社交目的地，变换固有的生活状态。

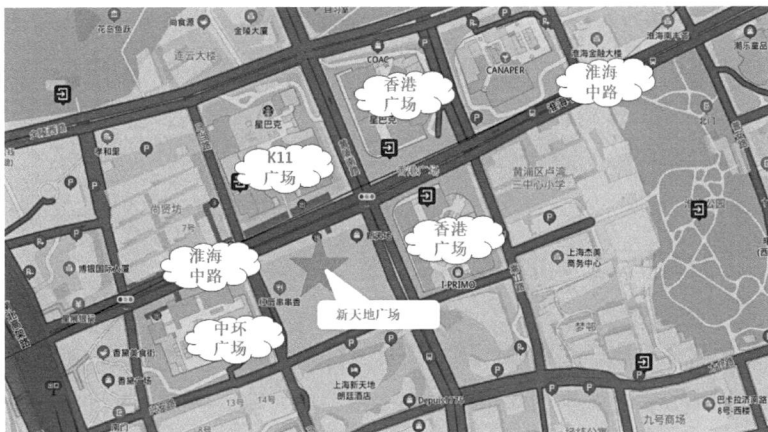

图2-27 新天地及周边商业（来源：改绘自百度地图）

图2-28 新天地的外景

3 商业地产的总体规划设计

关键词：整合

商业地产体量庞大、自身功能多样、人流和车流组织复杂，同时和周边城市道路等配套设施联系紧密，这些特点都对其外部总体规划有着重要的现实意义。

同时，商业综合体的总体规划应结合业态的落位与布局。下面将主要从设计流程、功能整合、空间布局、交通组织等四个方面解读商业地产总体规划的设计要点。

3.1 商业地产正确的设计流程

与普通民用建筑相比，商业地产项目更加复杂，设计的单项更多。尤其是商业综合体项目的总体规划部分，要解决的问题也更多一些，如人流、物流、车流等方面更加复杂。除了商业外，酒店、超高层、娱乐业态、灯光、景观等专项设计流程也更加独特，我们曾在《整合：商业综合体全程设计》一书的专项设计专篇中涉及。

可以说，大型商业地产项目的实施是一个庞大的系统工程，设计流程的正确与否也起到关键的作用。

作为一个成熟的开发商，在进行大型商业地产项目开发的过程中，规划设计部分应分为四个阶段：①项目投资发展阶段；②总体策划及任务书阶段；③规划设计及品牌落位阶段；④建造及施工图设计、现场管控及专项设计阶段。

在项目投资发展阶段，有了明确的用地意向后，在符合项目规划条件和项目商业环境的前提下，构建项目测算模型和经营模型；结合内部的相关研究成果和收益标准要求，估算获取土地价格策略，形成产品建安标准（图3-1）。

如果就建筑规划设计的范畴进行讨论，主要包括后三个阶段。笔者在总结近几年来综合体设计的经验教训后，认为相对合理的设计流程应如图3-2所示。

从总体策划开始到施工准备阶段的总设计时间长达1.5年。而在建筑设计院真正介入方案设计之前，业主还应有10个月左右的投资发展阶段及高层决策阶段（包含拿地方案等概念设计阶段）。

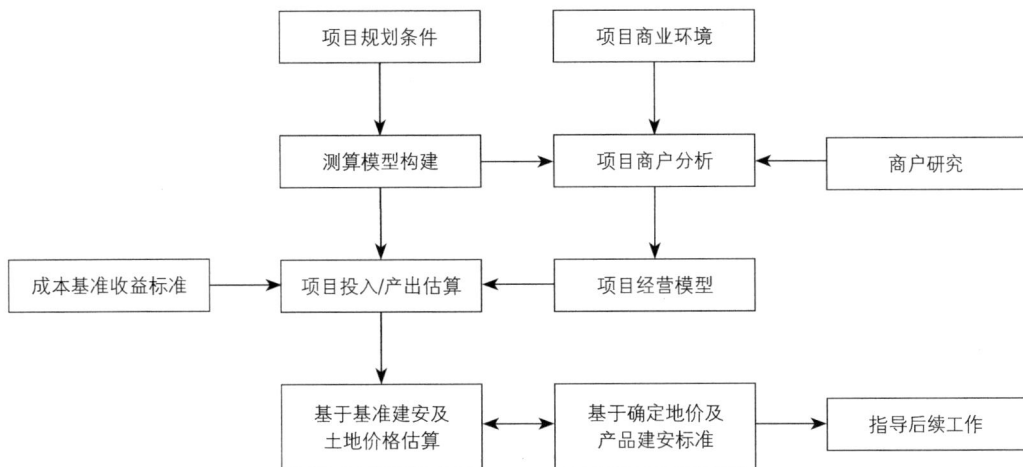

图3-1 项目投资发展阶段：测算模型和经营模型的建立流程示意图

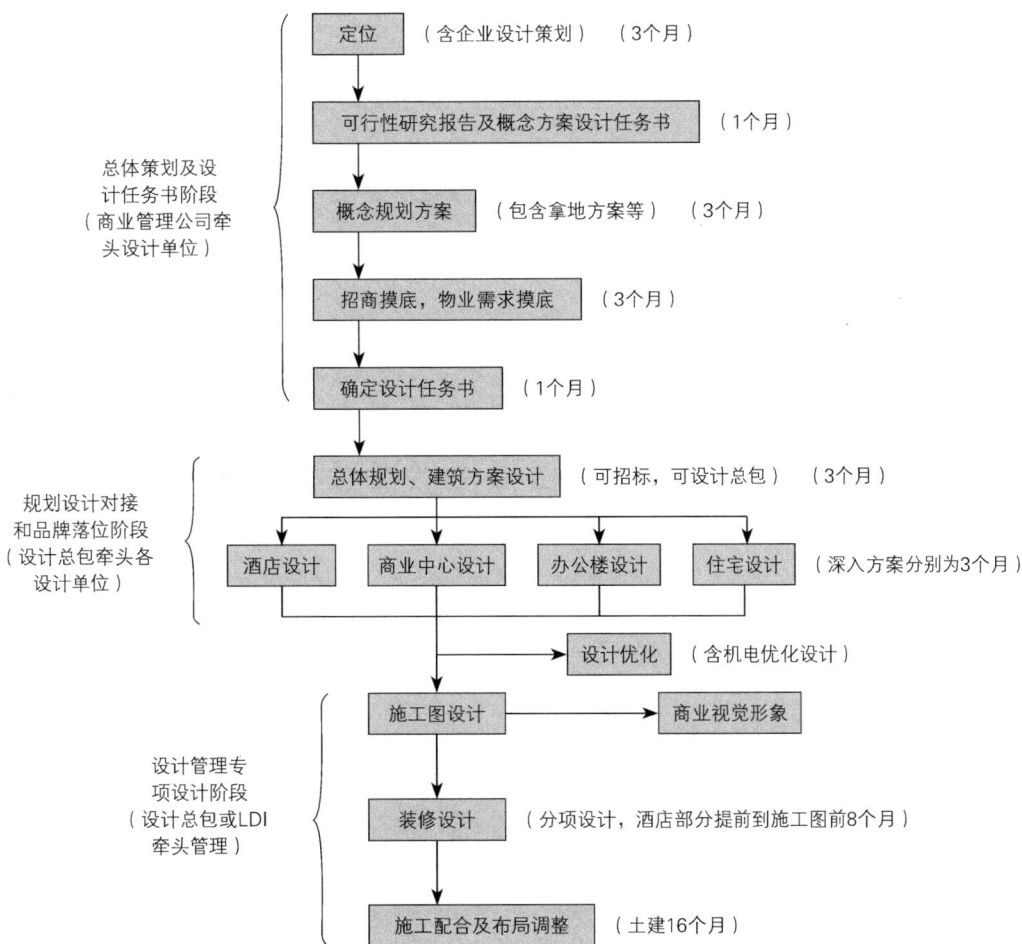

图3-2 商业综合体项目相对合理的设计流程表

从设计流程的表格中，我们可以看到：设计流程中最前面的"总体策划和设计任务书"阶段，其成败直接影响项目未来的发展前景，是整个设计过程中最根本的环节。其关键词是"定位"，也就是"产品概念定位"。该环节主要是通过市场调研对项目进行可行性分析。

市场调查和可行性分析是本阶段的基础工作。根据市场调研结果，进行定性分析研究，确定项目的产品定位、业态组合和空间布局，进而确定项目的总体建筑规模体量、项目内外交通环境组织、主要业态布局及面积配置、零售业态经营档次和组合方式，以及大系统划分方式等要素。

国内许多成熟的商业地产开发商如万达、龙湖、华润等，已经把这10个月的总体策划的时间，也就是"产品概念定位"阶段缩短为45天。其表达成果的方式是通过项目启动会的形式把"定位""设计任务书""概念方案"等一次性确定。为什么可以这么快？其实这些企业已经把前期阶段成果进行固化和标准化，以"产品"的思维将其旗下的项目作为一个"标准产品"进行研发和操作了。

华润商业综合体全程设计管控流程如图3-3所示。

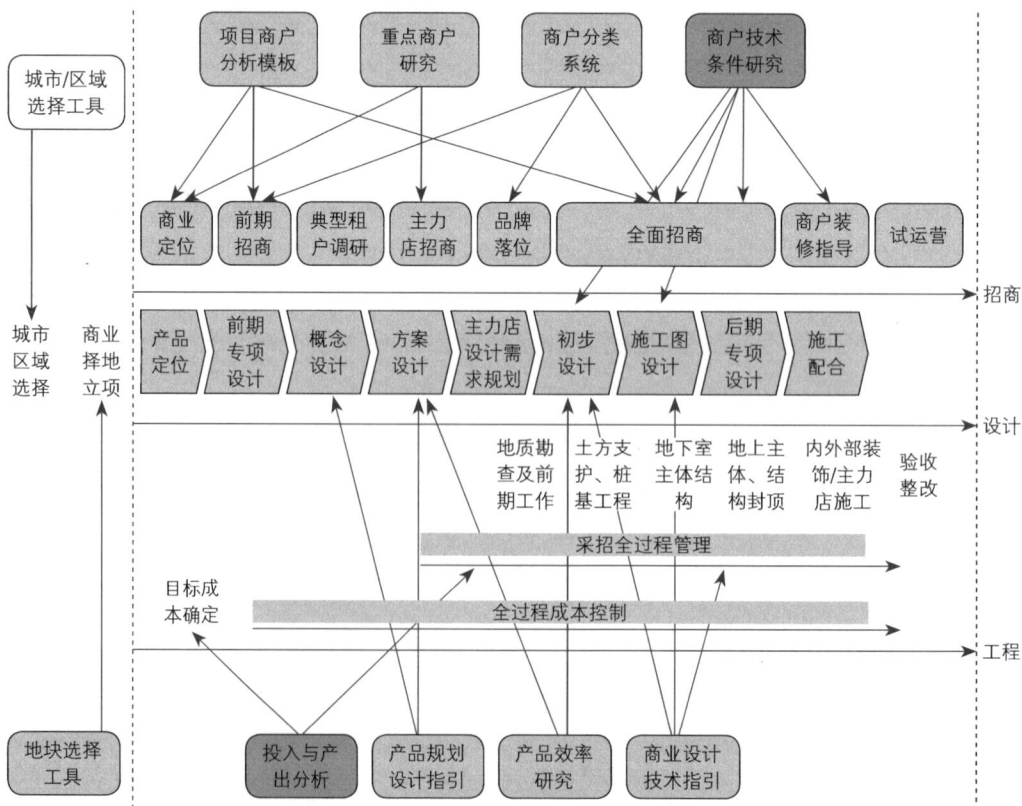

图3-3 华润商业综合体全程设计管控流程示意

由以上分析可知，成熟、适宜的商业规划设计模式有其共性：一是专业化服务主体的高度集中与整合；二是投资、策划、设计、招商、运营、管理全程一体，专业协同；三是以商业策划为先导；四是以建筑设计为纽带；五是以招商运营为核心。从前期项目定位到后期的经营管理的全程一体化服务，在商业项目的开发过程中，各个环节由不同专家提供专业支撑，各个环节之间进行有效串联、衔接与配合。

综合体开发实施的全流程又可细分为：项目投资发展阶段、项目策划阶段、方案设计阶段、初步设计阶段、施工图设计阶段、招采阶段、施工准备阶段、工程管理阶段、销售管理阶段、产品交付阶段、营运与管理保障阶段。

其中规划设计包括项目的方案设计、初步设计、土建施工图设计等，贯穿于整个操作流程中。而方案设计和品牌对接为重中之重。方案设计将决定商业地产项目的外部整体布局、内部功能分布、土地利用率、室内空间利用率、商业出租的价格潜力、室内空间的合理动线布局等。

商业综合体项目的设计流程可分为三大阶段，与运营流程具有衔接和对应关系（图3-4）。

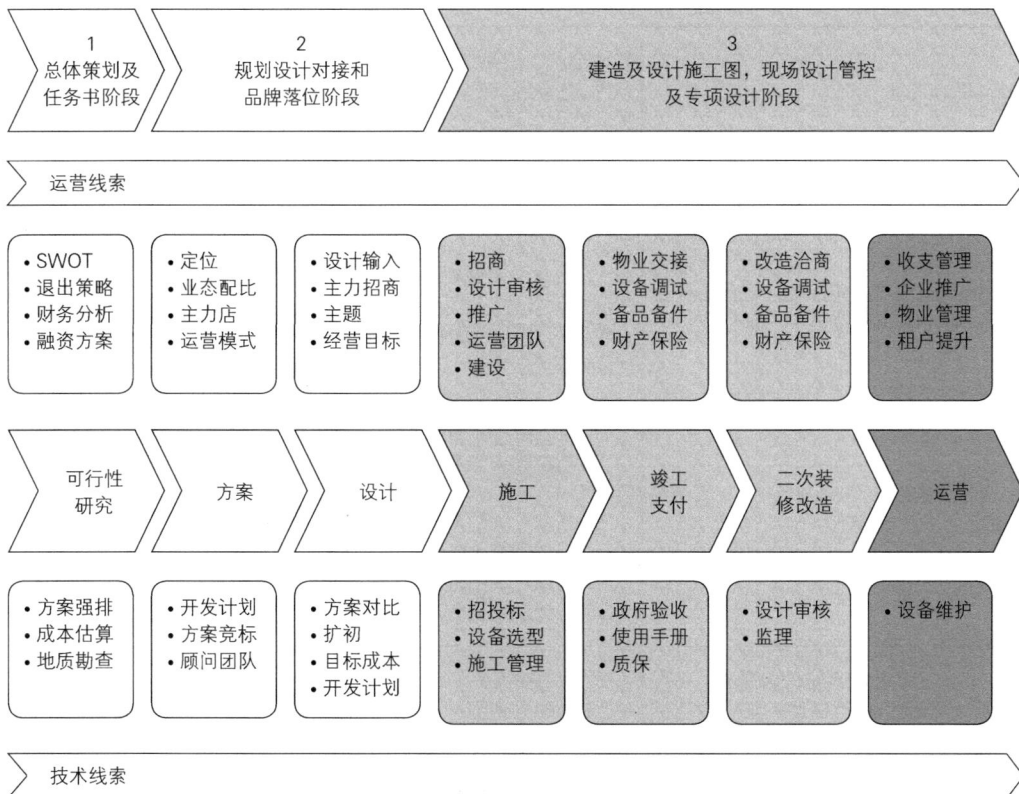

图3-4　综合体开发全流程中设计与运营流程的对应关系

3.1.1 总体策划及任务书阶段（表3-1）

总体策划及任务书阶段工作内容及输出成果表 表3-1

主要工作内容及要点	输出主要成果
1. 市场调研 聘请专业设计公司介入市场调研，专业商业规划设计公司从商业的角度，在细致、有针对性的市场调研基础上，结合可能的招商资源和地产开发商的投资回报要求，制定专业的商业定位和规划设计。这两类公司目前一般整合在商业策划、咨询工作之中	（1）商圈客层调查分析（商圈形态、商圈范围、业种分布、商品层级、主要客层及客源等） （2）竞争者分析（现有及潜在营业竞争者的营业规模、经营形态、经营情况分析等） （3）项目经营定位论证 （4）业种定位、各楼分区业种配置 （5）主要零售商业区、零售商业市场概况 （6）主要零售商业经营者、经营类型 （7）各主要零售业态租金水平或扣点数 （8）平均营业额水平 （9）未来趋势预测及分析
2. 整体产业发展与市场评估	相关产业发展趋势、产业发展现况与市场评估、发展策略建议（对项目特征的初步设计过程进行评价和定义，了解项目的整体特征并将预先的规划融入项目中去）
3. 开发潜力	开发方向、潜力与限制分析（SWOT）、开发课题、开发构想
4. 基地描述	基地现况（沿革）、开发目标与范围、自然地理环境条件、区位条件、社会经济发展现况分析、土地使用现况分析、公共设施现况、整体交通运输系统分析、商业行政图
5. 定位 确定项目产品定位及分割、主题商业概念及独特卖点、功能配比（包括行业业态配比、主力店、次主力店配比、不同功能模块在楼层中的配比）、开发步骤及财务模型	（1）项目最大利益创造整体计划、可执行的实质方案、市场研究目的及功能定位、本案初步规划构想、指导思想与背景、计划目标 （2）对客户已获得的地块，通过可能性和可行性分析确定项目产品定位及分割、主题商业概念及独特卖点（USP）、功能配比（包括行业业态配比、主力店/次主力店配比、不同功能模块在楼面中的配比等）、开发步骤及财务模型等
6. 招商摸底 商家进驻意愿调查； 物业需求摸底	（1）商家布点计划（客户未来三年内的布点计划与规模） （2）商家租金承受能力（客户一般租金支付方式及最高承受租金能力） （3）商家业种配合喜好（兼容与相斥业种） （4）商家需求（包含面积、位置、楼层等） （5）商家对本案进驻意愿 （6）设计规划物业需求
7. 业态、功能组合和分区设计 确定业态组合相互促动，与主力店招商工作结合并作出调整；主力店的选择应体现该项目的特点，并对项目的设计产生很大的影响	（1）城市交通关系 （2）功能分布图 （3）业种占比表 （4）楼层配置图 （5）营业额预估

3.1.2 规划设计对接和品牌落位阶段

这个阶段包括：项目评审论证、设计、工程方案统筹（例如设计交接界面、能耗计算、机电体系等），以满足项目在商业功能匹配性、降低成本、节省工期等各方面的要求（表3-2）。

规划设计对接和品牌落位阶段工作内容及输出成果表　　表3-2

主要工作内容及要点		输出主要成果
建筑设计规划的几个阶段： 1. 最终确定设计方案，并且获得政府的批复——最终方案应该是综合各种因素产生的结果，是基于前期大量的调查分析、布局规划调整、投资回报分析、政府关系协调等工作产生的选择方案。 2. 在建筑方案确定和初步设计完成后，开发商不能只顾着向前推进项目，要充分考虑项目的功能，同时进行局部的合理调整。如果项目进行到了建筑施工图阶段或者已经在建，才发现基本的设计方面出现错误，开发商就需要投入许多成本整改。 3. 招商并进行布局微调。满足承租者需求是项目成功的关键，因此应在设计阶段就尽量明确主力承租商的物业要求，并以最优方案进行店铺分割及品牌落位，实现投资成本降低及物业价值最大化	空间、城市形象、设计风格、主题气氛营造	（1）空间整体形态设计 （2）功能组团布局规划 （3）交通组织及停车规划 （4）建筑造型设计
	内部人流动线规划	人流动线规划（水平、垂直）、内外部交通安排
	人流、物流、车流、货流等进出动线规划	顾客、员工、施工及送货人员管理与门禁管制点设置，访客停车，安全梯管制，电梯管制，停车场管制设备，搬运与卸货，垃圾清运工作动线等
	公共服务设施设置地点及功能规划	中央服务中心、中央监控室、顾客休憩室、网络服务中心、其他等设置地点与服务机能规划
	各类后勤机房、贮藏室设置地点规划	垃圾贮藏室、机电材料室、清洁材料室等设置地点与需求面积建议及相关服务动线
	各项设备功能层次规划	机电系统图、监控系统规划、给水排水卫生系统规划、消防系统规划、空调系统规划、门禁安保系统规划、照明系统规划、网络系统规划、停车场管理系统规划
	其他专项设计的方案确定	精装修设计，景观、照明、标识等专项方案设计

3.1.3 建造及施工图设计、现场管控及专项设计阶段

这个阶段包括设计、工程方案统筹（例如设计交接界面、能耗计算、机电体系等）、现场设计管控、工程咨询等服务，同时协调主力商家的二次精装修和内部改造，满足项目

在商业功能匹配性、降低成本、节省工期等各方面的要求。由于商业建筑后期招商的不确定性特点，在满足施工工期的前提下，可分为"一版施工图"和"二版施工图"两个阶段（表3-3）。

建造及施工图设计、现场管控及事项设计阶段工作内容及输出成果表　　表3-3

主要工作内容及要点		输出主要成果
施工图深化阶段：可分为一版施工图阶段和二版施工图阶段。其中商业部分根据目标主力店经营商和酒店运营商等的要求和项目经营发展的目标，将调整后的设计细化为施工图，并送相关政府部门报批	一版施工图阶段	满足整体土建施工要求
	二版施工图阶段	根据业态调整、消防要求进行机电安装及分隔墙体砌筑
	其他专项设计施工图	室内精装修设计；景观、照明、标识等专项施工图设计
	施工配合及现场管控	施工配合及现场管控；规划验收，开业前支持

3.2　商业综合体的功能整合要点

商业综合体的总体规划思路，首先是对综合体功能整合和开发运营模式的思考。

整合就是通过合理方式把一些零散的东西彼此衔接，形成一个高效的整体，实现信息系统的协同工作和资源共享。通过合理的整合设计，集中各种功能空间，配以合理的停车和交通系统，确定好商业综合体的规模、形态和开放空间；利用不同的功能区之间的内在联系，将它们协同组织在一起，创造出各种类型的系统组合。

总体规划阶段的功能整合的具体手法主要有以下几点：

建筑平面组合：通过室内步行街和中庭，设计科学合理的动线，将功能不同的主力店有机地联系起来，互相补充，多元共赢。动线设计也愈发呈现多层次化的趋势，这些都为综合体的商业氛围和盈利能力带来了保证。

竖向功能组合：考虑主力店各自经营的特点、营业时间的差别、经营产品的类别，以及目标消费群体的类别等特点进行科学组合，形成聚留效应，共享共赢。

节点空间的运用：将各个中庭、广场等特色节点空间有机地组合起来，布置特色餐饮、休闲咖啡茶座等，使主力店与步行街有多种多样的交流方式，丰富建筑空间的商业感觉。

地下停车场的布置：所有主力店、步行街的垂直交通均与地下停车场有着十分便捷的联系，结合功能分区和清晰的导视系统，极大地方便顾客出入。

3.2.1 统一规划，功能互补

首先，商业综合体是一种综合程度很高的经营管理模式。实施组团式的开发，要将各业态融合在一起，进行规划、运营、管理和协调，才能实现居住、购物、休闲、娱乐等多方位的复合消费的目标。

其次，不同功能区块之间的功能应能互补构成整体，同业互补，异业互动。例如：引入办公功能，利用办公楼的租户为酒店和公寓楼等提供客源补充；办公、酒店、公寓等功能用户又会为零售、餐饮提供直接支持；同时，零售、餐饮和酒店功能又会为其他功能提供适宜的环境支持和良好的场所氛围，或提供间接支持并改善其市场竞争力（图3-5～图3-7）。

同时，要注意主力店、次主力店和一般商店（寄生店）的空间关系。以购物中心综合体中常见的主力店百货为例，虽然目前"去百货化"成为一种趋势，但各店百货也在业态布局上不断地进行创新，充分发挥业态组合的"三大效应"："喷淋效应""喷泉效应"和"森林效应"。所谓"喷淋效应"，就是百货上面的高楼层要大力引进餐饮、影院、娱乐等拉动人气的业态；所谓"喷泉效应"，就是在百货下面的地下楼层引进餐饮、健身、超市等聚集人气的业态；所谓"森林效应"，就是做好与百货商场外部的商业街、餐饮街、文化旅游休闲街的共生和衔接，共创、共赢、共享繁荣的商业生态圈。

用地面积：6.6万m²
建筑面积：48万m²
购物中心：32万m²
写 字 楼：12万m²
酒　　店：4万m²
停 车 位：2200个
上海环球港项目为市级商圈，邻近中山公园商圈。作为集"商业、旅游、文化"三大中心功能于一体的全业态城市中心商业综合体，以特大型综合购物中心为主题，并辅之以甲级办公、展览、娱乐、餐饮、休闲与健身等配套功能。

图3-5　上海环球港

电影院 餐饮 文化娱乐区 欧洲风情街

4F

4F主打餐饮和文化。文化设施包括剧院、影院、书店、艺术展览等多个模块。欧洲风情街提供异国情调美食，以中高档次大型连锁餐饮为主，配合完善本楼层高端休闲娱乐的功能定位

餐饮 零售

3F

3F与轻轨3、4号线接驳，零售以服饰为主，搭配餐饮

赛标体育 玛莎、无印良品、NOVO

2F

2F以设计师品牌为主。赛标体育与玛莎、无印良品、NOVO组成双主力店格局，通过中心两条动线带动中间商业

1F

1F及2F以零售业态为主，品类涵盖男女服饰、名表珠宝、皮鞋皮具等，主要为一、二线国际品牌，中高端档次

乐购超市 零售 餐饮

B1

主力店乐购跨B1、B2两层，能够组织地铁导入人流动线，带动周边商业。B1层及B2层目标人群为地铁导入的青年人群，零售业态以快时尚品牌为主，辅之以主题式快餐生活配套等

乐购超市 零售

B2

B2层包括饰品、小食、童装，以及居家生活连锁品牌——家得乐

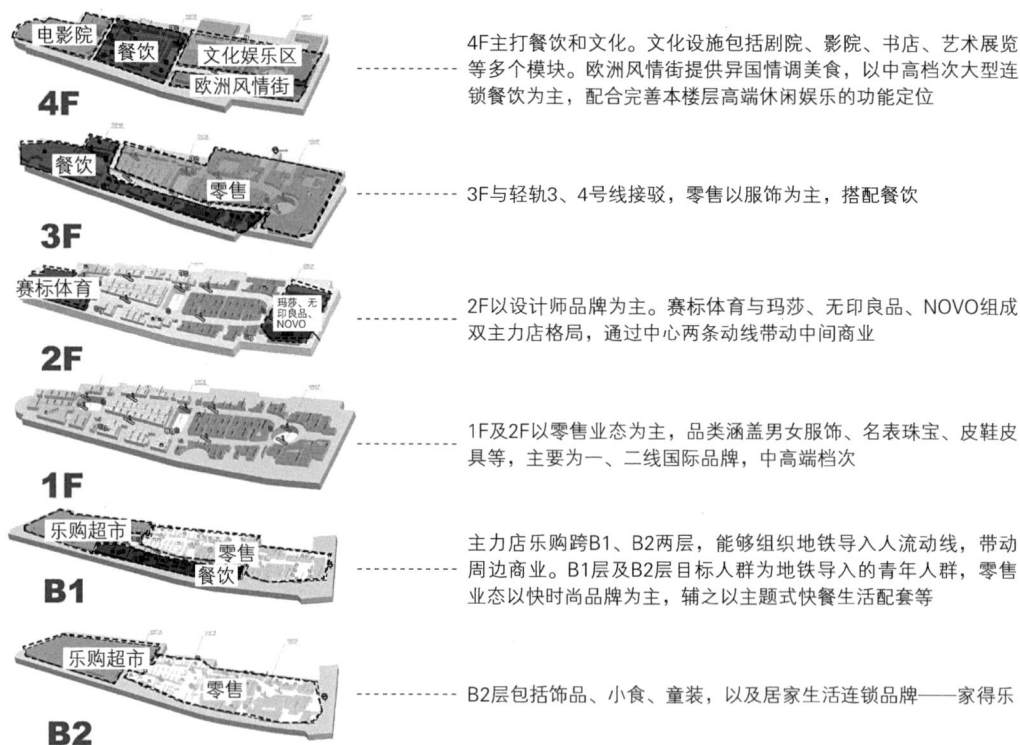

图3-6　上海环球港各层平面功能分布图

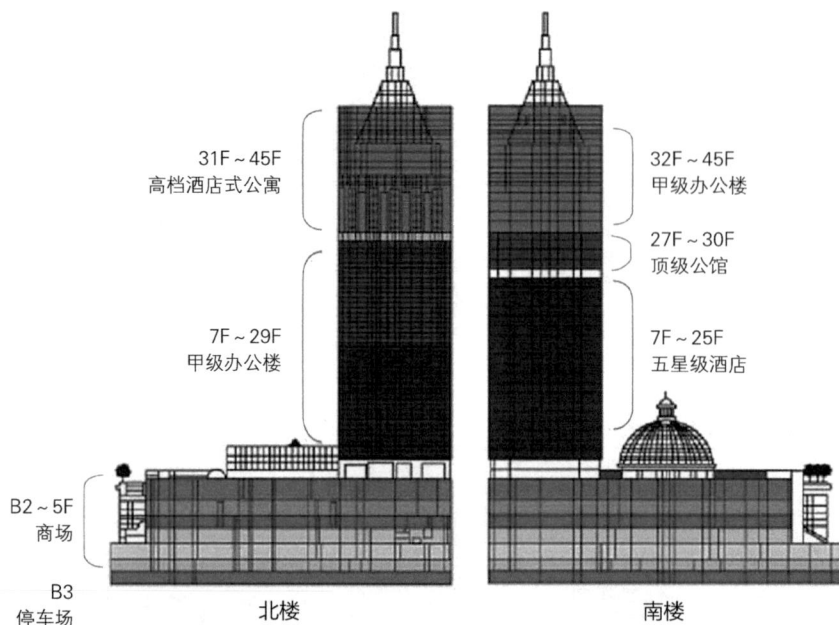

31F～45F
高档酒店式公寓

32F～45F
甲级办公楼

27F～30F
顶级公馆

7F～29F
甲级办公楼

7F～25F
五星级酒店

B2～5F
商场

B3
停车场

北楼　　　　　南楼

图3-7　上海环球港的竖向功能分布图

3.2.2 主要功能系统化

商业综合体每个功能部分都有自身的原则和规律；功能要成系统，指的是功能上的条理性、延续性和互通性。将功能上具有延续性和互通性的区间进行组合形成一个整体。

从商业业态的兼容性上看，开放经营的百货店与其他商业业态的协同性较好，而封闭经营的超市、大卖场的协同性较差。如沃尔玛、百安居等大型品牌商家，它们的品牌度非常高，顾客也非常多，但互通性比较差。它们吸引来的客流多是进行大宗采购的，消费者未必能被其他商铺共享。沃尔玛的顾客一般不会拎着大包小包的冷冻食品去一个时装专卖店或者首饰店继续购物。所以在笔者所接触的项目中，大型超市均处于地下空间，除人气给商业气氛加分外，并没有太多功能要求。

在综合体的功能设计中，过分注重功能的激发而忽视功能之间的相对独立性，往往会造成功能混乱、杂乱无章的现象。一般情况下，在商业综合体的设计过程中，应该按照使用性质进行分区布置，以便于管理和使用。同时应该将后勤服务和管理作为一个独立的系统，以便进行综合体的管理，如行政管理、货物运输等。

但同时也要防止出现功能的机械分割倾向。在这种倾向下，各功能之间分割极端，缺乏相互的激发和互动；功能空间形式呆板，不能有效地灵活利用。反之，我们应当注意通过业态整合形成新的气象，例如将餐饮场所设置于溜冰场上空（图3-8）。推动娱乐观赏化、餐饮娱乐化，使之成为购物中心吸引客源的重要手段。

3.2.3 功能有主次

可以预期，未来的综合体运营模式会更加具有多样性和复合性。复合性成为设计关注的重点，但多个功能的统一综合不等于多个设计逻辑的叠加，必然存在主次定位的问题。

在商业综合体空间设计中应该着重按照其重点功能进行空间的设计和布局，确定一个或一组主功能区间，而另一些功能区间附属于这些主功能区间，例如商业综合体中的主力店，以及主力店、次主力店和一般商店（寄生店）的空间关系等。至于主力店是什么，主力店是否适合项目的其他商业业态，这都是有规律可循的。如以大卖场为主力商店，就是社区型、地区型购物中心；以百货商店为主力商店，就是都会型、区域中心型购物中心。显然，对于商业综合体的能级而言，一个以大卖场为中心的商业是远远不够的。

如笔者曾经所在公司（复星星颐集团）开发的一系列星颐广场，在设计之初就确定了端头百货、地下大超市的主力店布置原则，封闭的集中商业的"大盒子"与共享开放的三层街区互相依赖。对时尚快速消费品的位置和面积的拟落位及确定，大、中次主力店和各类专卖店的合理布置，使它们形成了一个有机的综合体，相互依存、相互影响、相互拉动（图3-9）。

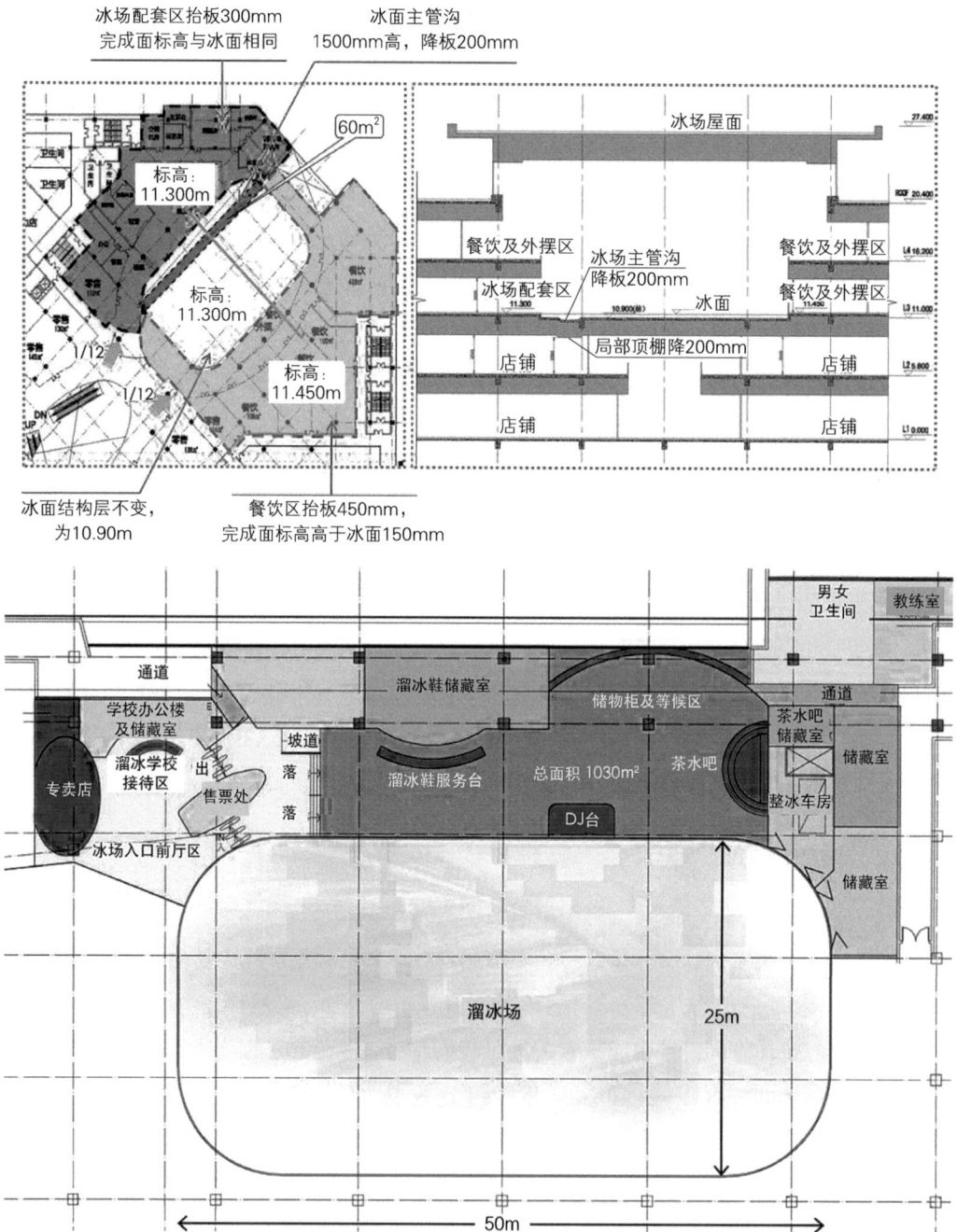

冰场配套区抬板300mm
完成面标高与冰面相同

冰场主管沟
1500mm高，降板200mm

标高：
11.300m

标高：
11.300m

标高：
11.450m

冰面结构层不变，
为10.90m

餐饮区抬板450mm，
完成面标高高于冰面150mm

冰场屋面

餐饮及外摆区

餐饮及外摆区

冰场主管沟
降板200mm

冰场配套区

餐饮及外摆区

冰面

店铺

局部顶棚降200mm

店铺

店铺

店铺

男女
卫生间

教练室

通道

溜冰鞋储藏室

储物柜及等候区

通道

学校办公楼
及储藏室

坡道

溜冰学校
接待区

专卖店

出

溜冰鞋服务台

总面积 1030m²

茶水吧

售票处

DJ台

茶水吧
储藏室

储藏室

落

整冰车房

冰场入口前厅区

储藏室

溜冰场

25m

50m

图3-8 华润万象城冰场剖面图及平面图
华润万象城的真冰溜冰场设置在三层，位于中央挑空空间的下方，上面是三层环绕中庭的商业街道，并且都在沿溜冰场的边缘位置配置了餐桌，提供餐饮。

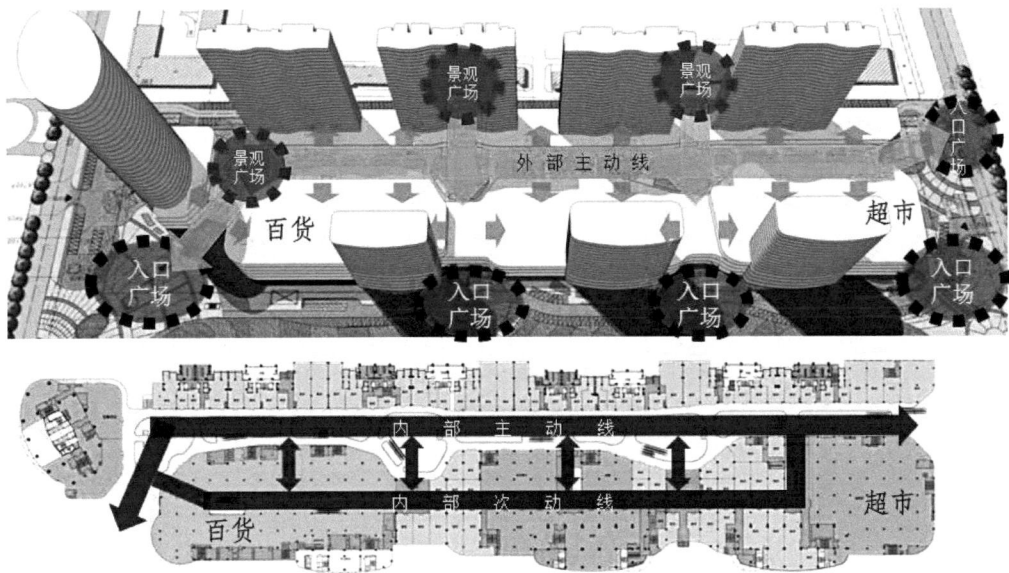

图3-9　笔者管控的烟台开发区星颐广场概念方案
外部动线：以街区为主轴，人流由四个入口广场导入，形成三大内部景观节点广场，动线简洁清晰。
内部动线：环状动线，各业态充分分享人流；内外交融，提供良好的空间视觉享受。

3.3　商业综合体空间布局设计要点

商业综合体是通过有系统、有层次和有序列的空间设计将多个功能的建筑空间和建筑类型复合而成的。

就公共性来讲，商业综合体需要向城市开放，具有开放的空间性质，并有机地融入城市大环境；就空间层次来说，由外而内、由大而小，综合体的空间组织有三个层面的内容。通常需要先进行外部的总体空间设计与布局，再进行系统内部的空间规划布局，最后再进行单位空间的设计，但各个层面是相互影响的。

3.3.1　空间布局要与城市总体空间相融合

简单地说，商业综合体的设计是一种特殊的城市设计，具有规划的性质（图3-10、图3-11）。如果以城市设计的角度来看商业综合体，其共享厅就相当于城市广场节点，街道动线就相当于传统的商业街，其主力店就相当于城市的独立商厦。反过来，一个个城市商圈就是放大的商业综合体。以20世纪末的成都为例：就城市功能来说，春熙路商圈、盐市口商圈、骡马市商圈，就相当于今天的一个个"商业综合体"；而百货大楼、人民商场，就相当于综合体里的主力店，每一个街铺都是综合体内的小商家。

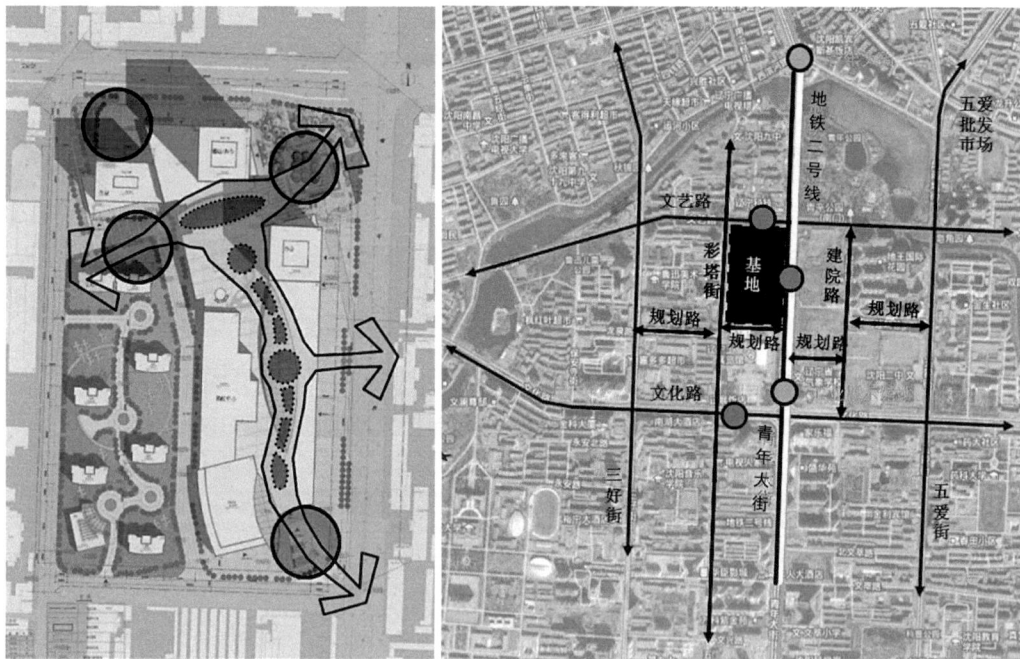

图3-10　沈阳万象城总体平面的空间结构与城市空间的呼应关系

商业综合体需要内外公共活动系统之间的有机衔接，也就是公共活动之间的直接联系和过渡，使综合体的公共空间基面与整个城市的公共空间基面产生有机和连续的联系。

首先，向城市开放意味着综合体并不孤立于城市，而是和城市总体的空间构成相融合。例如通过城市交通、文化、景观、休闲、旅游等公共设施与综合体功能的叠加，赋予综合体向城市开放的机会，并因为其丰富性而具有真正的生命力。

如笔者曾经负责的开发项目之一芜湖星颐广场商业项目，总建筑面积28万m²，包含集中商业、沿湖商业街区与高层公寓、办公。在城市中，滨水公共空间是市民的休闲场所。建筑师通过设计滨水广场，一方面强化了公共空间的场所价值，另一方面也成为集中商业与沿湖商业街区之间的特定节点空间。

这个商业项目的设计中，对于滨水商业空间的定义是主要特点。项目强调滨水空间的城市公共开放性、商业界面的简化，通过创造滨水商街、广场，将人与水的关系元素强化，使人们更愿意在水边停留（图3-12）。

（1）理解滨水边界和边缘对于传达场所精神的重要意义：水是一种积极活跃的元素，滨水的资源具有稀缺的商业价值，也是宝贵的城市公共空间资源。

（2）对滨水空间的开放性和积极性的描述：围绕滨水区域设计的街道和广场强调城市的公共利益，所以不会简单地利用商业设施将其完全包围，而是合理控制容量。

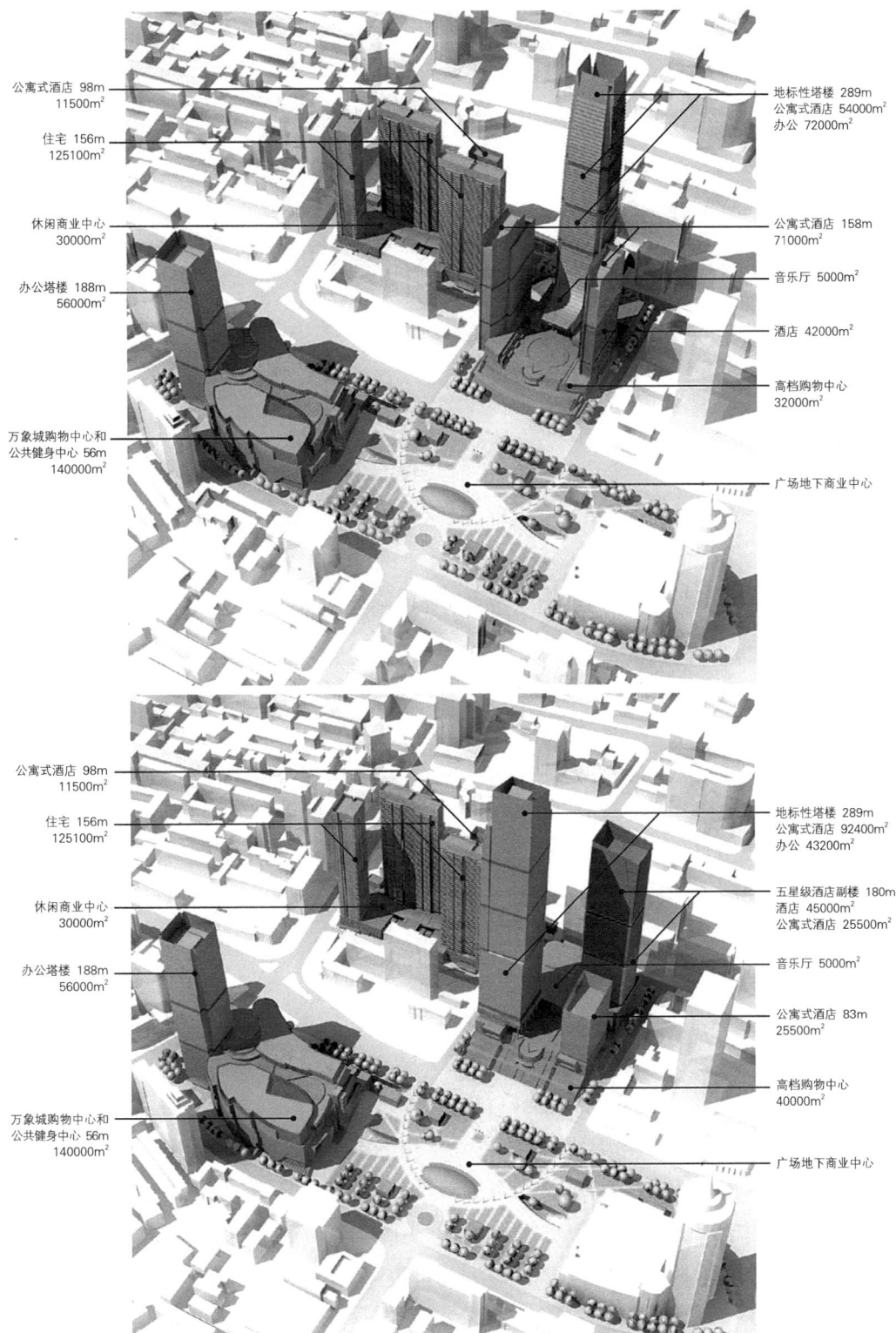

公寓式酒店 98m
11500m²

住宅 156m
125100m²

休闲商业中心
30000m²

办公塔楼 188m
56000m²

万象城购物中心和
公共健身中心 56m
140000m²

地标性塔楼 289m
公寓式酒店 54000m²
办公 72000m²

公寓式酒店 158m
71000m²

音乐厅 5000m²

酒店 42000m²

高档购物中心
32000m²

广场地下商业中心

公寓式酒店 98m
11500m²

住宅 156m
125100m²

休闲商业中心
30000m²

办公塔楼 188m
56000m²

万象城购物中心和
公共健身中心 56m
140000m²

地标性塔楼 289m
公寓式酒店 92400m²
办公 43200m²

五星级酒店副楼 180m
酒店 45000m²
公寓式酒店 25500m²

音乐厅 5000m²

公寓式酒店 83m
25500m²

高档购物中心
40000m²

广场地下商业中心

图3-11 华润兰州东方红广场空间结构与城市空间的呼应关系（两个比较方案，美国凯里森设计）

图3-12 芜湖星颐广场——城市滨水公共空间与商业滨水广场的结合

（3）应该是一种线性结构的商业界面，引入景观巡游的概念：在设计中将原本的商业街弱化，更希望能让人游走在景观中去实现其商业价值。滨水空间是线性的，所以滨水商业动线也将是线性的。

（4）对城市宝贵资源自然化的思想与生态性发展策略：城市公共滨水界面的设计主导应该是景观化的思路，所以围绕景观的自然属性、可持续要求都应该在商业建筑的设计中得到尊重。

其次，商业综合体内部各功能系统之间的空间组织，应该通过一定的空间组织手段和要素将这些空间子功能系统有机结合在一起，形成科学有序、结构清晰的空间系统，也就是城市设计中街道与广场的关系（图3-13）。

通过图3-14，我们可以展开简单的联想——建筑与城市存在种种对应关系。生活在这座建筑中的人们可以发现建筑纵横的走廊和斜交的天桥好比城市的大街小巷，高效和便捷的交通是它们共同的追求。人们从一间房到另一间房的经验转化为从一栋建筑到另一栋建筑的经验。中庭在人们心中的地位也成了城市的市政广场，是建筑的"核"。工作累了，可以去空中花园透透气，好比城市中心的大小公园。反过来，一个个城市商圈就是放大的商业综合体。

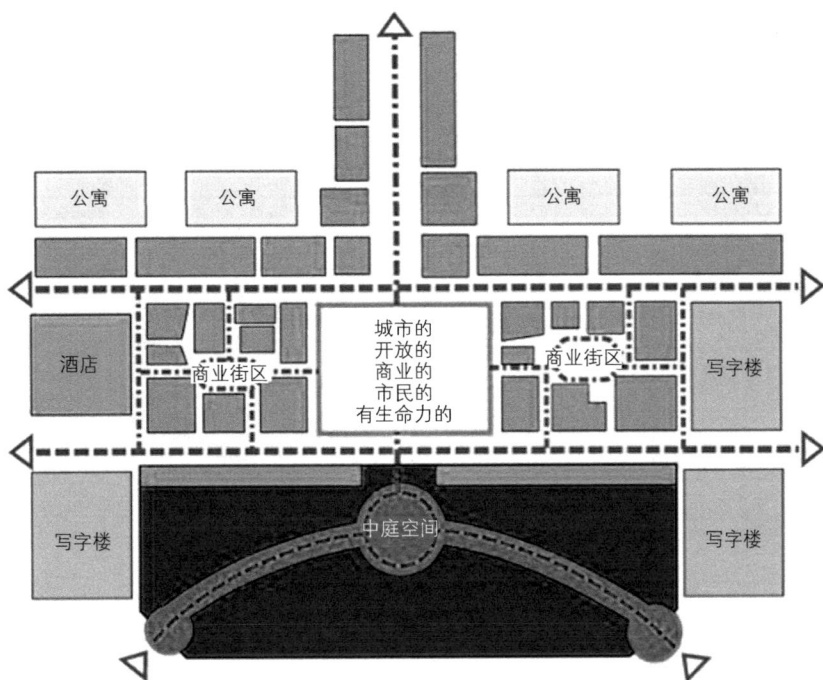

图3-13 综合体空间序列示意图
通过城市开放空间，将这些空间子功能系统有机结合在一起，形成科学有序、结构清晰的空间系统。

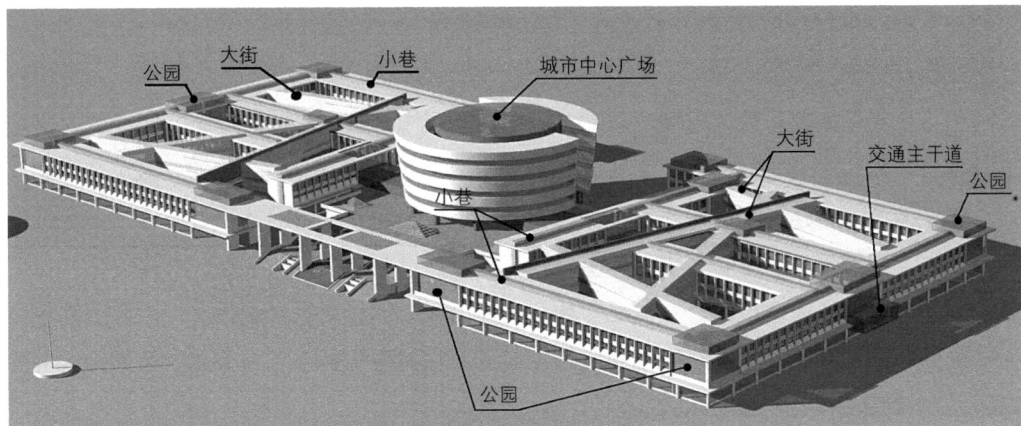

图3-14 笔者设计的办公型综合体模型，表达了"建筑就是微型城市"的设计理念

　　为了和城市一样可以实现可持续发展的目标，建筑设计尽量用"整体设计"（integral design）来代替普遍流行的"线性设计"（lineardesign）。"整体设计"注重能量的可循环、低能耗、高信息、开发系统、封闭循环、材料恢复率高、自调节性强、多用途、多样性、复杂性、稳定性、生态形式美等。

　　在图3-15中，我们可以看到综合体总是和城市空间相融相合的。

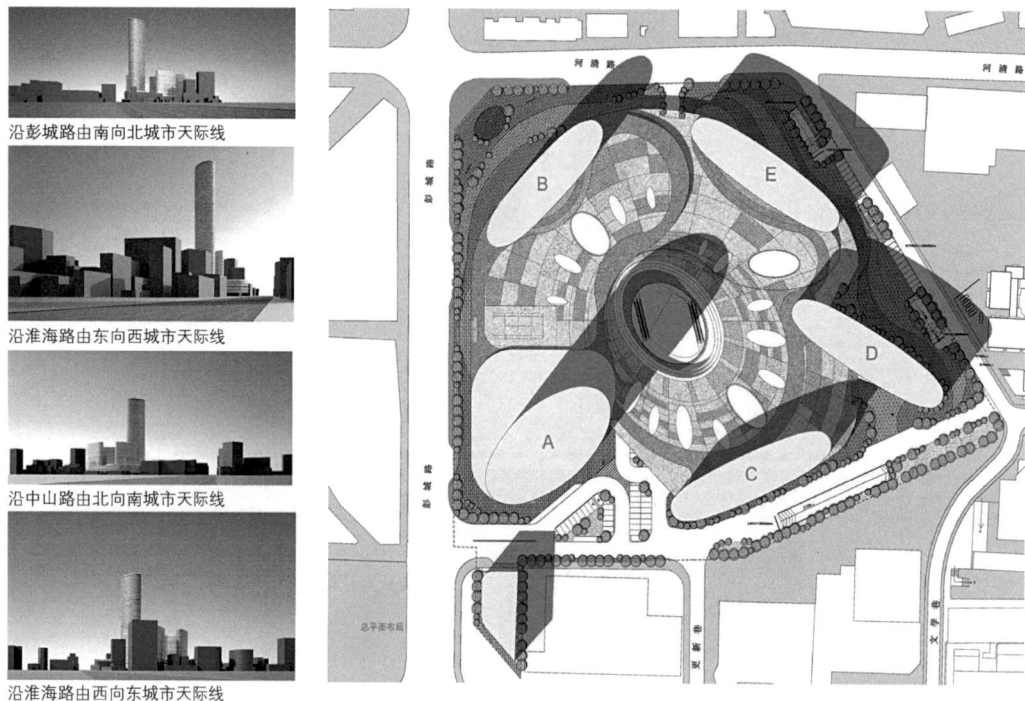

图3-15 徐州苏宁商业综合体建筑群天际线与城市的界面关系

3.3.2 空间布局中点、线、面的有机整合

为了在复杂的城市环境中创造清晰、可识别的空间结构，通常可以将空间形式元素通过几何认知简化为点、线、面三个层面。这三个层面均围绕商业综合体的"城市化空间"展开，是城市一体化、有机融入城市大环境的决定因素。开放空间的设计考虑了城市性的生活需求，将城市生活中的文化、休闲、旅游等公共设施与综合体叠加，具体包括入口广场、内院广场、商业内街中庭、下沉广场、室外街区、连廊、退台、边庭、引导空间等特色各异的空间。在综合体空间构成的形态元素上，它们往往是端点和节点以及连接它们的"线性"空间（图3-16）。

1. 点——节点空间的汇聚价值

空间布局中的点，是商业综合体中的城市接口空间，又可以分为端点和节点。在项目规划和设计中，应明确规划并定位出关键点，有意识地围绕关键点创造场所感。富于设计感的空间为综合体带来更持久和有效的商业氛围和盈利能力。

端点即项目的入口，是综合体与外部环境的结合处，既是外部流线的终点，也是内部动线的起始点。端点的形态除了通常意义的出入口外，更多是引人关注的入口广场、外廊、灰空间等。

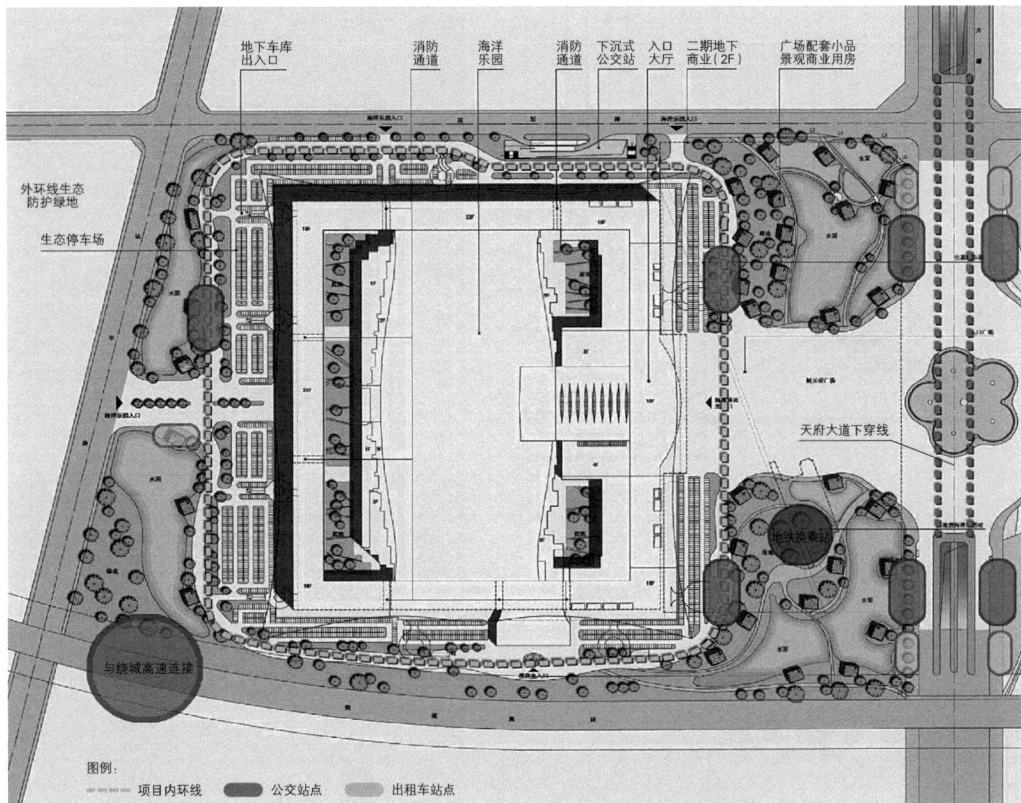

图3-16 成都环球中心主入口的大型广场（来源：深圳中深建筑设计有限公司项目组）

（1）入口广场

入口广场的空间形态具有模糊性。在空间上，作为主要端点的入口广场既是城市外部空间的内向渗透，又是商业综合体建筑内部空间的外向延展。现代购物中心大多在主入口处设置大型露天广场，以达到吸引人流和聚集人流的效果（图3-17）。

交通功能。在功能使用上，入口广场既是综合体商业功能的延续，又能与城市公共交通相连。在与轨道交通、大型广场等人流密集的功能区相连时，应注重端点设计的引导性和模糊感。人流的疏散和引导是入口广场的主要功能。商业出入口只有与周边的市政交通紧密配合，才能构成自外而内、完整连贯的人流体系。

广场各出入口的数量分配、分布都应与客流动线相匹配。从商业角度看，各出入口应与市政过街人行横道、人行天桥、地下通道、地下交通出入口等有机结合，尽可能发挥公共交通设施拉动客流的作用。对可能存在的地面坡度进行"多首层"设计也是常用的手法。

展示与引导。入口广场往往也是区域的象征，是外界认知区域的第一站，需引起人们的视觉注意，引导人群进入。独特的造型、丰富的空间形式、文化符号的引入、商业活动的介入，都是商业综合体端点的象征元素（图3-18、图3-19）。

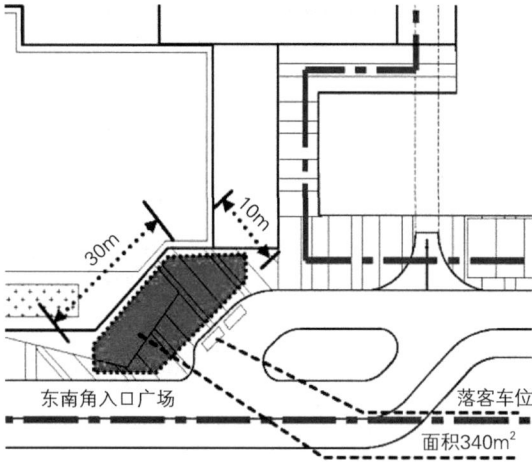

（a）东南角入口广场

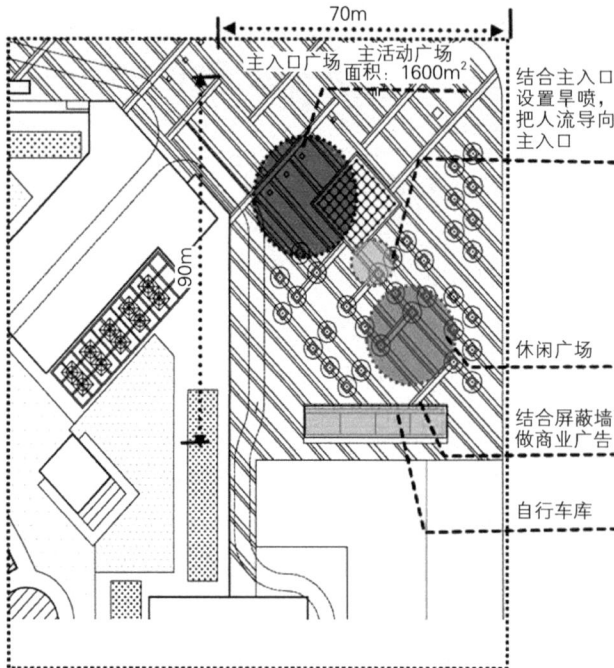

（b）东北角入口广场

图3-17　成都龙湖时代天街入口广场尺度示意

图3-18 宁波江北商业广场的入口区造型
购物中心往往在入口设计醒目的标识，形成其独有的记忆符号，促进人流集中，如大钟、大型电视屏幕、极具抽象艺术气息的雕塑等，像是一位狂放的欢迎者。

图3-19 成都环球中心入口雨篷设计
（来源：深圳中深建筑设计有限公司项目组）

入口广场应结合周边道路交通及主入口设置，开阔视野，提升项目展示面。

同时，如何将更多的人流引入也是入口广场考虑的关键因素。尤其在城市商业集中区域，人流量大，商业竞争也非常激烈，应在入口广场结合人流汇集活动举办商业展示、广告促销等，将项目与城市功能融合的同时，把商业体外部环境的人流自然地引入内部。

（2）节点

节点将内外联结，吸引人流汇聚。它可以是商业性质的节点空间、注重城市性的开放空间，或将商业需求与市民日常生活需求结合的场所（图3-20）。节点空间的汇聚作用不再只是满足商业综合体自身的要求，而是将作用扩展到区域与城市层面，使综合体的设计变得更有影响力。其具体空间形态主要体现为中庭、广场等。这些特定节点空间

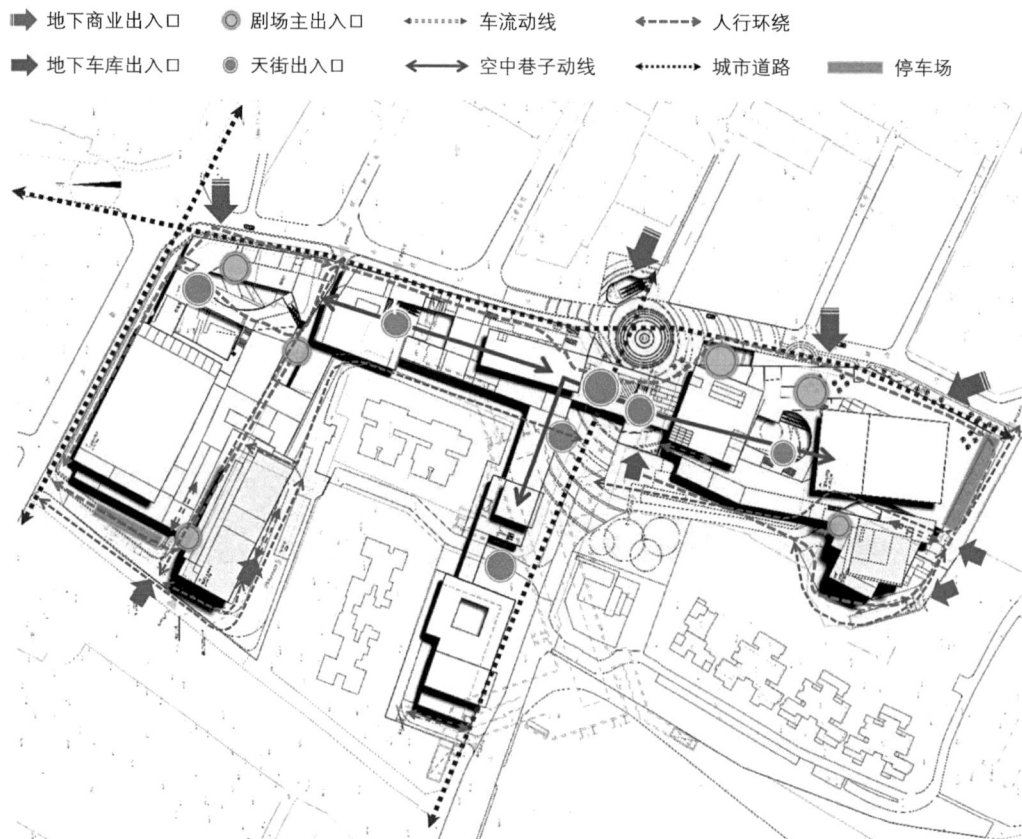

图例: 地下商业出入口 剧场主出入口 车流动线 人行环绕 地下车库出入口 天街出入口 空中巷子动线 城市道路 停车场

图3-20 成都宽窄巷子二期规划 (来源: 笔者所在项目组)

的设计不再封闭于综合体内部, 而是依托城市道路节点、城市公共资源空间, 更外向也更具展示性。一个成功的节点, 应在清晰易辨的动线基础上实现功能与空间的结合, 方便人流在各功能分区之间快捷地流动, 也要与整体环境相呼应。例如时下流行的综合体中城市商业街区、空中商街、屋顶购物公园等商业形态将会催生出更多富有设计感的空间, 进而为都市综合体带来更好、更持久的商业氛围和盈利能力 (图3-21)。

(3) 内院广场

商业综合体的核心具有强烈的内聚性。在空间形态处理上, 常采用外部广场与内部中庭的形式。核心也是动线空间的中心和序列的高潮, 更是人流聚集、交通转换、举办活动的场所。

内院广场应成为充满活力的公共空间, 因此其设计应注意通过绿化、尺度、景观营造氛围, 避免成为单纯的交通空间, 更多地强调其交互性和参与性 (图3-22)。

下沉式广场可以通过退台、景观、标志性亮点 (设施、活动) 形成丰富的空间感; 可以有效打开地下商业空间, 为地下商业引入人流, 提升地下商业价值; 可以控制客流的导

建设地块南北长约560m，东西向平均宽约150m。单层平面主要分为四个板块、三个广场，包括南边的太阳大厅、当中的中央广场、北边的花园中庭。平面整体客流动线呈环形设计，同时通过三个中庭设计垂直交通系统，连接B2层和F4层，同时释放出更多的公共空间。

| 花园厅，绿色 | 中央大厅，红色、黄色 | 太阳厅，红色、金色 |

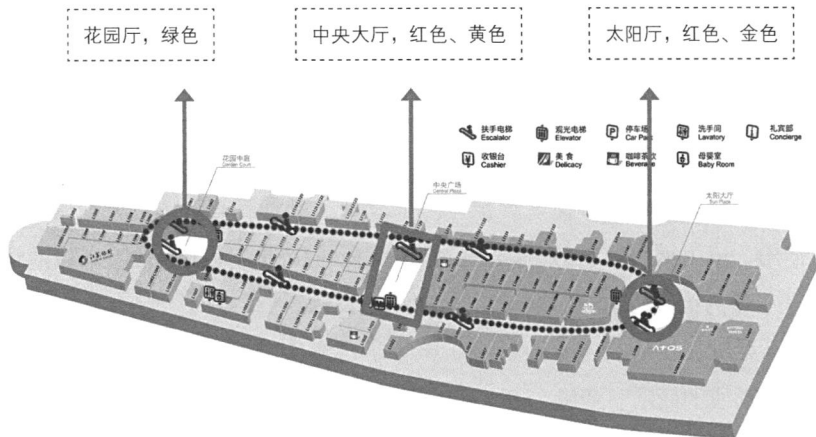

图3-21 上海环球港平面
作为商业综合体的核心，"点"往往体现为交通的集中、主题的集中。

U形半围合构造
COCO Park呈U形半围合构造，南北一气呵成，西边略有断开，中空位置是6000m²的下沉式露天广场，打破室内外界限。

"龙"盘深圳CBD
COCO Park圆形的大门就是"龙头"，正对深圳国际会展中心，"龙尾"扫过城市一角。"龙身"是半透明材料，呈灰白色。

图3-22 深圳COCO Park 内院广场设计方案（来源：星河项目招商手册）

入和分流，起到消防疏散的作用，但为了保证下沉式广场活动和设施的可见性，一般需作视线分析。

例如国金中心IFC通过下沉广场引导客流。国金中心下沉广场面积达1500m²，通过苹果旗舰店和同层的年轻时尚品牌设置有效地将这类消费人群导入，降低年轻时尚与高端奢侈区域之间的隔阂（图3-23）。

2. 线——动线简洁、顺畅

线也可以被看成是节点之间的联系，线与线的联系构成了整个综合体的骨骼，动线将不同的功能区串联起来，将客流输送至每一个节点。更重要的是，它更多地起到了"链接空间"的作用，成为城市街道的一部分，具体体现为交通人流主干道、入口通道、走廊、天桥连廊等。作为商业综合体"城市化"动线的反映，"线空间"形态有自身的要求，主要体现在以下几方面：

（1）体现动线的简洁、清晰

高容积率下的商业综合体的空间布局首先应保证动线结构简洁、清晰，以形成项目良好的辨识度与方位感。

（2）体现动线的连贯性

保持业态的相关性是确保客流动线流畅、提升总体销售收益的重要途径。各业态布局与相互衔接时各业态间能否有效互融，关系到购物中心内消费的舒适性及流畅性（图3-24）。

图3-23　国金中心IFC的下沉式广场
通过特色化的主力店设计，结合下沉广场，打造项目极具标志性的商场主出入口。

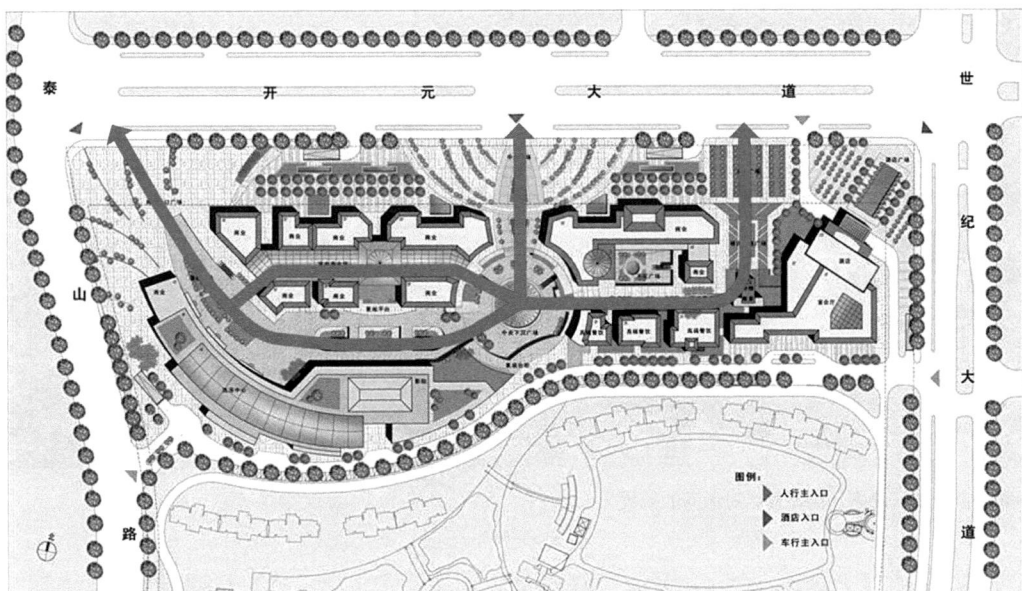

图3-24 笔者参与的由CCDI设计的中南商业综合体概念方案
持有和销售两条主动线结合广场关键点布置，动线流畅且业态有效互融。

（3）体现动线的体验性

除路线长度及形式蕴涵着方向外，人对方向的感知还与街道空间光影变化、尺度收放、人群流向所引发的心理导向、路线周围界面变化及标志物的视线导向有关。如福冈的博多运河城。JERDE设计公司在设计此项目的过程中，按照目的地、多样性、参与性三个基本思路，着重于公共空间的设计，通过公共空间将人流最大限度地引入商业空间，以实现商业增值。水作为一种有机元素而被巧妙运用；运河曲线柔和，建筑物层次分明，勾勒了运河的外形，形成了商业的界面（图3-25）。运河沿街是动线的基本构架，表演舞台是设计的公共空间、关键节点，人流的聚集带动了商铺价值的提升。博多运河城独特的体验性动线，有效地拉长了客流的停留时间。

动线设计离不开对人流组织的探讨。在规划时要注意思考几个问题：人流从哪里来？何时来？为何而来？到何处去？

需要注意的是，室外动线在技术和经济上的限制相对较少，无需通风和空调，消防要求较低，往往通过楼间距形成自然街区和开放式购物中心，尺度宜人，还可通过"过街楼""骑楼"等室外动线形态丰富空间造型，但容易受气候影响，因此多用于气候温和地区。

封闭式的动线可以保证在任何气候条件下都能为消费者提供舒适的环境；但封闭式动线需要处理好自然采光和人工照明的关系，对防火、排烟和逃生设施的要求也比室外动线高得多。

图3-25　福冈博多运河城项目对运河的借景

3．面——分区清晰、主次分明

面是商业综合体中较大的功能分区。这些面在功能布局上可以相互叠加、并列、包容或分离。规划时也要求分区清晰、主次分明，中心感明确。目前的商业综合体发展趋势表现为高强度的开发以及日益复杂的功能和要求并存。如在徐州苏宁彭城广场中，商业、娱乐、办公、酒店、居住、工作人员等人流的目的、特征、时间、要求各不相同，有的互不交叉，有的又合而为一。因此，在空间布局中应首先考虑分区清晰。在保证其结构清晰的前提下，考虑各功能之间、功能与城市格局之间的融合（图3-26）。

为了将空间组织和功能组织有效地统一在一起，在具体设计时要根据具体的工程项目提案以及用地、景观、交通、功能、技术、造价等各个方面进行综合的考虑和设计。如商业设施尽可能靠近客流、交通及疏散、货运的位置，办公、客房、公寓、住宅等空间则避开人流等。

3.3.3　空间布局中特殊的线——室外步行街

在规划中，室外商业街的设计更关注街道尺度、节点、空间形态、商铺单元的分析，具备更多对广场、街道、城市生活以及开放空间的理解。

1．街道生活的重建——街道轮廓设计

对于中国大多数城市而言，原来沿着街廊一栋一栋连续而有韵律的逛街经验被一些大型的开发中断了。当今的要务，第一是强化原本存在的重要的街道与广场空间，第二是界定一个理想的街廊模式，使之一方面能适应现代都市功能，反映现代生活，符合开放方式，一方面也延续了城市传统的肌理形式。

图3-26 笔者参与、ATKL设计的成都某地块四个概念方案
在保证其结构清晰的前提下，考虑各功能之间、功能与城市格局之间的融合。

　　按商业街平面形态可分为（表3-4，图3-27）：①传统"一"字形；②街道+广场"一"字形；③树形；④环形；⑤广场发散"L"形。

几种室外商业街动线形式及特点　　　　　　　　　　　　　表3-4

类型	优点	缺点	设计要点	示意图
传统"一"字形	1. 购物流线简单； 2. 商铺具有均好性，不易产生死角	1. 沿街面呆板，缺乏趣味性； 2. 商铺可展示面较少	宜设计为折线对景型街道，增加步行乐趣	

类型	优点	缺点	设计要点	示意图
街道＋广场"一"字形	1. 购物流线简单； 2. 商铺具有均好性，不易产生死角； 3. 通过广场与街道的收放设计形成节奏韵律，增加趣味性	店铺可展示面较少	1. 通过直线变曲线或折线的方式增加商铺展示面； 2. 通常于直线两端设置主要出入口，以保证简单流线的引导	
树形	1. 店铺可展示面多； 2. 副街可以呈现多变的风格与情趣	1. 流线复杂迂回，可选择性太高； 2. 副街相似度高，极易造成迷失感； 3. 副街远端铺位人气较低	1. 副街不宜过多，且不宜过长； 2. 副街宜呈现不同的建筑形态，或设置商业地标，以提高其辨识度	
环形	店铺可展示面较多	1. 部分铺位人气较低； 2. 流线存在选择复杂性； 3. 2～4层商业只能依赖餐饮	1. 环形边长不宜过长； 2. 套环不宜过多	
广场发散"L"形	1. 广场具有聚拢人气的作用，可进行多种娱乐文化活动； 2. 副街可以呈现多变的风格和情趣	1. 流线迂回，可选择性较高； 2. 副街远端铺位人气较低	副街不宜过长	

2. 街道生活的尺度——人性化空间的再创造

商业项目的设计宗旨就是为消费者创造购物空间，特别是商业街的尺度设计应当以行人的活动为基准，实现"以人为本"，而不是以高速通过的机动车为参照。购物行人所关注的纵向范围主要集中在建筑一层，对一层以上的部分几乎是"视而不见"。

横向空间：有研究表明，建筑高度与街道宽度的比例为1∶1可形成尺度良好的空间，以人在街上行走能看到街对面橱窗里陈列的商品为宜，即设计一条景观设施休闲带，贯穿整条街道，布置各种方便人使用的设施和绿化景观小品，作为步行者的驻留区域。

纵向空间：根据人的生理和心理特点设计，一般人的步行活动半径为400～500m，超过这个长度易使人感到疲劳。

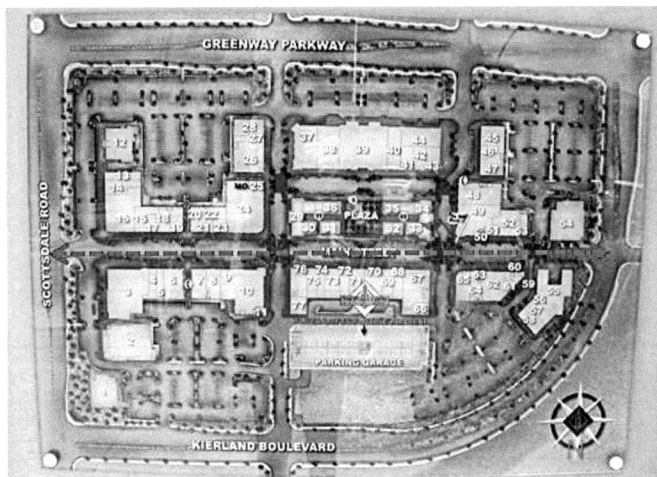

（a）传统"一"字形：美国某商业街区

（b）街道+广场"一"字形：旧金山渔人码头

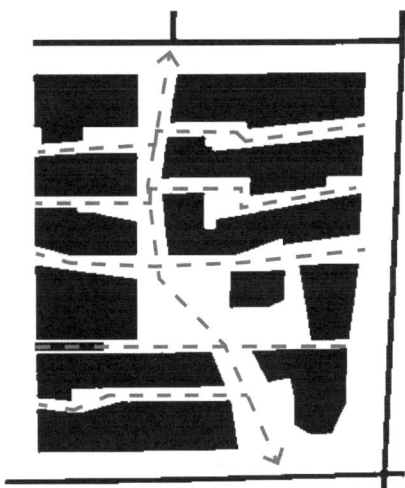

（c）树形：北京三里屯商业中心

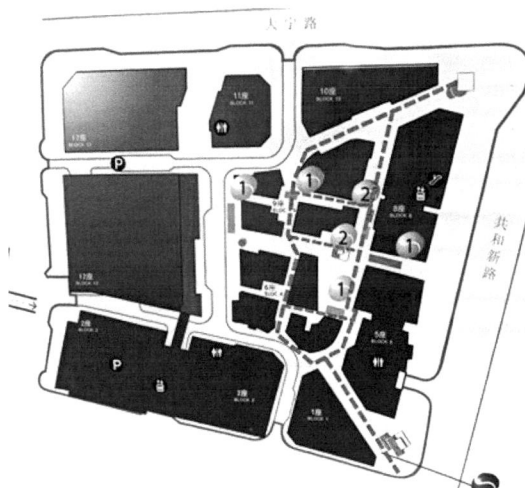

（d）环形：上海大宁国际

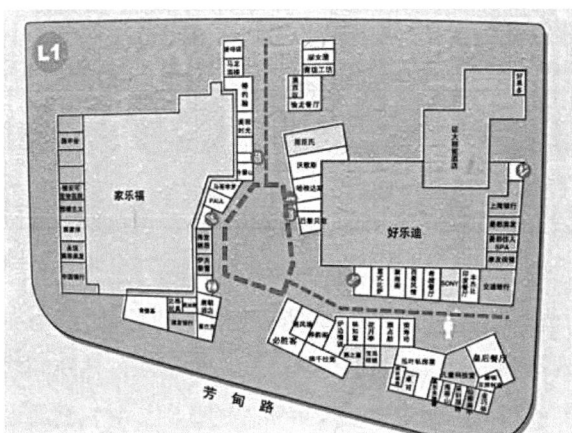

（e）广场发散"L"形：上海大拇指广场

图3-27 几种室外商业街动线形式及特点的具体案例

商业是一种重要的城市生活形态，笔者认为商业街设计根本的内涵应是回归和重塑城市街道人性化的生活空间。室外商业街需要解决的核心问题是商业街的长度和宽度。根据调查统计，室外商业街长度一般为600～1200m，平均为880m；商业街平均宽度见表3-5。

商业街平均宽度　　　　　　　　　　表3-5

统计项目		商业街街道宽度
全步行商业街	最小值	5m
	最大值	20m
	平均值	10.26m
	标准偏差值	4.23
	统计街道数	20 条
半步行商业街	最小值	12m
	最大值	26m
	平均值	19.04m
	标准偏差值	4.73
	统计街道数	11 条
周末步行商业街	最小值	28m
	最大值	42m
	平均值	32m
	标准偏差值	6.73
	统计街道数	5 条

3. 街道生活的传统——历史文脉的延续

"场所若离开历史传统与现实生活中的人们的各色活动就会失去生机"，因此两者缺一不可，在现代空间环境中融入历史文化元素，可激发人们记忆和情感的共鸣。

一直以来，对城市历史地段的保护都存在着一个误区，那就是我们总把注意力集中在地标建筑和传统建筑符号上，而忽视了对作为城市结构背景的城市肌理的保护。建筑和建筑之间的关系——边界、路径、场所、空间尺度等都是形成城市肌理的基础。对它们的更新规划设计是保护的关键（图3-28）。

3.3.4 空间布局发展形态的新探索

由于其自身特性,商业综合体对当代都市中心的新型发展形态探索有着重要意义。在规划之初,就涉及对城市及项目未来的深度思考:项目将承载什么样的城市生活?在城市演进的新旧交叠的过程中,如何引导都市更新和城市的可持续发展?随着体验经济的来临,经济发展速度放缓,商业综合体的城市公共空间、城市生活中心的特性越来越得到凸显。

因此,如何通过对城市更新的思考、对城市公共空间的营造来塑造城市中心形象成为商业综合体不得不思考的问题。

例如2015年4月24日开幕的成都远洋太古里(Sino-Ocean Taikoo Li Chengdu)项目。该项目为太古地产与远洋地产联袂开发,位于成都市锦江区商业零售核心地段,与春熙路购物商圈接壤,毗邻大慈古寺,是一个融合了文化遗产、创意时尚都市生活和可持续发展的商业综合体。其中楼

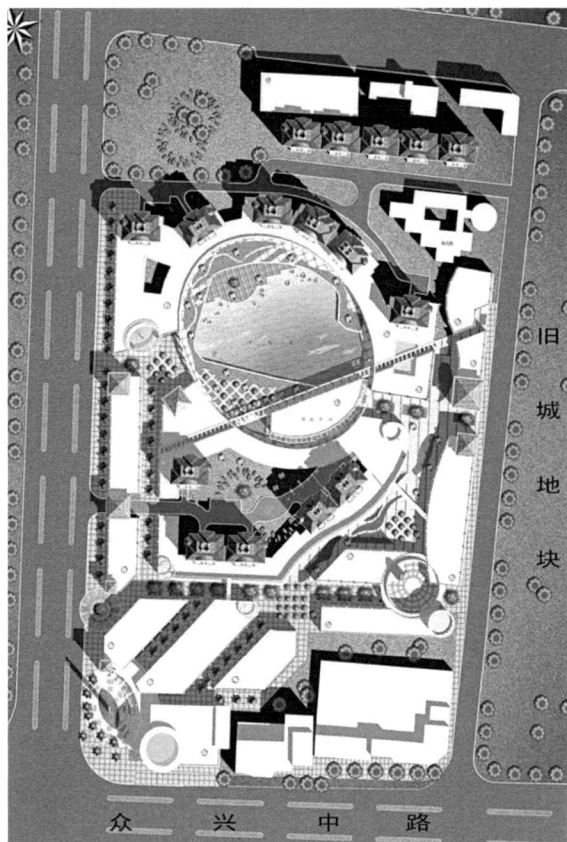

图3-28 笔者曾经主创设计的泗阳老街改造总图规划
在设计中保留中包河的形状和现状,并使之成为整个地块的休闲及构图中心,使城市表现出一种真实、自然,同时也充满活力的演进状态。这是遵循着一定的原则——肌理的保护和界面的统一秩序来进行的。

面面积逾10万m²的开放式、低密度的街区形态购物中心,结合了太古地产新颖的零售规划理念,试图利用广场、街巷、庭园、店铺、茶馆等一系列空间与活动建立多元化的可持续创意街区。特别是在整体规划中,项目与都市环境和文化遗产紧密结合,在购物街区中包括了保护修复的六座保留院落和建筑(图3-29~图3-31)。

该项目规划将公众生活的空间、文化历史的资产、公园般的环境,升华为街巷的氛围,并转化为营商和地区经济活跃的机遇,意在将项目活化为可持续发展的都市更新项目,使其更具开放性、包容性、公共性和聚落特质。对此,该项目的负责人郝琳博士表示:"对于成都远洋太古里的专案,我认为可以概括出来的关键因素是开放街区、新旧融合、快慢呼应、文化传承、空间共享、永续都市。"

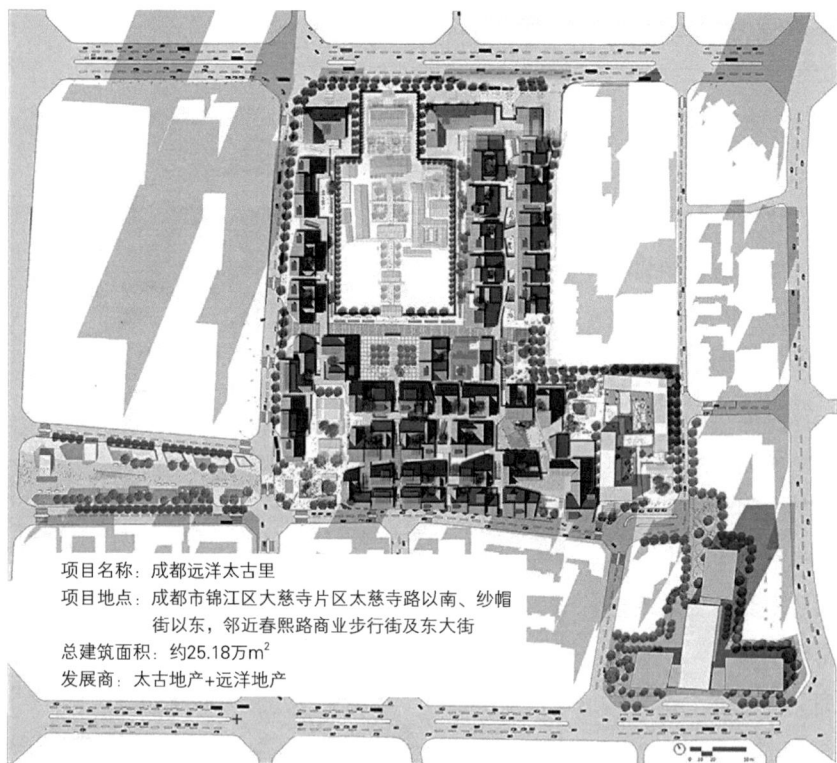

项目名称：成都远洋太古里
项目地点：成都市锦江区大慈寺片区太慈寺路以南、纱帽
　　　　　街以东，邻近春熙路商业步行街及东大街
总建筑面积：约25.18万㎡
发展商：太古地产+远洋地产

图3-29 成都远洋太古里总平面图

图3-30 成都远洋太古里鸟瞰

图3-31　成都远洋太古里外景（来源：欧华尔顾问公司，郝琳设计）

4 商业综合体内部动线规划设计

关键词：人流

商业综合体的内部动线规划总体目标：从总体上考虑商业各业态的平衡，使所有商户的人流通行量最大。

综合体内部人流流动空间分为水平交通空间、节点式空间和垂直交通空间。主要内容：水平动线、垂直动线、中庭设计以及物流、消防通道设计等。具体的动线设计丰富多样，因环境而异，因定位而异，因建筑结构而异，因功能要求而异。

4.1 内部水平动线设计要点

平面动线应该考虑的几个因素：曲与直的结合、角度的处理、宽窄的变化、长度的适宜、店铺临面、变化和有序、核心化、空间变化、回路设置等。平面动线的设计要点经整理，归纳如下（表4-1）。

平面动线设计要点　　　　　　　　　　　　　　　　　表4-1

因素	具体手法
曲与直的结合	曲与直结合要达到两个目的，既要使消费者对整体格局有所把握，不至于迷失方向，同时又不能过于平直、单调，一望到底，尽收眼内，从而少了逛的乐趣。此外，曲与直的变化可以改变动线的心理长度。过长的街区适当地增加曲度，可以避免产生街区过长的心理感觉
角度的处理	在平面动线之内，圆角优于钝角、钝角优于直角，锐角不要出现。要平缓地、无意地改变消费者的行进路线，而不是强制性地
宽窄的变化	一方面是主、次通道的不同宽度设置；另一方面，在一些区段适当地改变宽窄，进行流线型的过渡，或者在变宽的部分结合一些景观小品、导示设施或休息设施，也会收到很好的效果
长度的适宜	长度指两个方面：一个是平面动线的总长度，要使消费者走尽量少的路而经过所有的店铺；另一个是单条动线的长度，不宜过长
店铺临面	店铺临面和动线长度要结合考虑。从长度的角度考虑，在经过所有店铺的前提下，总长度越短越好。但是如果动线设计适当增加一点长度，可以使一部分店铺的临面增加，则效果更好。也就是说，从店铺的角度考虑，其临面的数量越多，动线效果越好。因此，动线设计要综合平衡考虑

因素	具体手法
变化和有序	这是一个动线的设计理念，其实在处理曲和直、宽和窄的问题时，就已经体现了这个理念。此外，在动线部分的室内空间设计中，如处理铺地、屋顶、两侧的界定元素等方面，都可以体现变化和有序的理念
核心化	受限于地块的形状，购物中心建筑内部的公共空间布置手法不同。一般平面动线需要核心时，不要超过两个，或者有多个核心时要明显区分，否则容易产生迷失感
空间变化	存在多个核心时，一定要对空间的功能、形式等方面作出明显的区分，例如表演活动空间、休闲空间、观赏空间等，切忌造成多个公共空间的雷同
回路设置	人流动线设置必须形成通路循环，避免单条人流动线的延伸。如果水平人流迫不得已在平面内形成单条射线，则考虑在端点处设置别有趣味的上下楼梯，与上下层连通起来。此外，隔空步行街两侧的天桥设置可增加互动性，同时天桥的设置应富于变化

4.1.1　水平动线设计的三要素

人流组织的基本要素包含人流流量、流向和流速。优秀的动线设计通过对人流流量、流向和流速的综合控制，引导消费者在综合体中的流动和滞留。对于顾客来说，好的动线可以消除疲劳感；对于商家来说，则是充足的商业展示和消费人流的招徕。

1. 要素一：人流流量

拉动人流流量对综合体运营者来说，是首要的也是最基本的任务。动线设计有以下几个设计要点：

（1）可见性与可达性

可见性是可达性的基础，在可见性的基础上，经过最少道路转换的路径可达性最高。商铺的可见性、可达性的强弱决定了商铺所在地段的租金价值。动线设计就是要通过动线的诱导性与识别性，提高整个商场内商铺的可见性、可达性。提高可见性和可达性的一个基本原则就是通过把特色化、体验化和主力店等招徕性的功能布置于步行交通量最大的动线上，并使该动线集中于某些通路，以形成回路。

（2）动线系统的秩序感

难以找到位置感的购物中心不利于商铺的到达，不仅有损于商铺的价值，也不受顾客欢迎。在设计中，通常的做法是提高动线系统的秩序感，注意使主动线、次动线、店内动线相结合，从而提高顾客的位置感（图4-1）。

（3）结合节点加强场所感和兴奋点

与节点结合的设计一方面可以提高人流的方向感和场所感，另一方面，还可以通过设置中庭等节点增加空间通透感、延长视线的深度，最大化地增加人流视线内的商铺数量，

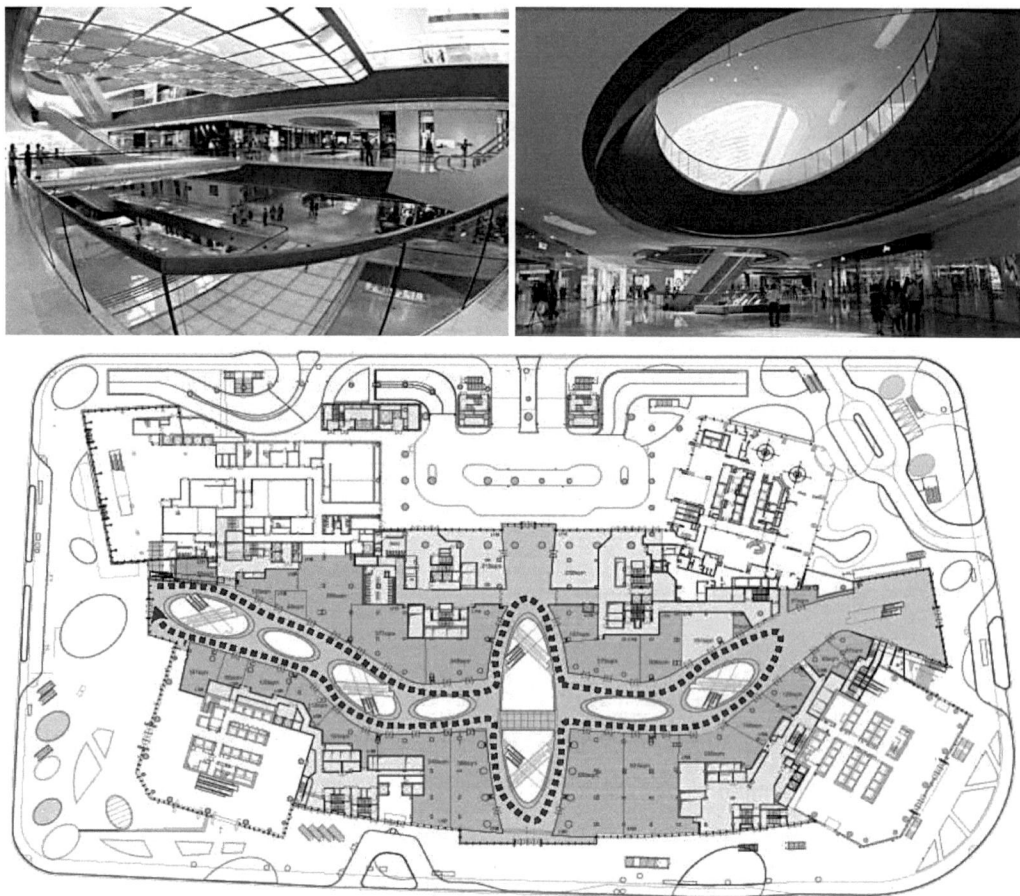

图4-1　广州太古汇动线设计，使消费者不走回头路

提高商铺到达率（图4-2）。

通过动线上中间挑空形成回廊，以提高空间的通透感；适当布置中庭、广场节点，来缓解疲劳感与可视性。在动线设计中，各手法往往交叉使用（图4-3）。

2. 要素二：人流流向

（1）创造均衡性，避免"阴阳街"[①]

不同的消费目的容易导致综合体各功能空间人流的不均衡性。设计要引导客流，达到客流均衡性。创造均衡性的手法通常有：①以目的性消费来积聚人气，甚至消除租金级差，即通过商业动线和业态之间的搭配，发挥主力店组织人流的作用，减少"死铺"面积。以日本的博多运河城为例，通过大量布置目的性消费场所，完全打破"奢侈品、化妆品、女装、男装、童装/玩具、餐饮、娱乐"这种壁垒分明的业态分布，颠覆了租金与海拔

---

① 阴阳街：只有一边有商家在经营，另一边则无任何商业气氛。

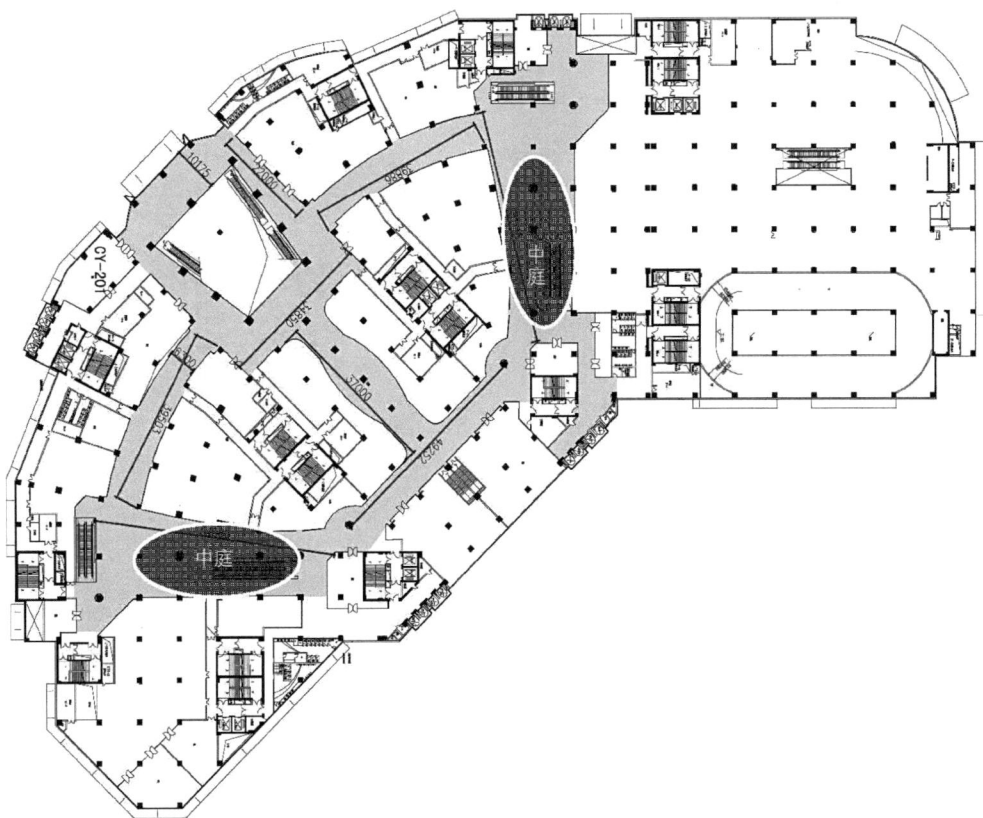

图4-2　北京朝北大悦城
在多动线设计中需要注意个性化节点空间的设置，提高人流的方向感和场所感，避免迷失。

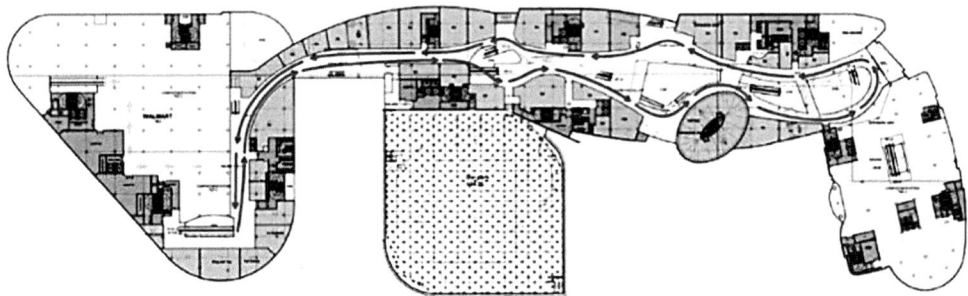

图4-3　北京华润五彩城
五彩城平面动线简明，公共空间充足，单一主动线，几乎无死角。此外，通过动静区、中庭、景点和配套功能的协调分布创造出舒适和理想的环境；合理的曲线式布局增加了商铺展示面的长度，活跃了空间视点。

的反比关系。②景观、服务设施、导视系统都有助于引导合理的人流动线，实现商业平面价值均衡化；同时，将收银台、卫生间、楼层休息区等部分功能分布在次级通道上，均衡主动线和次级动线人流量。

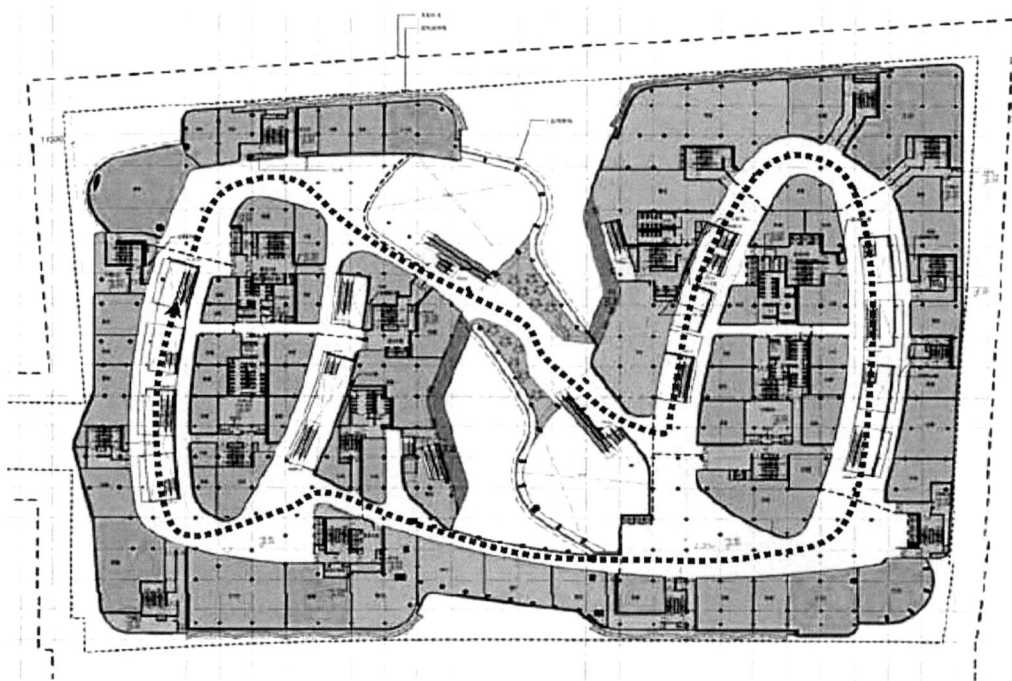

图4-4 济南恒隆广场
通过多个环状单动线进行组合，保证动线的闭合。

（2）闭合动线，保证回路

商业是综合体中重要的组成部分。商业人流的一个重要的原则是保证动线闭合，即通道要有回路，避免消费者走"回头路"，使顾客在购物时能自由流动，不能产生断头动线和盲区、死角。最好可以一次性地逛完商场内的所有商铺，避免出现顾客不得不原路返回的现象（图4-4）。

（3）统筹设计水平及垂直动线

动线按综合体空间结构划分为水平动线和垂直动线。水平动线由综合体的街道、走廊、水平电梯组成；而垂直动线则由楼梯、电梯等交通运载工具组成。在动线设计时要综合考虑水平动线和垂直动线两个方面，同时设计。

3. 要素三：人流流速

控制人流流速能够吸引参与、引发消费。因此，在有效流动的前提下，综合体也需要人流保持适当的滞留时间。

控制客流流速的手法有：提高空间舒适度、空间新奇感，使空间宜逛、宜留、宜聚集；引入一些体验式服务业态和儿童消费业态以控制客流驻留时间；提高动线界面活动的丰富性。

多种业态的自然过渡设计是一种变相地延长购物时间和扩大诱惑面的方式，使得人在空间中的滞留时间更长。如购物路径能串联餐饮、咖啡、公益活动、展览、表演等活动空间的话，则能极大地丰富流线的趣味，并吸引市民参与。例如有日本第一个"时间性消费的综合体"之称的博多运河城，主要由六座建筑构成，分别是剧院楼、福冈君悦大饭店、福冈华盛顿酒店、娱乐楼、百货楼和商务中心（写字楼）。建筑间看似相互独立，实际上内部互连互通，形成了一个有机整体。零售业态主要集中在百货、娱乐、华盛顿酒店、剧院楼这四栋建筑的1~5层。零售区域内部又分为若干功能区域，主要业态包括城市剧场、家居、影院、餐饮、室内电玩世界、户外用品等。

自1996年开业以来，博多运河城创造了两个奇迹：一是每层楼的租金都一样，二是投资回报高。这些都要归功于博多运河城的"时间消费"理念。虽然最终目的是增加消费，继而盈利，但博多运河城的开发理念却是先要让人感动、让人停留。

博多运河城通过设施的空间、景观环境营造以及丰富多彩的公共活动等，使消费者长时间滞留，并由此带来非目的性的消费。该项目将河流引入城区，将柔软的水体与坚硬的建筑连成一体，既在形态上给人以变化，又在心理上给人以放松。加上每年1800多次的免费活动，烘托了运河城的娱乐氛围，长年不断的活动更新、空间营造更新，不断的惊喜促使消费者习惯性地在此滞留和盘桓（图4-5、图4-6）。[①]

整体外观　　　　　　　　　　　　　　　　　　内部立体空间

内部运河　　　　　　　　　　垂直绿化与场所空间　　　　　　　　内部剧场

图4-5　博多运河城
在空间布局的营造上，博多运河城首先突出了运河的特色，它以南北方向的人工运河为中心，集中设置游艺、商店、餐饮、观演、音乐厅等，人们在这个空间中可以尽享购物、美食、娱乐等。

---

① 参考网址：运河城 www.canalcity.co.jp/cn/index.html。

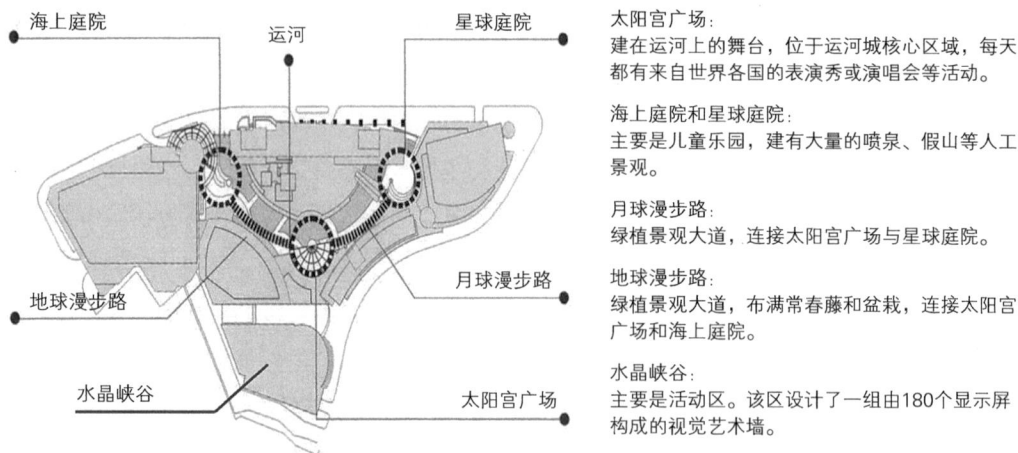

海上庭院　运河　星球庭院

地球漫步路

水晶峡谷　月球漫步路　太阳宫广场

太阳宫广场：
建在运河上的舞台，位于运河城核心区域，每天都有来自世界各国的表演秀或演唱会等活动。

海上庭院和星球庭院：
主要是儿童乐园，建有大量的喷泉、假山等人工景观。

月球漫步路：
绿植景观大道，连接太阳宫广场与星球庭院。

地球漫步路：
绿植景观大道，布满常春藤和盆栽，连接太阳宫广场和海上庭院。

水晶峡谷：
主要是活动区。该区设计了一组由180个显示屏构成的视觉艺术墙。

图4-6　博多运河城景观分析图
整个商业综合体以运河为中心，在运河沿线设计了主中心（太阳宫广场）和三个副中心（海上庭院、星球庭院、水晶峡谷），彼此以连廊相接，打造出水流、绿色、自然的空间。

4.1.2　平面动线的几种类型

平面动线根据动线的复杂程度可以分为单动线和多动线。根据人的视觉和运动方式的差别，平面动线大致又可分为线形、环形和枝形三种线形。在布局时，要考虑主力店与一般承租户的动线关系。布置的基本原则在于利用主力店与一般承租商户的不同位置，吸引消费者在购物中心内双向流动，以获得最大的消费效果。

1. 线形动线

线形动线的秩序感是否能提高消费者的位置感，是动线设计重要的评价指标之一。

线形动线：优点是紧凑、动线清晰、秩序感强、通过率高、浏览率高、店铺等级均衡；缺点是洄游性差、容易形成枯燥感。基于线形步行街的布局，通常将店铺布局在步行街主通道的两侧，主通道中无交叉或极少交叉。

线形布局比较适用于规模较小、用地狭窄的情况。结构造价通常也较低，可适应大多数的场地条件。

主要的线形动线布局形式包括直线形、折线形、曲线形、"L"形和"U"形。其中"L"形适用于小规模项目，而"U"形适用于规模大些的项目。"U"形动线布局往往以主力店或广场等为中心围绕排布，以主动线贯穿布局，使得商铺的可达性与可视性最大化。

以深圳万象城为例。万象城采用线形模式，在大平面下成功解决了进深问题。它的解决办法是在建筑的西侧（背侧）设置多层停车场，该停车场以夹层的形式（商场层高=2倍停车夹层层高）直达商场的三楼，既巧妙地解决了店铺进深过大的问题，又解决了停车的

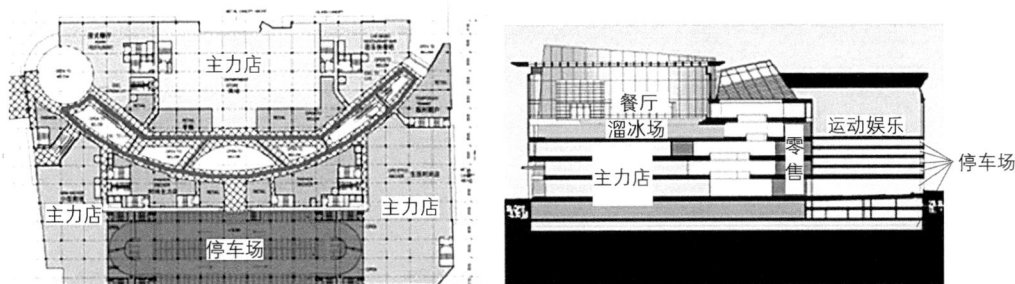

图4-7 深圳万象城的线形动线（"U"形）平面及剖面

也是哑铃形动线的变形。哑铃式布局来源于将主力店、广场等设置于线形动线的两端。这种动线布局将一般商户设置于动线中部，通过两端主力店或节点空间的拉动，为中间商铺导入客流。

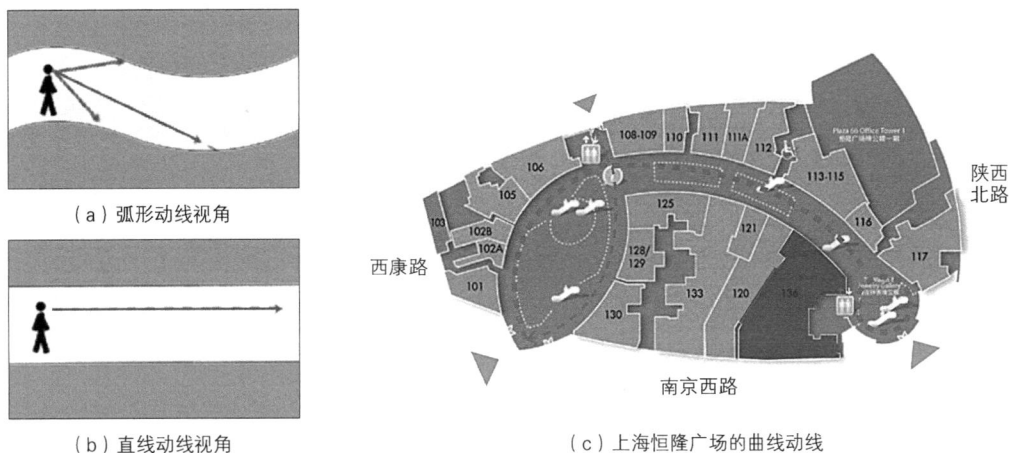

（a）弧形动线视角

（b）直线动线视角

图4-8 动线与视野的关系

（c）上海恒隆广场的曲线动线

问题，可谓一举两得（图4-7）。

在平面动线设计中，应尽量避免绝对直线。动线的曲线设计有利于改善枯燥感，延伸消费者视野（图4-8）；还可以扩大商业展示面长度，提高单店能见率，增加趣味性等。此外，在平面动线的设计上，如需变换角度，则钝角优于直角，可以对消费者进行逐渐引导；角度过小的锐角会带来强迫的感觉，降低消费者购物兴趣。

2. 环形动线

环形动线通过步行街、内街等形成环路；店铺布局在主通道的一侧或两侧，主通道中无交叉或极少交叉；各商铺可见性等级较为均衡，洄游性好。主要的环形动线布局形式包括单回环形（三角形、矩形、圆形、椭圆形等）、双回环形和复合环形等。相比线形动线，环形动线布局适用面广，特别适用于较宽松的基地，尤其是方形地块（图4-9、图4-10）。

环形动线便于在中轴线或焦点处设置中庭等以明确向心性与指向性。中庭加强了可见

图4-9 天津大悦城鸟瞰图

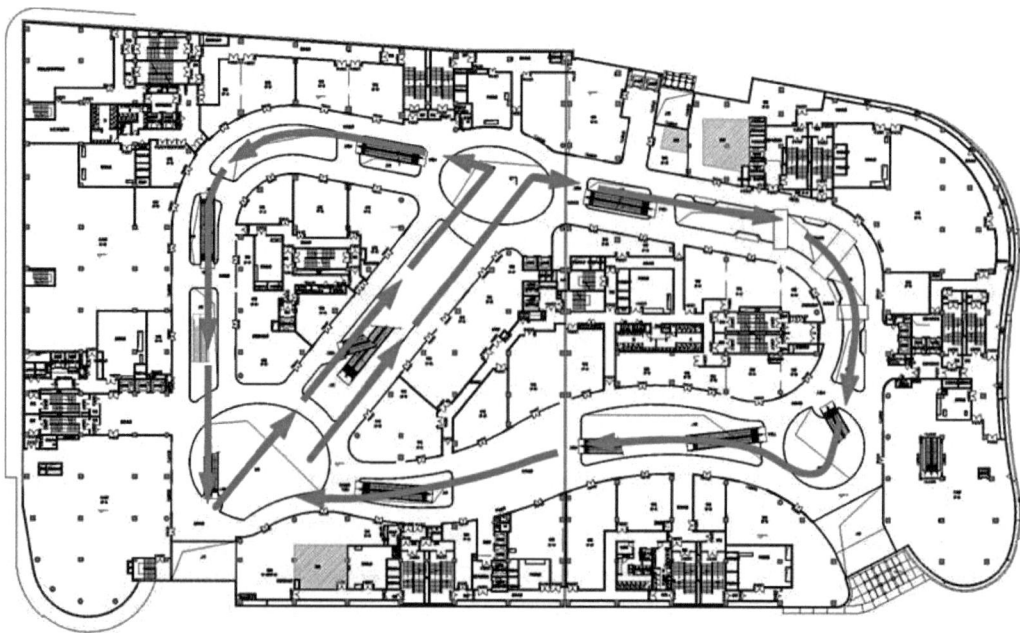

图4-10 天津大悦城平面，典型的双回环形动线

性，使顾客能看到不同楼层的店铺，配合设置自动扶梯又可增强层间联系，尤其是复合环形结构可通过各种环形结构组合更好地组织中庭空间（图4-11、图4-12）。

环形动线布局的缺点在于：通常用于组织布局的中庭使用率较低，空间中较大的进深尺寸对防火疏散有较高的要求。当然，在防火疏散方面的不足可以通过将入口处转换为较大的空间作为疏散空间来进行补偿。

3. 枝形动线

当单层面积较大时，单一的环形或者线形结构难以全面覆盖，也可以通过枝形动线形式来引导客流。主要的枝形动线布局形式有风车形、"十"字形、"Y"形、"T"形等。

枝形动线的优点是：基地利用率高，实用性强，不同长度和形态的"枝"可以灵活适应不同形态的基地。缺点是：主、次动线节点多，方位感差；洄游性差，人流动线易形成回头路；受地形的影响较大，空间布置不够灵活，不利于店铺分割。此外，如果"枝"的长度过大，则容易导致店铺浏览率低，店铺等级不均衡，甚至出现"死铺"。

针对上述缺点，常见的弥补手法有：谨慎地设计"枝"的长度、方向、交点和"枝"之间的次级通路，加强平面动线的秩序性，以获得较好的方位感和空间感；节点和端点之间可在中部适当放宽，将空间增大为庭或厅空间，以形成迂回动线，减轻单调感，增强可识别性。

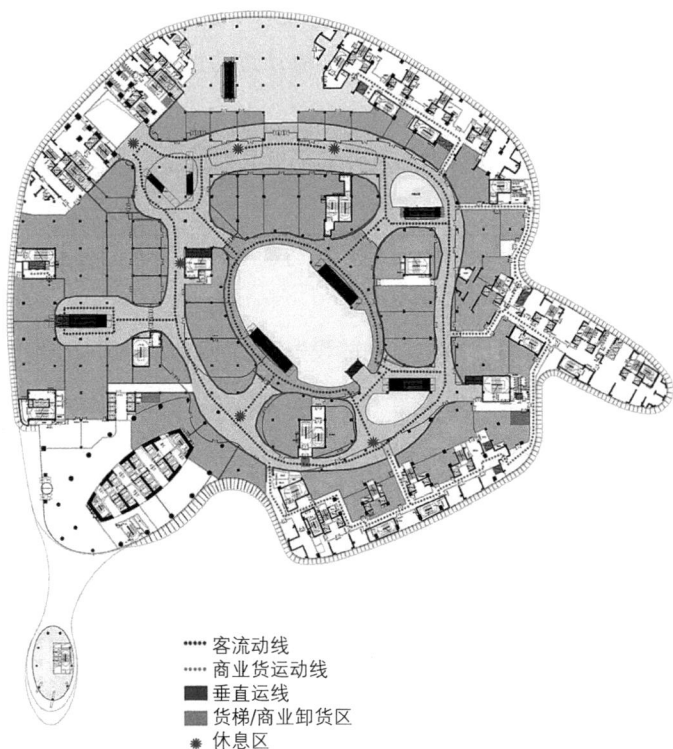

····· 客流动线
····· 商业货运动线
■ 垂直运线
▨ 货梯/商业卸货区
✳ 休息区

图4-11 徐州苏宁彭城广场平面动线设计
运用复合环形结构，整合小业态，提高顾客通过和浏览的概率，具有良好的洄游性；同时运用了折线、弧线等形式，使空间显得活跃而富有变化。

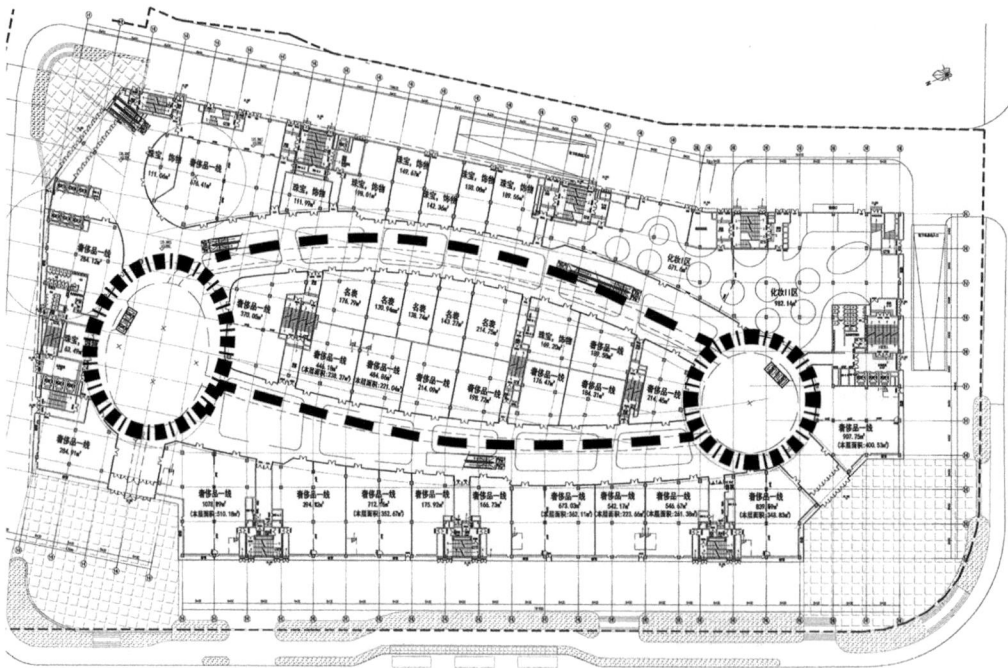

图4-12　武汉万达广场的环形动线布局平面

　　如在"T"形人流动线中，一般把主力店布置在"T"形的三个顶点，两条人流动线的交汇处形成点状的中庭广场空间，以形成迂回路线，保持人流动线的连续性（图4-13）；在"十"字形人流动线中，一般把主力店布置在"十"字形的四个顶点上，两条人流动线的交汇处形成点状的中庭广场空间，在节点与端头之间进行局部放大处理。

　　4. 多动线

　　在多条动线共存的商业环境中，各条路线要有各自的个性与趣味，以便人们在复杂多变的商业环境中准确定位。

　　首先，多动线往往通过主题化分区、个性化节点空间的设置，将不同动线串联成清晰的动线脉络。除了场所感和消费兴奋点的建立外，更重要的是帮助客流定位。如成都来福士广场动线设计，以西陵峡、巫峡、瞿塘峡命名的三个中庭将人群有效地聚集起来，而每一条动线都不长，让人有继续逛下去的欲望，同时，几乎没有背角和死角，每家店都能逛到（图4-14）。

　　其次，可以通过多个环状单动线进行组合，尽可能趋向单动线形式，同时注意保持视觉通透性。如天津大悦城以及瑞典马尔默商业中心的人流动线就是通过两个环形成一个大环，以趋向单动线形式（图4-15）。

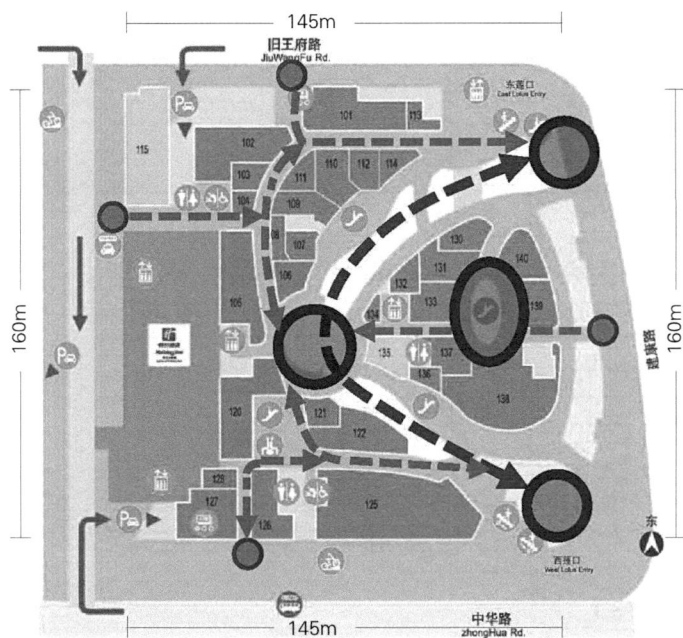

图4-13 南京水游城的枝形动线
缺点是主、次动线节点多，方位感差，应避免让消费者产生更多的选择。

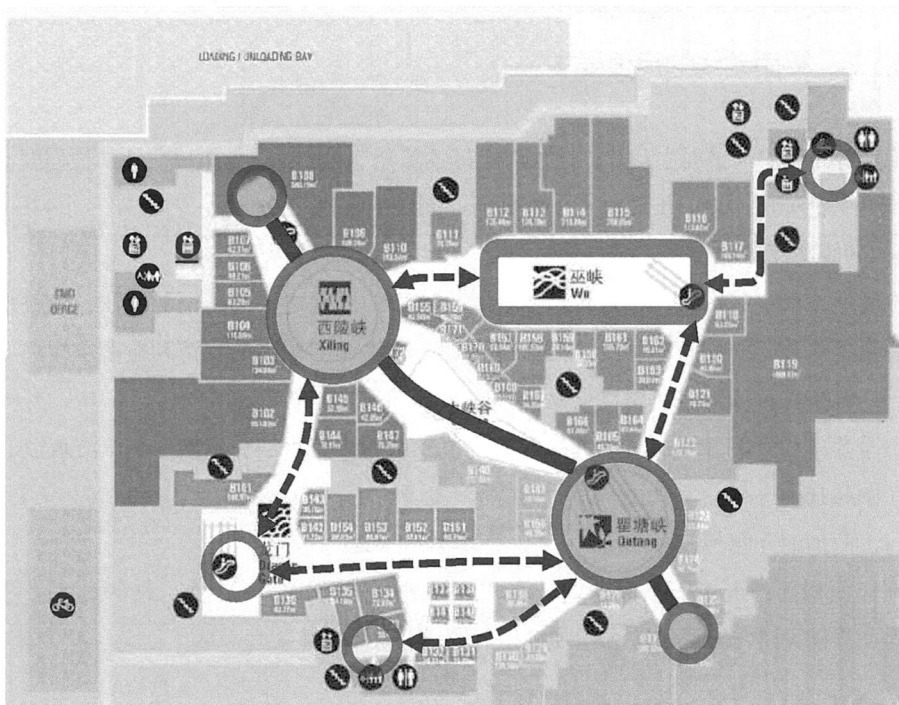

图4-14 成都来福士广场动线平面

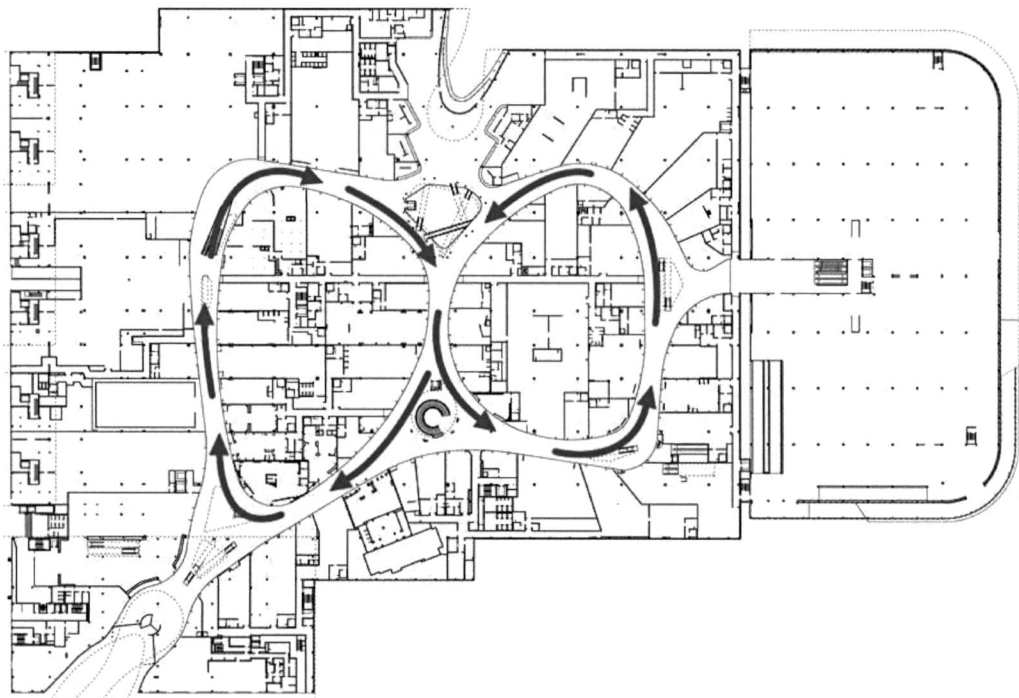

图4-15 瑞典马尔默商业中心动线平面

4.1.3 平面动线的尺度要求

商业综合体中的平面主动线，通常由连接各部分空间的商业街形成。从某种程度上说，商业街是一把标尺，它的长度决定了整个商业区域的规模与大小。

1. 动线与商铺开间、进深的关系

在商业空间设计中，与商业价值体现最为密切的因素之一是店铺的面积，也就是平面的设计尺度。建筑平面里店铺的开间、进深、面积大小与租售的经济利益密切相关。一般来说，店铺单位面积的租售金高低是商业建筑开发成功与否的重要标志。其中，开间、进深是最重要的因素。开间决定店铺的商业价值；进深决定店铺的出租率和消防疏散的便利与否（图4-16）。

（1）商铺的开间与进深

同样面积的情况下，平面动线长度和店铺进深成反比。一方面，进深过大不利于经营；但如果铺面进深过小，也会增加动线的曲折程度（表4-2）。

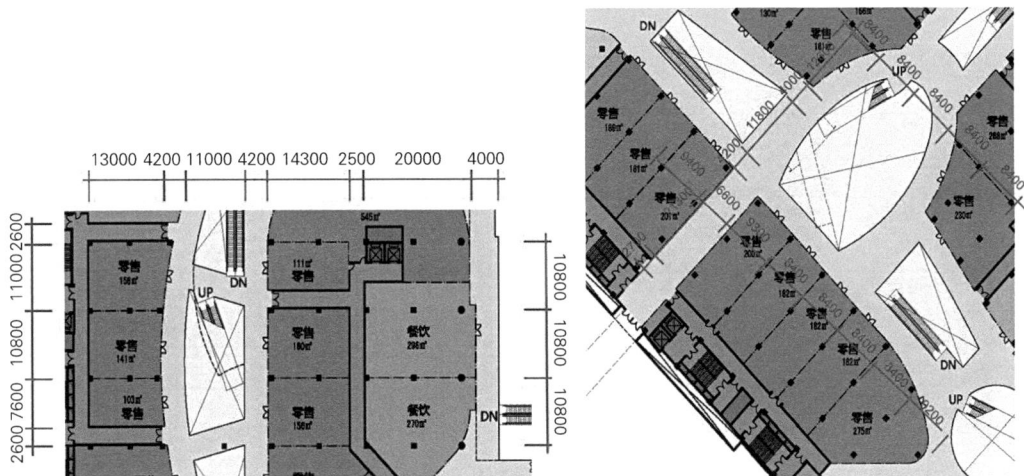

图4-16 "常规室内商业街"店铺尺寸分析图

各案例非主力店店铺平均面宽、进深分析　　　　　表4-2

	案例 A	案例 B	案例 C	案例 D	案例 E	案例 F	案例 G
平均面宽（m）	9.4（7.9）	8.8	8.8	8.9	8.3	8.3	9.0
平均进深（m）	13.2（8.6）	11.9	10.5	10.2	10.1	12.2	12.9

注：案例 A 括号中的数据为商业空间改造前平均值。

相关文献总结北美购物中心的店铺进深后给出了建议值：如张庭伟《现代购物中心——选址·规划·设计》的 15～40m；美国城市土地利用学会（ULI）《购物中心开发设计手册》的 12～36m；刘念雄《购物中心开发、设计与管理》的 24～36m；黄立群、彭飞《关于 Shopping Mall 设计原则的探讨》的 24～30m，等等。

以下是针对实际工程案例，统计、分析其商业策划与租售业态的店铺指标后得到的数据（主要针对无明确品牌指向的一般商铺，不包括主力店及次主力店等较大规模的商家。主力店、品牌店的店面尺寸另需满足具体经营要求）。

①店铺的开间/进深/面积关系：

开间=6～10m（决定店铺的商业价值），店铺开间通常为4～6m；

进深=8～15m（进深通常不大于15m，进深越大，店铺出租率越低）；

面积=48～150m²（此面积范围内店铺出租率高）。

②建议组合值：（根据上述开间、进深、面积三者关系推算得出，是比较常用和易于租售的商铺面积大小，店铺开间、进深比宜控制在1∶4的范围内）：

开间×进深=8m×10m=80m²，横二间组合为160m²；

开间×进深=6m×9m=54m²，横二间组合为108m²；

开间×进深=10m×15m=150m²。

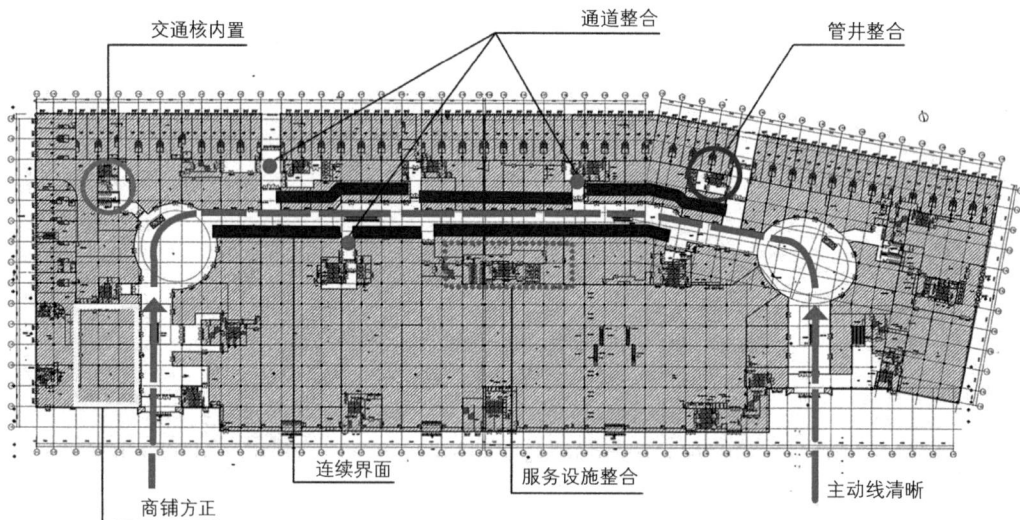

图4-17 商业街铺位平面划分要点示意

（2）商业铺位平面划分要点

商业铺位平面划分要点见图4-17。

①各单铺平面尽量方正，避免出现死角（如三角铺），避免过于狭长或者斜交的夹角，应考虑功能布局、使用方便、利用率高；

②（沿街）各铺之间尽量避免有管井夹在中间，避免后期运营需要打通隔墙使用时造成整合铺不通透；

③商业展示面与商铺面积、位置、进深等合理匹配，保证资源分配均好性；

④商业街要注重商业展面的连续性，避免出现过多的、过宽的空档、空洞（如楼梯和通道出入口、实墙面等）；

⑤尽量避免单面铺的走道出现；

⑥交通核、管井的设置位置需考虑平面位置的商业价值，多考虑沿街商铺的纵深关系，尽量不沿街设置，并布置在低价值空间处，管井应靠近楼梯间等实体墙布置，或尽量集中设置，以减少对商业空间的影响等；

⑦商业外轮廓尽量规则，平面转折应尽量跟柱网协调；

⑧集中商业（百货）应考虑内部洗手间的位置，结合消防通道、楼梯间等做好管线预留；

⑨集中商业的消防楼梯等尽可能贴边，且尽可能不沿内街；

⑩防火分区划分尽量避免设计在店铺内，应靠近楼梯间等实体墙布置。

2. 平面动线尺度要点

尺度设计是影响人对空间感受的关键要素之一。平面动线的设置，尤其是自身的尺度规律非常重要（图4-18，表4-3）。

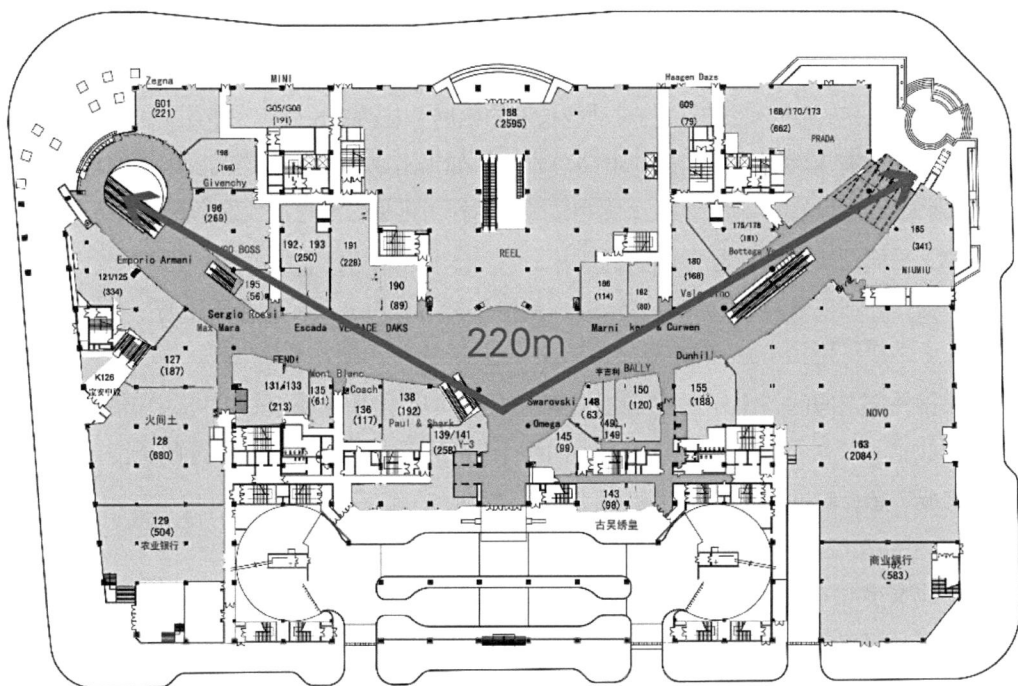

图4-18 深圳万象城水平动线
水平动线长度一般控制在200~250m，单侧面商铺数量控制在15~20家。

典型商业广场的动线特点　　　　　表4-3

	标准层面积（万 m²）	动线类型	有无次动线	平面动线总长（m）	回环度	
					可达性 A	可见性 B
万象城	2.37	线形（双）	无	382（L2）	100%	100%
金光华广场	0.82	线形（双）	局部有	297（L2）	90%	90%
中信城市广场	0.93	线形（双）	无	300（2F）	100%	100%
中心城广场	2.77	线形（双）	局部有	296（L）	90%	90%
COCO Park	1.33	线形（单）	无	390（L2）	50%	50%
益田假日广场	1.63	线形（双）	局部有	428（L2）	90%	90%
京基百纳广场	2.32	线形（双）	局部有	445（L2）	85%	85%
深国投广场	1.17	网格＋线形（双）	有	448（L2）	62%	85%
海岸城	1.74	线形（双）＋放射	有	957（L2）	40%	80%
花园城中心	1.71	线形（双）	无	335（L2）	100%	100%
晶岛国际广场	2.93	线形（双）	有	517（L2）	73%	90%
IFC MALL	2.43	线形（双）	无	885（L2）	74%	100%
又一城	1.78	线形（双）	无	460（L2）	100%	100%
Mega Box	1.11	线形（双）	有	224（L3）	100%	100%

（1）平面动线回环度要高

平面动线要保证较高的回环度。回环度指的是消费者在不需大幅度改变行进行为的状态下，一次走完的最长动线长度与总动线长度的比例（总动线长度：在单层平面内，沿道路中心线逛完所有店铺所需要走过的道路总长度。如果道路两侧都有店铺，则按双倍长度计算）。通常回环度越高，动线的秩序感和位置感越好，可见性及可达性也越高。

（2）平面动线长度合理

根据"外部模数理论"，20～25m是人们恰好能辨认对方脸部的合适距离。在综合体空间设计中一般采用20～25m的模数，每隔20～25m，设置兴趣点或休息处。

根据外部空间的"十分之一理论"，外部空间可以采用内部空间尺寸8～10倍的尺度。水平动线轴长一般控制在200～250m，单侧面商铺数量为15～20家。超过此长度，消费者就会有疲劳感；长度不足，则促使人们进行"情景化"消费的气氛不够。

3. 平面动线宽度与商业面积利用率

动线宽度与空间效果及商业面积利用率休戚相关。事实上，一些较为高档的综合体商业面积利用率基本在50%左右，公共空间越多（如休息区、走廊、通道、扶梯、电梯及共享空间等），一般意味着购物环境更加舒适。因此，商业面积利用率不能太低也不能太高，以下是根据经验数据得出的合理尺度（控制商业街使用率在55%左右，表4-4）。考虑到中庭空间作为垂直动线与平面动线交汇处的特殊性，将在垂直动线处展开论述。

平面动线宽度数据汇总表　　　　　　　　　　表4-4

资料来源	主街道宽度（m）	次街道宽度（m）
《现代商业建筑的规划设计》	12～15	4～6
《香港购物中心》	>12	3～7
《关于 Shopping Mall 设计原则的探讨》	16	4
《购物中心开发设计手册》	9～12	3.6～4.5
《购物中心开发设计与管理》	13～15	>3
《商业地产战国策》	6～10	

（1）主街道的宽度一般在12m左右，如海港城、太古城中心。同时，局部中庭尺寸可适当放大，为今后商场推广活动预留空间。如某商业综合体室内商业街尺度：采用4m（走廊通道）+6m（中空）+4m（走廊通道），内街轴线宽度=1/2柱宽+0.3m装修厚度+4.0m（走廊）+6.0m（中空）+4m（走廊）+0.3m装修厚度+1/2柱宽。

（2）次级街道（辅街）是连通购物中心内各散户商铺的主要通道。一般情况下，通道宽度小于3m，人在通过时会感到狭窄，有紧张感和不适感，尤其是在通道距离比较长的时候。宽度3m可以被认为是最舒适的底线。香港购物中心的次级街道宽度都在3m以上，为数不少的购物中心的次级街道宽度在4.5m以上，甚至还有个别的宽度达到7m以上（图4-19、图4-20，表4-5）。

图4-19 某商业综合体室内商业街尺度分析

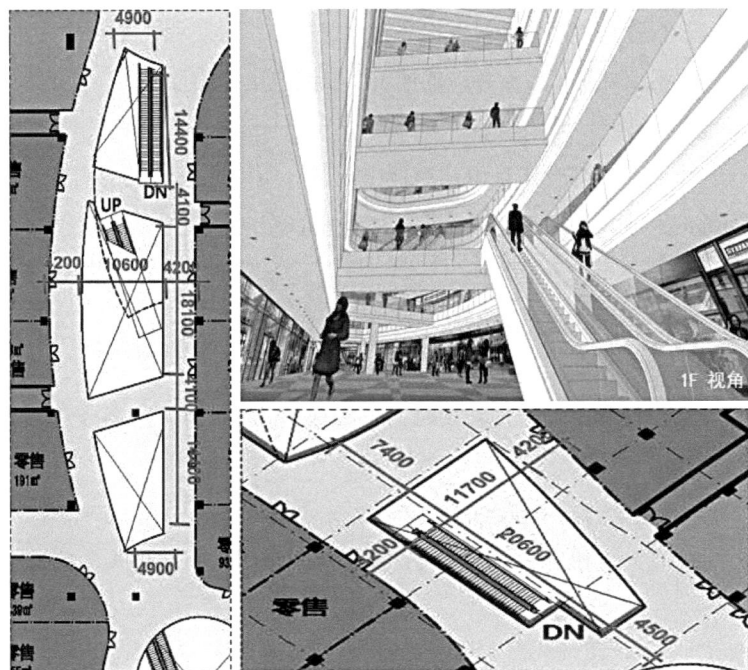

图4-20 中庭回廊宽度分析

中庭空间尺度及主、辅街宽度　　　　　　　　　　　　　表4-5

项目	中庭宽度 （m）	回廊宽度 （m）	开洞宽度 （m）	主街／辅街宽度 （m）
仲胜商业中心	16 ~ 18	4 ~ 6.5	8.7	8/6
港汇广场	15 ~ 20	4.2 ~ 5	10 ~ 12	20/8
正大广场	17 ~ 24	3.5 ~ 6.5	17	07/6 ~ 8
久百城市广场	16 ~ 24	4 ~ 5.4	16	6/3.4 ~ 4.1
恒隆广场	17	4	7	17/5 ~ 6.5
来福士广场	15	3.5 ~ 4	8	15/—
Metropolis at Metrotown（温哥华）	16	4	8	16/6 ~ 8
伊顿中心（Eaton Center Toronto）	16 ~ 18	4	8	16/6

4.2　内部垂直动线技术要点

垂直动线是指客流的跨层运动，主要包括自动扶梯、自动坡梯、垂直升降电梯、楼梯等形式。在综合体中，移动的方式具有多样性，除步行方式外，还可借助观光电梯、自动扶梯、步行移动带等机械设备提高移动速度，获得便利性和舒适性。多种移动方式的混合交叉使用，不仅加快了人流移动的速度，使路线更为简便高效，还有助于产生丰富而多变的空间环境。

由于商业综合体是由建筑群组成的，所以这里所说的内部垂直人流一般是指单体建筑内部的人流。关于山地商业综合体的垂直交通，这里就不展开论述了。

4.2.1　垂直动线设计要点

在设计和配置垂直动线时，应认真了解综合体以及各子系统的自身情况和使用环境，包括用途、规模、高度、客货流量等。

1. 设计时需重点考虑的内容及要点

垂直人流相对于平面人流，要注意三个因素，即形式、数量、地点（表4-6）。

垂直动线设计内容汇总表　　　　　　　　　　　　　　　表4-6

形式	指设置成扶梯、垂直观光电梯、坡梯、普通楼梯或个性化楼梯，此外，还包括设置成并列式还是交叉式，是直跑楼梯、双跑楼梯还是旋转楼梯，等等
数量	指扶梯、电梯、坡梯的数量
地点	指各个垂直交通设施在平面上的具体地点
中庭	增设自动扶梯，可紧靠主力店方向。另设置观光电梯，增加观光的趣味性。观光电梯和自动扶梯应该是刚刚进入商场的消费者所视景观的一部分，同时使消费者对如何向上走一目了然
主力店	内部可设置单独自动扶梯。这里的垂直交通只是提供一种方便，而不是完全要将人流从这里吸引上去
重点部位	增加垂直通道，化解死角；如果平面动线中不得已出现射线，此处必须设置垂直通道，且要个性化。 对娱乐、餐饮等营业时间比较特殊（深夜营业）的业态单独设置垂直交通，但是这里的垂直交通同主力店内部一样，只是为了方便。 在屋顶设置停车场或者以空中花园的形式配备一些休闲设施，也是垂直交通的一部分，会对顶层附近的楼层起到带动作用；设置直接跨越数层的自动扶梯，这种自动扶梯应该因地制宜地设置，要综合考虑业态的需要和对空间的影响
垂直动线和平面动线结合处	中庭等公共空间是垂直动线和平面动线结合的第一个部分。第二个部分是平面动线的一些主要转角处或主要交汇处。第三个部分是平面动线的端点处。这三个部分也是空间设计可以充分发挥的地方

2. 垂直电梯与自动扶梯的数量确定

一般而言，扶梯和电梯是综合体中使用最多的垂直交通方式，其数量和分布应根据项目面积和人流情况决定。建筑面积与货用电梯、客用电梯、自动扶梯、自动步道等存在一定的数量关系。

根据表4-7所示的上海几个典型商业综合体商业部分的电梯数量统计，得出了1部货梯服务面积和1部自动扶梯服务面积这两个重要参数：

1部货梯服务面积=2万m²（平均值）；

1部自动扶梯服务面积=3000m²（平均值）。

自动扶梯与垂直电梯的服务参数　　　　　　　　　　　表4-7

项目	建筑面积（m²）	货用电梯（部）		客用电梯（部）	自动扶梯（部）		自动步道（部）
		单部电梯服务面积			单部电梯服务面积		
仲盛商业中心	29万（3万/层）	13（其中5部消防电梯）		10	50		10
		2.2万m²			0.48万m²		

续表

项目	建筑面积（m²）	货用电梯（部）单部电梯服务面积		客用电梯（部）	自动扶梯（部）单部电梯服务面积		自动步道（部）
港汇广场	12万（2万/层）	17		7（其中4部消防电梯）	78		
		0.7万m²			0.15万m²		
正大广场	24万（2万/层）	8（其中4部消防电梯）		7	68		
		3万m²			0.35万m²		
久百城市广场	10万（1.3万/层）	5（其中3部消防电梯）		6（其中2部消防电梯）	55		
		2万m²			0.18万m²		
恒隆广场	10万（1.2万/层）	6		4	31		
		1.67万m²			0.32万m²		
来福士广场	5万（0.6万/层）	6（其中3部消防电梯）		2	42		
		0.83万m²			0.12万m²		
单部电梯服务面积平均值（m²）		1.73万m²			0.27万m²		

注：数据来源于华东建筑设计研究总院。

在具体项目设计中，我们可权衡判断设计过程中布置的货梯与自动扶梯数量是否过多或过少。

与自动扶梯比较，垂直升降电梯占用面积小、速度快，运转费用和安装费用较为便宜，还可与中庭结合形成景观设施，此外还具有载货功能，可运载大多数物品，小至婴儿车，大至轮椅，皆可运载。但垂直电梯的载客量和使用效率远低于扶手电梯，易形成拥塞，不能同时承载较多的消费者和手推车，且容易出现故障。

3. 注意引导客流的流向、流量和流速

在设计垂直动线时，应注意以下几点原则：

秩序性：垂直交通，尤其是扶手电梯的上下秩序流向的排定，可以有效引导消费者；

便捷性：快速地将人流跨层运送，减少消费者"爬升"过程中的等候时间和疲劳感；

均衡性：通过多种手段，均衡、垂直地拉动人流，提升高楼层不同层面的商业价值。

良好的垂直动线设计可以消化平面动线中的死角部位，同时有助于形成良好的空间感。以北京金宝汇购物中心为例：首先，原有的自动扶梯要绕行一段距离，可达性和方便性很低，人员垂直拉动效率不明显；其次，原垂直升降梯缺乏透视性，从而影响了商场与客户的互动。

针对以上问题，商场进行了扶梯的改造升级。首先，更改一层西侧扶梯位置、方向，加大主入口进入后的交通可达性，可直接搭乘的扶梯使高层购物更加便捷。其次，增加两部中庭观光直梯，结合中庭中的展示面，增加垂直动线的视觉舒适性和招徕性。

4.2.2 自动扶梯设计要点

自动扶梯是建筑物楼层之间连续运输效率最高、运量最大的一种载客设备。作为以定向引导人流为目的的垂直交通方式，自动扶梯逐渐成为商业项目中使用最频繁的交通元素，因此也成为动线组织和布局的重点环节。

1. 自动扶梯特点

（1）与垂直升降电梯相比，自动扶梯输送能力强、速度快，可有效使用建筑空间，占用面积小，适用于人流集中的公共场所。

（2）提供垂直方向上的连续动线，层与层之间可连续输送乘客，在满足客流通行的同时，将位于下层的购物者的视线引导至较高的楼层，还能同时浏览商场的景观。因此，通过自动扶梯的排布，可以提升店铺在空间中的可视性。

（3）可正、逆向行驶，在停机不运转时，也可作为临时楼梯使用。

（4）通过商业建筑内人员流量分析，考虑乘客搭乘的舒适度，与自动扶梯实际运输能力匹配，确定自动扶梯数量。根据经验计算，一部自动扶梯服务面积为3000m²（平均值）。主要参数见表4-8。

自动扶梯主要参数 表4-8

提升高度	一般在10m以内，特殊情况可到几十米
倾斜角度	一般为30°、35°
速度	一般为0.5m/s，有的梯型可达到0.65m/s、0.75m/s
梯级宽度	600mm、800mm、1000mm
理论输送能力	按照速度0.5m/s计算，不同梯级宽度的输送能力相应为4500p/h、6750p/h、9000p/h

自动扶梯按其结构特点分为标准型、苗条型、加重型。苗条型适用于客流量不太大且需要节省空间的场合，加重型适用于客流量大的公共交通

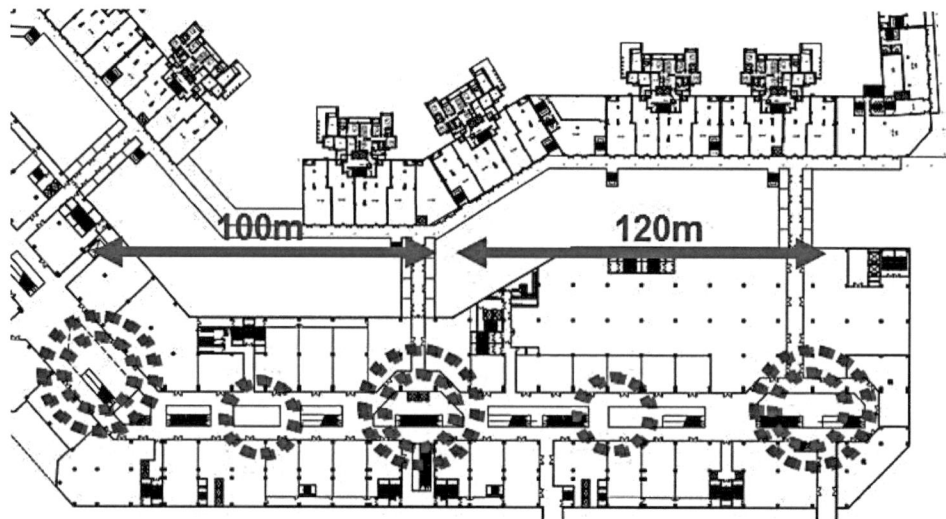

图4-21 某龙湖项目在主要中庭空间布置上下扶梯，两个主要中庭空间间距约120m

2. 自动扶梯的位置设计

一般将自动扶梯布置在比较醒目的位置，并且每隔20～40m就布置一组自动扶梯，电梯遵循集中布置的原则，以方便顾客乘坐。

在设置时，自动扶梯沿主动线匀质分布，往往出现在主动线挑空处和节点处，例如出入口、中庭等处。一方面，在主动线挑空处的挑空部分能看到层间的动线连接；另一方面，在主动线的节点处设置自动扶梯，可以使节点处的水平主动线在垂直方向上保持连续性。

入口：能够快速将人流引导至不同的楼层，提高高楼层或地下层的人流量；在入口处配置自动扶梯，既有利于客流上下，又可增强立体感。

中庭：中庭作为购物中心内部平面交通和垂直交通的枢纽，是布置自动扶梯的主要区域和最为集中的区域（图4-21）。扶梯的上下行可增加室内空间的动感，同时也形成了层间运动的主要交通枢纽。但应注意，在布置自动扶梯时，需考虑视线阻碍性和中庭形状等因素。

3. 自动扶梯的排列方式

自动扶梯不同的排列方式与动线节点的结合可以创造出各种活泼的空间环境。由于自动扶梯主要起到各楼层垂直方向互通以及引导人流等作用，所以其配置基本原则为：消费者在某个手扶梯附近能看到上楼或下楼的下一个动线连接，以方便其上下。

自动扶梯的排列方式可以简单分为相向式、平行式（图4-22）和分离排列式。

（1）相向式又可以细分为并联式相向、剪刀式相向。总体来讲，相向式排列适用于面积较大的圆形或点状中庭。优点是运行效率较高；缺点是视线阻碍性较大，人流水平引导性较差。

并联相向式
· 并联相向式排列运行方式为循环连续的"之"字形布置，可以使各楼层客流保持连续运动，升降两个方向流动分离清楚。但安装面积大，不易与环境融合。
· 并联相向式配置手扶梯时要注意客流的均衡性和流速的控制，此外，最好在手扶梯或主道边配置相关各层，尤其是本层的功能区域、商铺位置和通道等的平面指引。

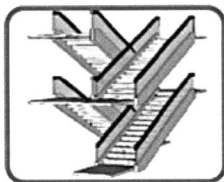

剪刀相向式
· 剪刀相向式可以保证升降两个方向均为连续。流向控制秩序性好，升降流动不发生混乱，安装面积小，一般用于采光中庭加强界面连续性，以弱化地上层与地下层之间的差异，并形成较强的导向性。
· 在设置时，不宜太疏或太密。自动扶梯离下入口10m左右，与出入口距离不宜超过30m，扶梯间距控制在45～70m，不宜超过50m。

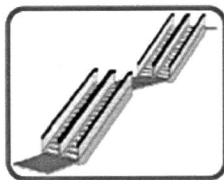

平行连续式
· 平行连续式的优点在于对安装面积需求偏小，但缺点是各楼层交通不连续。

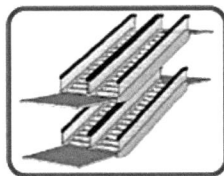

平行串联式
· 平行串联式的优点首先也是安装面积小，其次，比较有利于与环境结合，形成活跃的空间序列。缺点是各楼层交通不连续。

图4-22 自动扶梯排列方式（相向式和平行式）

（2）平行式又可以细分为平行连续式和平行串联式（图4-23），适用于纵深长、狭窄的线性中庭。平行式排列的优点是视线阻碍性较小，人流水平定向引导较好；缺点是运行效率较低。

在应用平行式排列时，如强调空间重叠，则可以构成序列感强的连续界面，易将客流引导至各楼层；如强调空间延伸，则易形成丰富、生动的空间层次，多个休息平台跌落，可增强不同楼层的可见性，招徕客流。

（3）分离排列式通常将上、下扶梯分离，相隔较长距离，对客流流向有较明确的导向性；引导客流流向，完成更多的商业面的展示。分离排列式多与狭长且具有引导性的中庭空间结合布置，以突出空间环境。尤其是连续的中庭空间，与扶梯的组合显得场所感强且空间丰富（图4-24）。

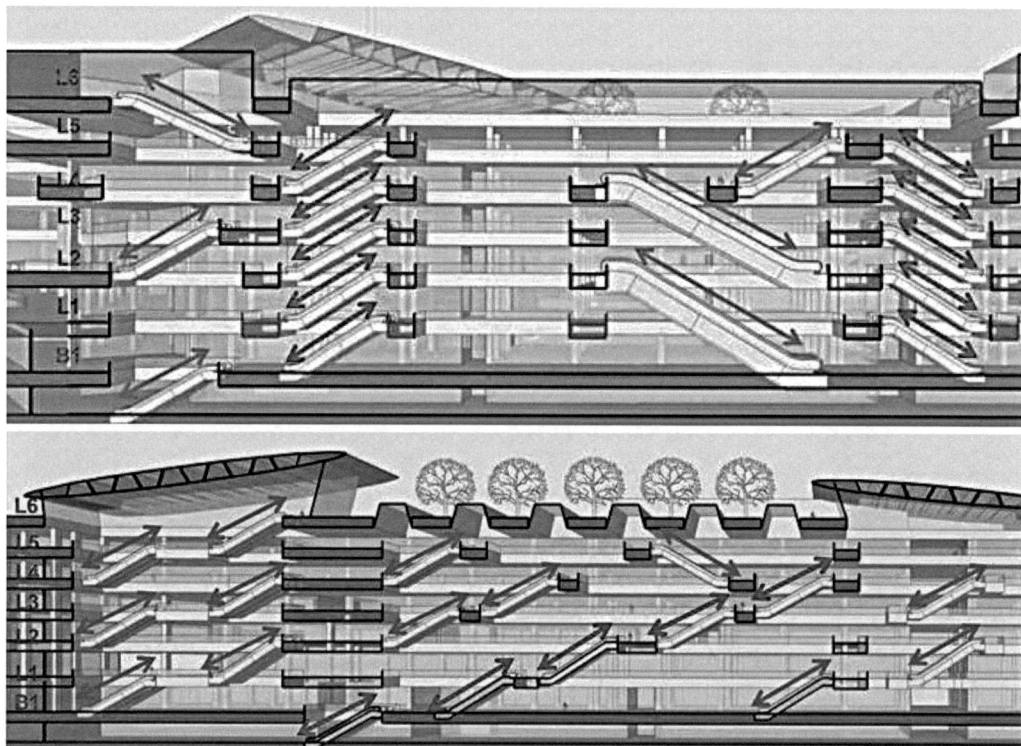

图4-23 龙湖某项目扶梯设置——扶梯平行式排列的空间重叠与空间延伸

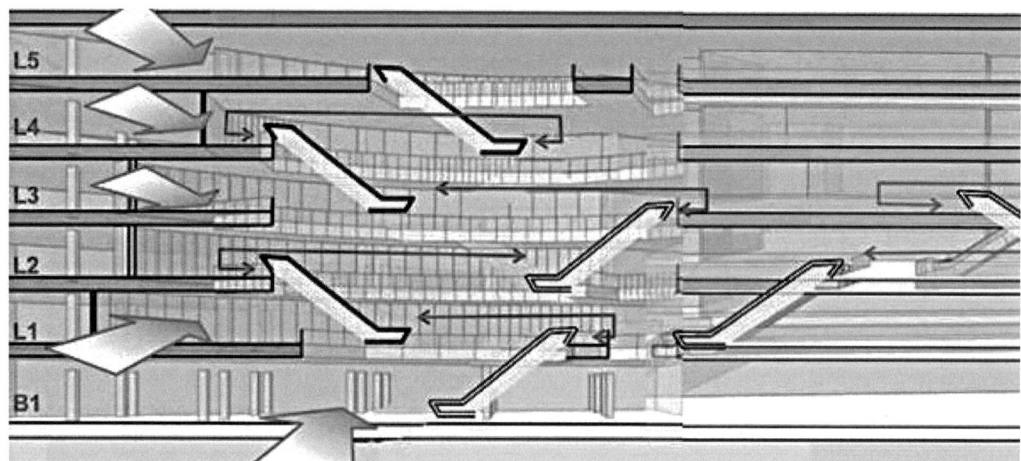

图4-24 某龙湖项目分离排列式

通常将上、下扶梯分离相隔较长距离，对客流流向有较明确的导向性。

4.2.3 中庭空间设计要点

中庭在商业综合体的设计中往往衔接了各功能分区，作为重要的动线节点，其设计意义重大。主题集中是它区别于一般节点的重要特征。

1. 满足两个中心的功能需求

（1）交通组织中心：首先，中庭的设置应鼓励商业综合体内的层间运动。中庭将主通道引导过来的人流导向其他功能区，或将分散的人聚拢，形成局部焦点。其次，在设计上应充分利用光线、色彩、结构等元素体现空间张力，形成中心及焦点的效果，将人流聚集，进行二次引导（图4-25）。

（2）商业资源整合中心：作为垂直动线与水平动线的交汇点，中庭也是人流活动最频繁处，因此，也成为商业资源的交汇处。一方面，中庭应提供空间，满足购物之外的活动使用，如流行展示、演艺、交流等多元化功能需求；另一方面，也应注重空间丰富性的营造，如通过退台、造型变化改善空间感受，引导消费。

如在日本难波公园的案例中，就利用了中庭来丰富和优化交通流线（图4-26）。难波公园利用建筑的高度形成峡谷形态的交通空间，商场内部总体为环形动线，"8"字形主动线环绕。沿走道两侧设置店铺，每隔50~70m面向峡谷设置开放中庭空间，或用空中廊道将东西两部分空间连接。商业人流在"峡谷"中穿行，中庭空间节点以及自动扶梯保证人流到达上层商业。其中，一层平面主要用于组织车行流线，不同方向的步行客流通过自动扶梯或者垂直电梯被引入二层商业区。二层平面为人行通道，组织各个方向的人流汇集。

图4-25　成都环球中心入口大厅实景图（来源：深圳中深建筑设计有限公司项目组）

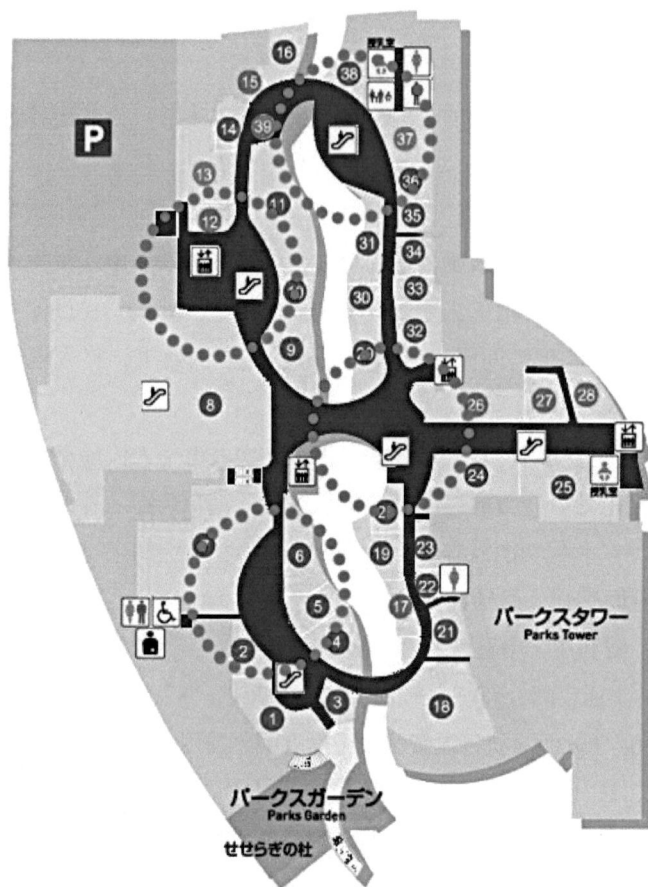

图4-26 日本难波公园内部环线规划示意图

2. 中庭空间的布局

中庭作为重要的建筑空间元素，也会有不同的等级之分、主次之分（图4-27、图4-28）。一般商业综合体中都至少会存在一个主中庭。这些主中庭往往同时具有展示、营销、推广的重要作用。

（1）中庭根据在平面中的位置不同又可分为"中庭"和"门庭"。不同的平面动线也会对中庭的位置和形态提出不同的要求和可能性。在设计中，可根据不同平面、不同动线类型进行针对性设计（图4-29）。

（2）根据形态不同，又可分为点状中庭和线状中庭。中庭一般具有交通组织、展示传播、活动承载三大功能。不同形态的中庭也具有不同的倾向，如点状中庭一般又可被认为是聚向性空间，线状中庭又可被认为是导向性空间。在线状中庭中，人流动线运动图式也是线状的，主要引导客流做线状连续运动，具有较强的引导性。在点状中庭中，人流动线趋向中心，具有凝聚力。形态上又可分为方形、矩形、椭圆形，甚至是一些不规则图形等（图4-30）。

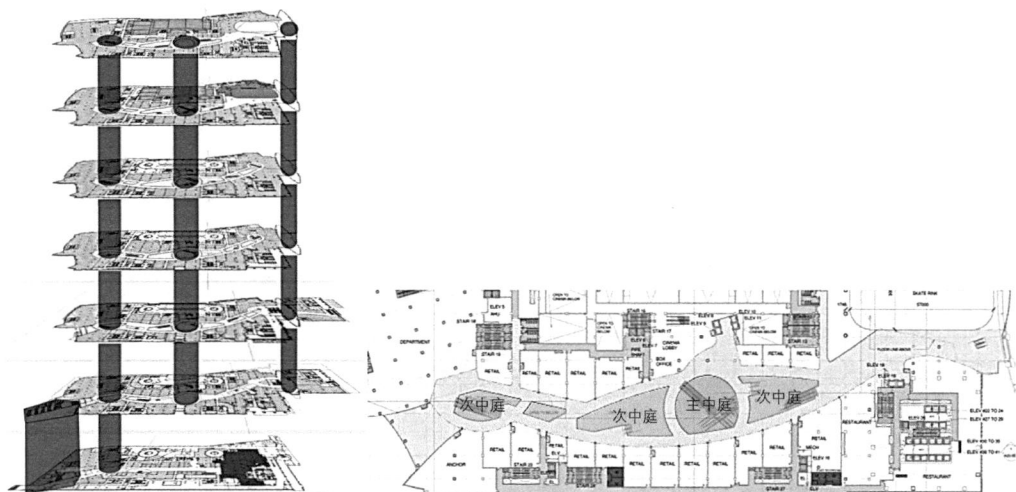

图4-27　沈阳万象城中的圆形中庭
从形态上看，主中庭一般表现为尺度均衡的圆形；在平面中，主中庭往往位于水平动线和垂直动线的连接处。

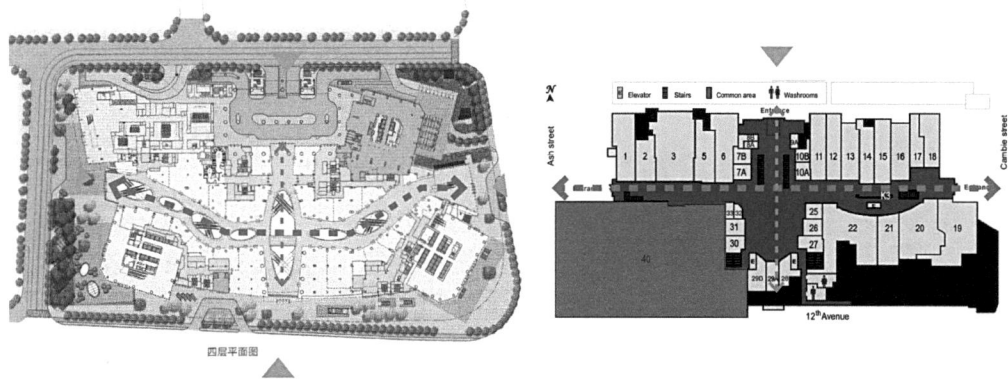

（a）广州太古汇　　　　　　　　　　　（b）新加坡CITY MALL

图4-28　以中庭为平面中心，中庭聚向性较强，尤其在Y形动线中可以形成较强的方向感、向心性

（3）根据等级不同，中庭可以分为主中庭和次中庭。合理地设置主中庭和次中庭可以形成良好的空间感和序列感。从前面几个例子中可以看出大多数综合体中的中庭设计都沿用了这一设计思路，但也有一部分设计案例，其中庭空间的尺度等级界限并不明确（图4-31）。

3．中庭空间的尺度

中庭空间可分为两种，一种是共享中庭，另一种是商业街中庭。在设计中，中庭空间的尺度以人的行动空间尺度为基础，既要保证人流的聚集，又要保证人的自由活动。一般而言，在人均4m²时，步行者可在任何方向自由活动；在人均2m²时，人对周围的人持有警戒心理；而在人均1.5m²时，则会产生步行者之间的逆流和冲突，从而失去空间有效性。

（a）上海恒隆广场   （b）苏州印象城   （c）济南恒隆广场

（d）西安新城广场   （e）仲盛商业广场

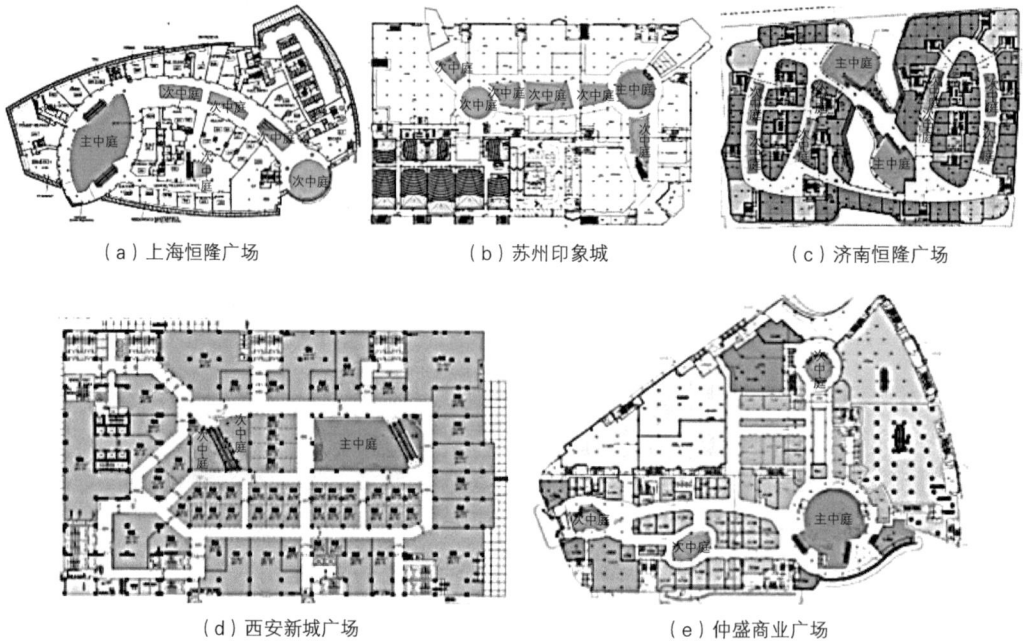

图4-29　以主中庭组织入口，中庭与主入口结合，衔接了内外动线

在设计时应注重中庭对城市空间和建筑空间的过渡。同时，作为自动扶梯及垂直升降电梯的集中布置区域，中庭设计应协调平面和垂直动线，尽量保证中庭空间的完整性，避免不恰当的扶梯设置。

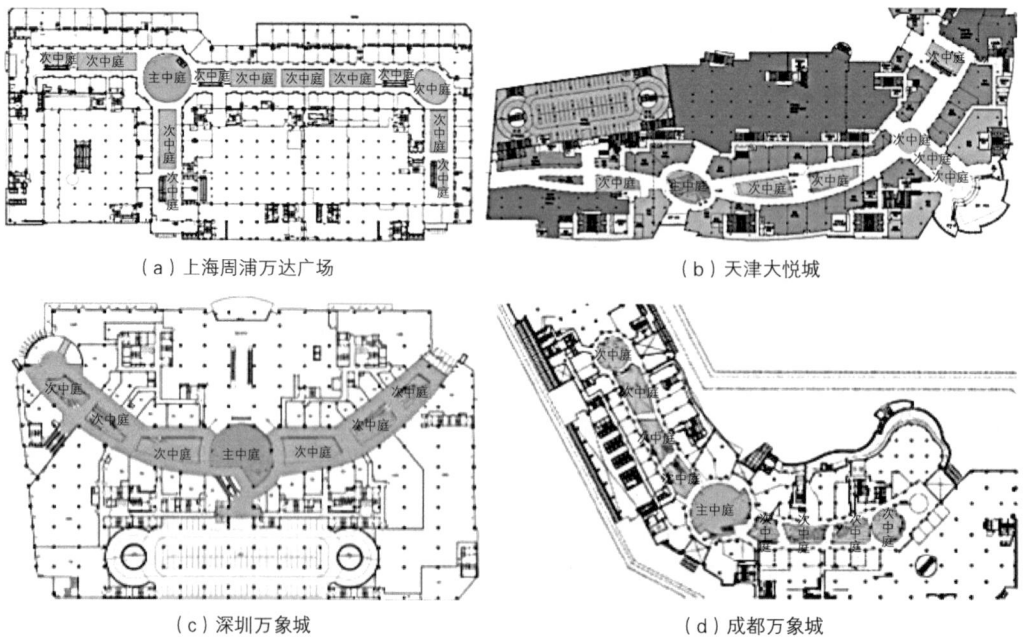

（a）上海周浦万达广场   （b）天津大悦城

（c）深圳万象城   （d）成都万象城

图4-30　不同形态的中庭空间

<table>
<tr><td>（a）北京太古颐堤港</td><td>（b）重庆协信星光时代广场</td></tr>
</table>

图4-31　中庭空间的尺度等级界限不明确的案例

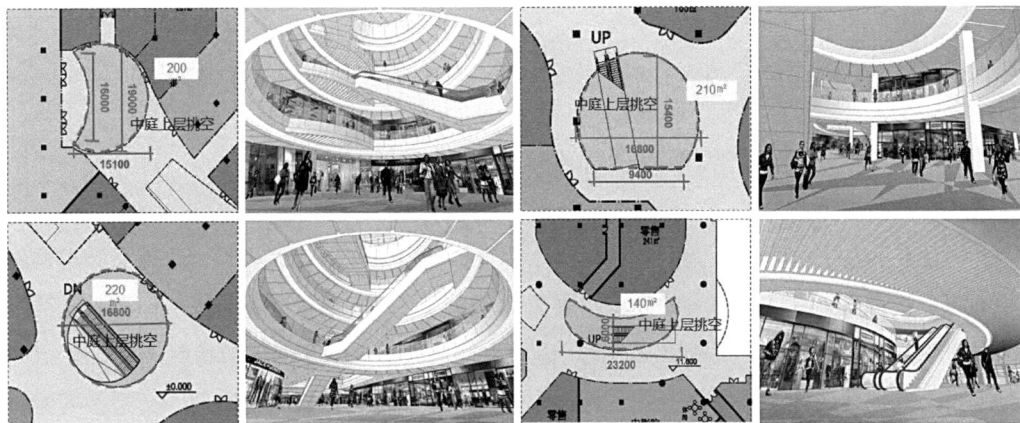

图4-32　某龙湖项目中庭尺度及自动扶梯示意图

对中庭空间尺度的把握，一般以600～1000m²为宜，中庭的间距一般以80～100m为宜。其具体尺度又可以分为点状中庭和线状中庭的不同尺度。

（1）点状中庭：面积一般控制为600～1000m²，挑空部位跨度一般为30～50m。但随着商业模式的发展和商业定位的不同，点状中庭的尺度也变得更大，通常还结合了中庭中的自动扶梯系统，采用多种跨层扶梯组合，不仅可满足不同客流需求，同时也丰富了空间（图4-32）。如深圳万象城的圆形点状主中庭直径约为30m，面积约为600m²，中庭周围走廊尺度为4.5～6.4m。

（2）线状中庭：面积一般控制为250～300m²，挑空部位宽度为9～11m，两侧走廊宽度不小于4m，便于四股人流顺畅同行。如杭州万象城一处中庭横向宽度为9～10m，面积250m²，过廊宽度为4.5～5m。线状中庭的垂直交通一般以自动扶梯为主，多布置在动线明显的区域，平行于主动线，导向性明确。

随着商业综合体的体验性的发展，室内外空间结合的趋势也越来越明显，主动线由窄变宽、由简单到复杂。因此，中庭空间的设计也越来越重要。图4-33是一些中庭的尺度总结。

	万象城系列	印象城系列
点状中庭面积	600～1000m²	300～500m²
点状中庭挑空跨度	30～50m	10～20m
线状中庭面积	250～300m²	100～200m²
线状中庭两侧走廊宽度	不少于4m	不少于4m
线状中庭挑空跨度	9～11m	9～15m

宁波江北万达广场点状中庭
直径24m×30m
面积约567m²

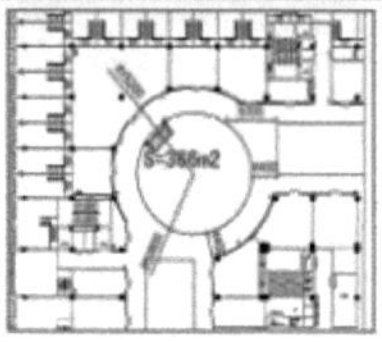

宁波江北万达广场点状中庭
直径21m
面积约366m²

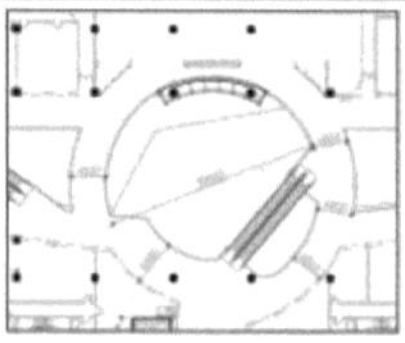

深圳万象城点状中庭
直径30m
面积约600m²

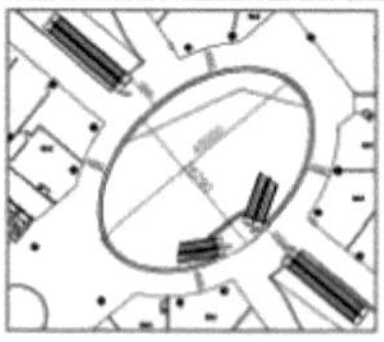

杭州万象城点状中庭
直径40m×26m
面积约850m²

苏州印象城点状中庭
直径24m
面积约486m²

图4-33　中庭尺度总结

4.2.4　多元素综合的垂直动线设计

通常在购物中心中，人流的水平移动比垂直移动更便于聚集和引导，这就意味着购物中心每一层都必须具备足够大的面积，层数也不能太多，越高处人流越少。但在寸土寸金的城市中心，土地就是稀缺资源。因此，垂直方向的人流拉动变得越来越重要。

过去的动线设计多采用强迫式，例如在通过自动扶梯进行层间移动时，会迫使客流走出很远的路，经历更多的商铺，才能到达下一个扶梯。随着体验式越来越成为商业综合体的趋势，其动线设计理念也逐渐变得更贴近消费心理。体验式动线，从迫使客流不得不经过更多的商铺变为在逛的时候不知不觉地经历更多的商铺。

例如自动扶梯的摆放，过去仅仅承载客流层间流动，现在变为既时尚又美观的便利性设施（图4-34）。为了照顾消费者的心理感受，扶梯间的距离明显缩小，跨度却在增大，"天梯"甚至可以直接从一层上升到顶层，消费者的选择因此变得更多。

对于一些较长的单层动线，体验式为了防止乏味和疲劳感，每隔一定距离设置DP点（Display Point）和小型景观，同时通过设置一些水吧、轻食站、甜品站等服务设施增加逛街的乐趣和体验感（图4-35），如香港朗豪坊的体验性垂直动线。

1. 喷淋效应与跨层梯

对于楼层高的垂直型商业空间，如何带动客流到顶层去，是垂直动线需要解决的首要问题。

由于楼层高，层层向上的传统动线设计，会导致客流上不去，顶层租金偏低。针对此问题，体验式动线将业态布局与动线设计结合，利用喷淋效应，改善顾客购物体验。首先，将一些聚客能力强的商户放在高层，如电影院、餐饮等。然后，通过快速直达电梯、跨层扶梯等，将客流迅速带到顶层，例如从地下停车场直达目的消费区等。

图4-34 特殊的自动扶梯——上海新世界名品城中庭的弧形自动扶梯

（a）旋转台阶及坡道　　　　　　　　　　　　　（b）彩虹梯

图4-35 楼梯的各种趣味设计

目前，一些成熟的商业综合体除了在某一个固定的区域设置美食广场之外，还同时在多个楼层设置饮食、休闲的场所。一方面，餐饮及娱乐对人流量的带动作用是非常大的；从功能分区上来说，也是一种更细致、更人性化的安排。

跨层梯（图4-36～图4-38）可以让顾客"一步到位"。下行方向甚至可以不设跨层梯，等目的性消费满足后，再慢慢逛下去。通过控制下行客流流速，增加非目的性消费的机会。

再如在北京APM的扶梯改造升级中，配合六层客流量非常大的电影院和餐饮空间，增加了一层到三层、三层到六层的跨层梯。

图4-36 朗豪坊跨层梯

图4-37 朗豪坊入口中庭的跨层梯实景图

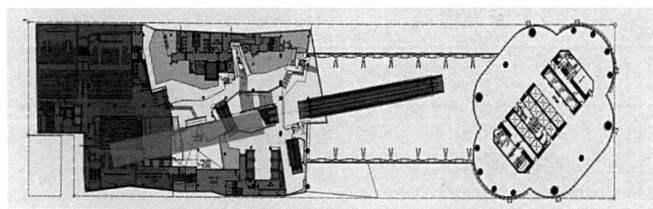

八层平面

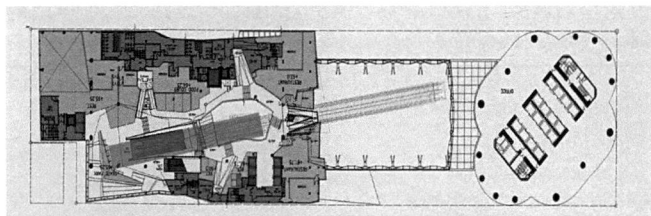

十二层平面

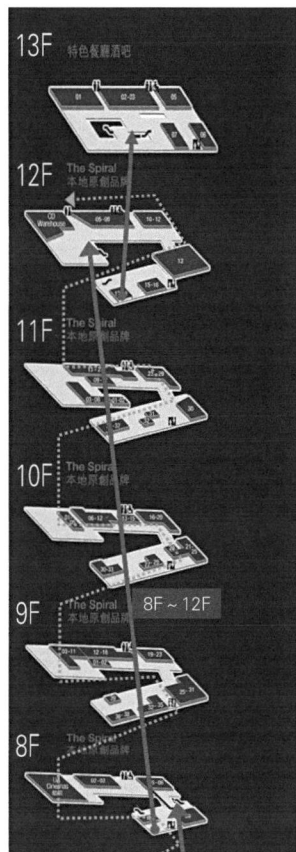

图4-38 朗豪坊的跨层天梯及下行的坡道动线示意图

　　立体化的动线系统加强了对位空间的联系，增强了整个区域的可见性和可达性；通过不同标高的动线系统错位叠加，加强人与人视线的碰撞，从而增强空间的形态活力，营造出独特的空间氛围。

　　2. 多首层概念普及

　　多首层事实上是一种复合型的人流推动结构，例如地下一层或二层与多样性交通，特别是与公共交通（如地铁入口）直接相连。这些可抵达性强的非首层，由于人气比较旺，目的性客流比较多，能够很好地带动周边楼层客流和提升租金收益，形成了事实上的多个首层。

　　如香港的太古广场，位于金钟地铁站上，是商业、购物、娱乐、文化荟萃之地。整个项目包括四层的购物商场、3座甲级写字楼、2座酒店式公寓、1座会议中心及3座五星级酒店。从人流推进结构来说，太古广场拥有三个层面的人流推进系统，同时向多个楼层直接导入客流（表4-9）。地铁口直接与较高楼层相连，使各楼层都感觉像在地面，从而提高了各楼层租金的收益水平。

太古广场人流推进结构 表4-9

人流	人流推进结构
地下层的人流	太古广场地下层与地铁相连，停车场设在地下室，地铁的客流和开私家车的客流从地下进入商场，然后坐观光电梯直达第三层
地面层的人流	太古广场由于邻近巴士站，乘坐巴士的客流从地面进入商场
四楼的人流	考虑到四楼有酒店和写字楼，太古广场修建了一条车行道直通四楼，并设置了候车区。由于四楼基本为开私家车的顾客，消费水平高，消费能力强，于是四楼也拥有了稳定的进入商场的人流

在这里，地铁出来的地下一层可以作为首层；人步行进入的第一层可以作为首层；停车库出来的三层也可以当作不同客户人群的首层；出租车落客站的四层也可以作为客户到达的首层（图4-39）。

3. 多样化的中庭设计

多样化而立体的中庭空间可以形成特色、丰富空间、提升形象，使人流有明确的方位感，从而拉动消费人流，提升各商业楼层价值。因此，在设计中应注重中庭的独特性，使中庭在造型、尺度、功能上产生差异。

如香港的Mega Box，其中庭沿竖向呈南北匀称分布并与边庭的形式相结合（图4-40），有效解决了"上下贯通"

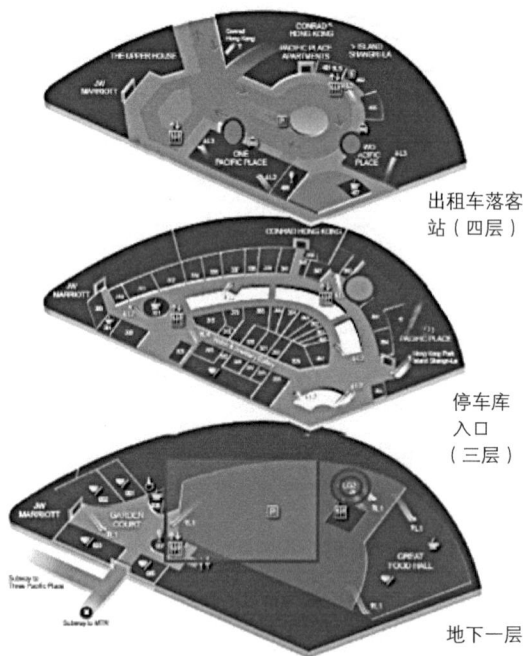

出租车落客站（四层）

停车库入口（三层）

地下一层

图4-39 香港太古广场的多首层平面示意图

式的传统中庭在高层商业中所造成的空间压抑及各楼层采光不匀的问题，还可以最大限度地将外部空间引入室内，一改大多数购物中心封闭、沉闷的固有印象，给人们带来了新奇的购物体验。另一方面，中庭靠边可让出另一侧较大的空间设置大型店铺，满足了不同业种商业对于营业空间灵活性的要求。

4. 多元素综合的垂直动线设计

在体验式动线设计中要注意多种手段与元素的综合。香港的希慎广场（Hysan Place）就是一个突破不利局面、利用体验式理念、综合利用业态布局及垂直动线设计元素的优秀例子（图4-41）。

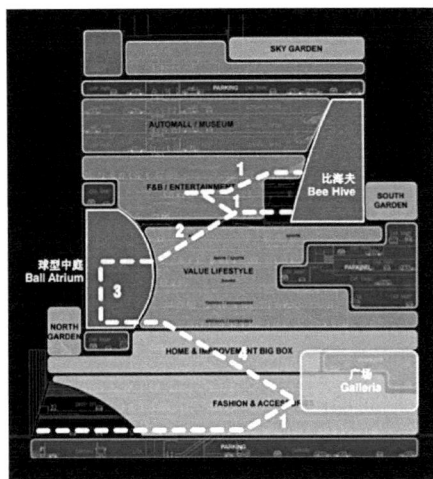

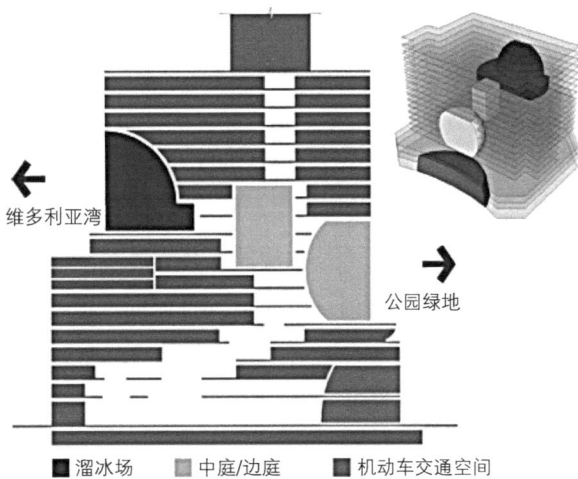

图4-40 香港Mega Box的多样化中庭布置

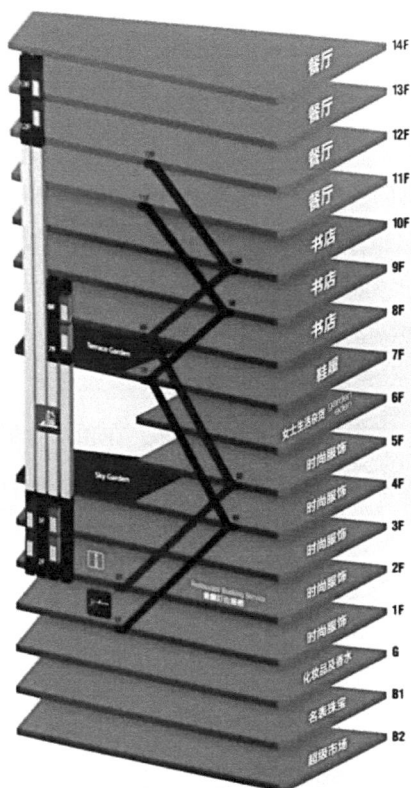

维多利亚湾

公园绿地

■ 溜冰场　■ 中庭/边庭　■ 机动车交通空间

图4-41 希慎广场多元综合的垂直动线设计

希慎广场于2012年8月开幕，单层面积不足2400m²，却高达17层。面对如此"立体"的垂直空间，一些常规的动线设计手法已经失去作用。设计另辟蹊径，其经验就是实现整体上中下三部分的连通，将各垂直动线与业态联系综合布局。

（1）地下业态与公共交通的联动

希慎广场地下共有两层。两大客流引擎布局在地下，联系港铁，导入人流。

希慎广场B2层不是常规的百货和超级市场，而是"牛奶公司"旗下的为顾客带来崭新美食购物体验的Jasons·Food & Living，这也是铜锣湾首家结合美食与品位的全新精品超市。而B1层直通港铁铜锣湾站F2出口，全层为DFS集团开设的全新大型一站式购物专门店——T广场（T Galleria）。T广场贯通B1层和地面层，地面层的T广场还提供免费的修眉、手部按摩、化妆服务以及美颜实验室。

（2）中段特色女性定位，结合开敞公共空间，引导客流上升

中段从地面到空中布局，引导客流上升，布局了苹果旗舰店、空中花园与女性主力店三大功能空间。首先，全港最大的苹果旗舰店从一层延伸至地下。其次，在四～七层打造了纵贯3层楼的开敞的空中花园。中段的"空"突破了"立体"购物中心的空间限制，形成了开放的公共平台，在吸引消费者前往憩息和观赏铜锣湾繁华街景的同时，也无形地拉动了垂直上升的客流。最后，依靠特色的女性定位，培养了一批忠实粉丝。

（3）高层业态喷淋效应，主打美食及文化牌

美食与文化在顶层形成必到点，拉动客流。希慎广场引进了台湾地区本土以外的第一家诚品书店。诚品书店总共3层，占据了八～十层，也是希慎广场面积最大的绝对主力店。而十一～十四层则是希慎广场的美食广场和餐厅，同时这部分也是将购物中心与写字楼连接起来的核心区域。向下对购物中心客流形成绝对提升，向上则服务于顶层写字楼的商务人士。

希慎广场在根部形成了一个强壮的城市客流吸纳，在中段进行特色引导，在顶层也形成了意义丰富的目的地，既是一个多元综合的垂直动线设计，也为购物中心的规划和运营提供了全新的模式。

5 商业地产的业态规划与品牌落位

关键词：定位先行

商业的业态规划是商业地产项目开发流程中的重要环节。业态组合科学合理，可使商业地产营销增加靓丽的卖点，有力促进商业地产的销售。

品牌落位是执行层面的事情，指在符合项目整体定位的前提下，按照各楼层业态规划，将合适的品牌，按照合适的面积，落在合适的位置。

业态规划首先要明确的是所在项目的定位，一切业态规划乃至后期的品牌落位，无不是为了落实前期定位的合理性。如果将项目比作一个人，定位塑其灵魂，业态成其精气，品牌则赋予项目看得见的血肉。

5.1 商业地产的业态规划

购物中心业态规划，简单来讲，是指在符合项目定位的前提下，为满足目标消费者的消费需求，合理引进商业业态，对购物中心各功能分区和各楼层所进行的业态布局。购物中心业态规划应遵循三个原则，即：明确定位，功能完整性，业态相关。

5.1.1 定位先行，业态相关

无规划，不招商。业态规划是前期工作的主要内容，上承市场定位，以市场定位为基准进行组合规划；下启空间布局与动线规划，业态组合的种类、比例和落位布局将直接影响到项目的动线及效益（图5-1）。

业态规划开始前，首先要明确项目定位。如果没有前期的定位和规划，缺乏明确的主题和品牌形象，招商势必杂乱无序。完成项目定位就可以明确项目的经营特色和经营理念，从而明确项目的目标客户群、项目招商品牌的档次要求及业态要求。

项目定位重点包括目标消费群定位和业态定位。业态定位，包括业态占比、业态落位、业种品类及分布，但它取决于客群定位（图5-2）。

定位明确后，需要围绕定位进行业态规划。在业态规划的商家组合方面有以下四个原

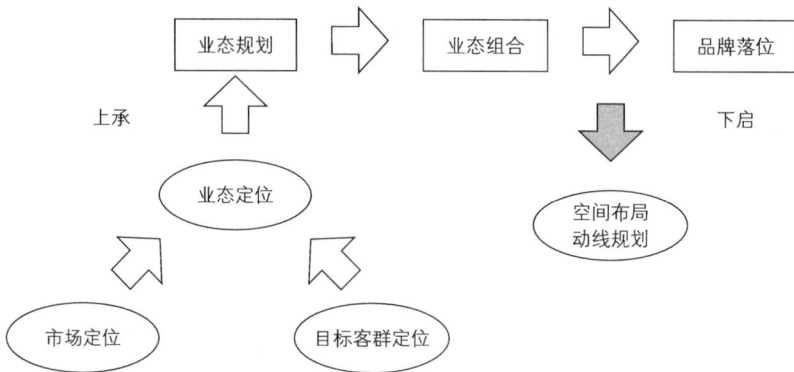

图5-1 业态规划、业态组合、品牌落位之间的关系

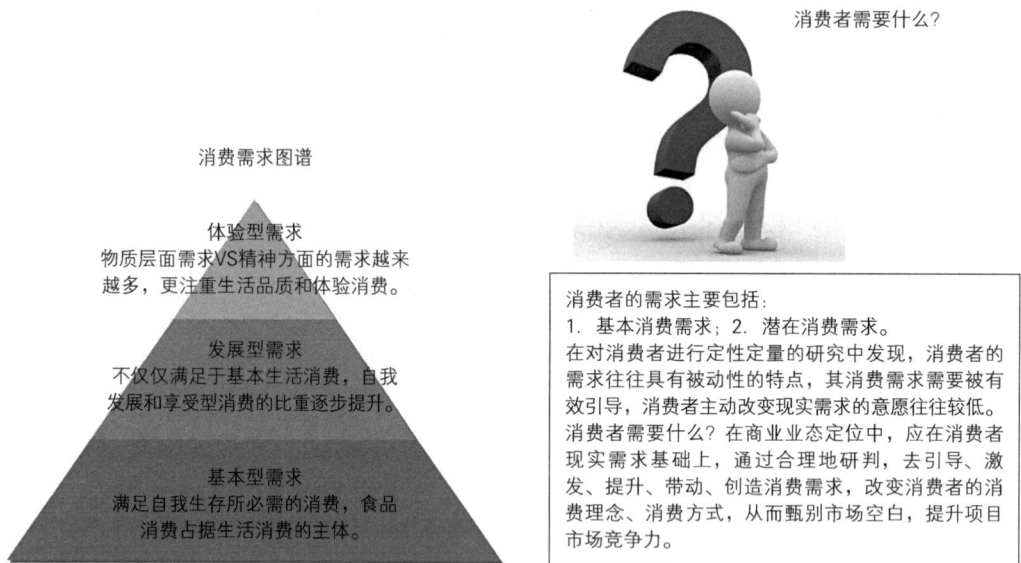

消费者需要什么？

消费者的需求主要包括：
1. 基本消费需求；2. 潜在消费需求。
在对消费者进行定性定量的研究中发现，消费者的需求往往具有被动性的特点，其消费需求需要被有效引导，消费者主动改变现实需求的意愿往往较低。消费者需要什么？在商业业态定位中，应在消费者现实需求基础上，通过合理地研判，去引导、激发、提升、带动、创造消费需求，改变消费者的消费理念、消费方式，从而甄别市场空白，提升项目市场竞争力。

图5-2 消费者的需求是业态定位的依据

则：①经营种类的相似性；②经营种类的互补性；③同类商品价格的相近与差异；④主流商品定位的明确性。

5.1.2 业态组合、空间布局的整合

业态组合是前期工作的主要内容，上承市场定位，以市场定位为基准进行组合规划，下启空间布局与动线规划，业态组合的种类、比例和落位布局将直接影响项目的动线

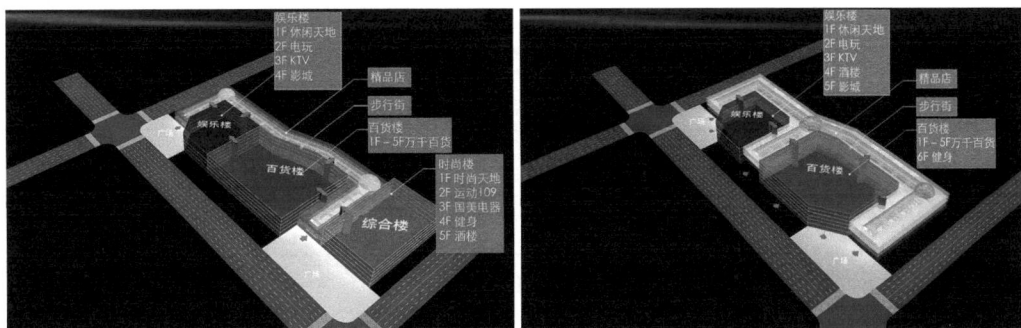

图5-3　非城市核心区（左）及城市核心区（右）的万达广场业态（2013年业态统计）布局对比图

及效益。

　　一个合格的商业业态分布是要有各自明确的功能特征却又互融成为一个相互依存、相互助益的整体。业态组合主要涉及业态的选择、业态的配比比例和业态的落位与布局三个方面的问题。

　　商业综合体就是将商业、办公、居住、旅店、展览、餐饮、会议、文娱和交通等多种城市生活空间进行组合，并在各部分间建立一种相互依存、相互助益的能动关系，从而形成一个多功能、高效率的综合体。

　　1. 符合定位要求的业态选择

　　综合体究竟应该承载哪些功能、涵盖哪些业态，应结合项目特征、定位以及项目所处商圈的具体情况，把握差异化竞争策略。

　　如城市CBD一般以写字楼、酒店、服务式公寓的开发为主，零售只作为配套服务功能，主要客群针对高端的商务、企业职员等；在传统的购物街区，零售所占的比重往往超过商务类需求，其针对客群面往往较广；在城市新兴区域，除一定的商务类需求外，生活类、社区型的商业元素往往较受欢迎，以项目周边3～5km内的城市消费人群为主（图5-3）。

　　以项目定位为主，从规划设计阶段就要充分考虑其商业属性，确定经营模式、服务对象，再按经营业态和服务功能需求进行建筑规划与设计。在此基础上，合理控制和规划项目各零售业态营业面积的比例，确定各业态的占比及每一业态中具体每个业种数量的多少以及相互的比例关系。

　　以北京华润五彩城为例，根据市场定位，基于目标消费人群基本为年轻家庭、高学历和高收入的新移民群体，同时考虑到家庭消费中超市卖场、儿童体验消费等业态的绝对销售半径，在实际规划的业态与功能组合上，五彩城倾向于以最便利的方式，一应俱全地满足全家人生活的全方位需求（表5-1）。

五彩城项目的儿童业态商业经营逻辑及价值分析　　　　　　　　表5-1

业种	业种细分	品牌示例	客流贡献	店铺面积（m²）	租金相关		经营情况
					租金模式	租期（年）	盈利模式（成本、利润分析）
儿童	儿童服饰	Nike kids	年轻夫妇	50～100	扣点	1～3	—
		Me & City		50～70	扣点	3	
		巴拉巴拉		80以上	底租	3	
	母婴产品	mamabkoo	年轻夫妇	80～130	底租/扣点	3	—
		妈妈好孩子		500	扣点	5	奶粉毛利率极低
	儿童玩具	芭比玩具	年轻夫妇	20～80	扣点	1～3	—
	儿童体验培训	番茄苗	年轻夫妇	200	底租/扣点	5年起	—

需要注意的是，在五彩城定位开始时，所在的区域商业发展几乎为空白，所以，针对五彩城调研得出的消费需求和业态组合几乎代表了一个区域商业中心最全面的形态，包括区域内最大的生活卖场、最大的五星级影院、最大的专业真冰冰场、最全的餐饮品牌、最大的儿童娱乐城、最时尚的零售卖场，打造成区域内规模最大、业态最全、最时尚、最具吸引力的家庭娱乐购物中心。

2. 合理业态配比，提高聚客能力

业态配比指的是业态和面积的配比规划。不同的业态对于商业综合体的运营起到的支撑作用也是不同的。业态的选择和配比首先要以客流的聚集为目的和导向。

在组合规划上，要针对店面的聚客力进行合理布置。聚客力强的品牌对购物中心的贡献，不仅仅局限于单店经营业绩好，更重要的是它们会吸引周边商业的人流，形成整体良好的经营效果。所以在组合规划上要充分考虑不同业种的聚客能力，使各业种之间形成良性的互补。

如位于城市中心区的综合体中，购物中心、写字楼、酒店、公寓等业态的比例应相对比较均衡，同时，购物、餐饮、休闲娱乐等功能业态应相对突出；而郊区型商业综合体中，住宅和购物比重较大；在一些土地充裕的郊区型综合体中，娱乐体验类消费业态更加丰富，主题性消费更强；而社区型项目，通常目的性消费的零售类业态较多。

关于综合体项目各功能间的比例，不同的项目，其具体情况不同，很难确定一种或者几种通用的最佳比例。其中购物中心的商业业态按照对项目的运营作用的不同，一般可以简单分为以下三种（表5-2）：

商业业态对运营的三种不同作用　　　　　　　　　　表5-2

业态类型	聚人气业态	亮点特色业态	租金提升业态
特点	发展成熟且受欢迎	稀缺且吸引关注	运营相对稳定且具有支撑性
作用	快速提升项目的人气度	迅速提高知名度和领导力	保证项目运营发展的资金
项目内容	卖场、百货、影院、特色主题餐饮、KTV和动漫城等	日系潮品、快时尚、运动城、儿童中心	国内潮品品牌、品牌专卖店生活服务和公共事业等

以北京华润五彩城为例。为贯彻Living Mall理念，华润五彩城整合多种资源，将沃尔玛、真冰冰场、五星级CGV影院和史努比（Snoopy）儿童乐园作为主力店，辅以精品购物、休闲运动、餐饮娱乐等丰富业态，以满足周边人群消费的多样化需求（图5-4）。

对于购物中心来说，娱乐业态一般用来增加体验性，而百货一般为了提高顾客忠诚度，提升客流。但是，随着体验式消费的出现和发展，出现了购物中心客流反哺主力百货的现象。因此，很多购物中心开始与其主力百货解约，这种现象被业内称为"购物中心的去百货化"（图5-5）。

然而，可以确定的是，如果购物中心不能通过百货店得到差异化和独特性，不能聚拢人气、形成话题，购物中心"去百货化"将是不可避免的趋势。

3. 合理品类规划，考虑业态的丰富性

同一品类不能重复出现，避免内部销售分流，降低坪效，同时也有利于项目特色经营业态的创建和保持。如果同一品类功能是互补的，那么，可以重复出现。比如大型仓储式超市和快捷式便利店通常能够很好地共存，这类便利店通常放在Mall外街或邻近入口处，其营业时间和灵活的经营方式通常能与大卖场互补。

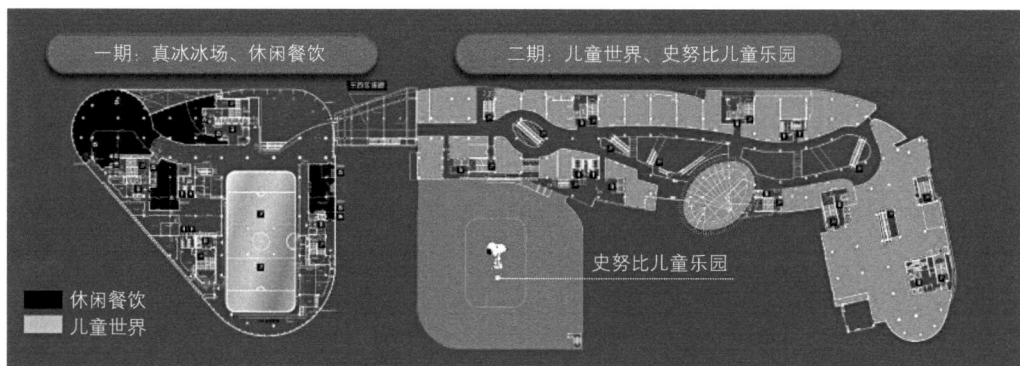

图5-4　北京华润五彩城业态分布
在业态业种规划和组合上，如一期主力店真冰冰场，同时搭配家庭类、休闲类餐饮店铺，二期的史努比乐园+精选儿童类业态，通过儿童与家庭的紧密联系，强化顾客忠诚度。

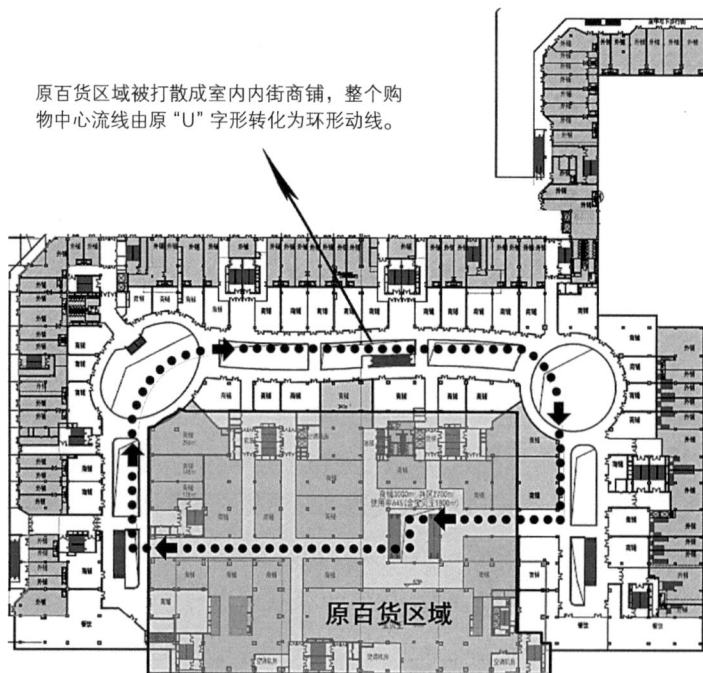

原百货区域被打散成室内内街商铺，整个购物中心流线由原"U"字形转化为环形动线。

图5-5 某万达广场原有大型百货进行"去百货化"后的改造平面示意（二层平面图）
百货店等主力店与专卖店的结构有很大不同。百货店为商场岛式布局，只有有限的场内共享空间；专卖店设计多为数条步行街或回廊式多层布局，其共享空间不仅要通过各业态聚集和互动，更要扩展到周边环境。如果改变百货店建筑结构，重新设计成回廊式结构，其代价是不可想象的。

针对不同楼层、不同区域、不同品类，执行由整体到局部、由主到次的品类规划。品类规划要点：在明确整体定位的前提下，各楼层需明确主题；冷区及热区如何衔接，人流如何互动；品类搭配需满足消费习惯。

丰富的品类规划，有利于实现快速旺场，引领并改变当地的消费观念和生活方式，同时能带来整体租金收益的稳定增长。如在购物中心规划儿童主题类业态，就要保证品类尽量丰富。儿童零售类的集合店、童装、童玩、童鞋、童车、食品等尽量做到丰富、全面。其中，儿童体验类的游乐、早教培训、艺术、运动等还可以有效增强整个购物中心的体验感（表5-3）。

儿童业态品类细分　　　　　　　　　　　　　　　　　　表5-3

业态	品类	细分品类	代表品牌
儿童	儿童体验	儿童游乐（幼童游乐园、大童游艺中心、主题乐园）	爱乐游、汤姆熊
		儿童职业体验馆	星期八小镇
		早教	东方爱婴
		英语培训	迪士尼英语

续表

业态	品类	细分品类	代表品牌
儿童	儿童体验	艺术（音乐、舞蹈、绘画、书法、棋艺）	柏斯琴行
		运动（真冰、滑轮、武术）	世纪星
		儿童主题餐厅	Hello Kitty
		儿童SPA、游泳	贝凯雅国际母婴SPA护理中心
		儿童摄影	西瓜庄园
	儿童零售	儿童类商品集合店	宝大祥、孩子王
		童装	巴拉巴拉、史努比
		童鞋	ABC、米奇
		玩具	反斗城、乐高
		食品	多美滋、雅培
		婴童日用品	贝亲、花王
		车床椅	好孩子、康贝

5.1.3　业态的落位和布局

业态组合的落位和布局与动线设计息息相关。对不同的业态进行有效的划分与组合，可以确保客流动线流畅，关系到项目定位的实现、客流的共享，从而影响项目的经营收益。

在这个环节中，功能组合及分区设计是最重要的设计内容。其空间布局要以市场定位为依据，从商业模块的概念、动线和销售支持区域三个阶段逐步展开。所涉及的影响因子包括：物业条件假设、商业概念确定（业态面积占比、目标客群的定位）、业态特性的多维度分析、租户物业需求访谈、人流动线设计（类型及设计参数）、中庭设计、物流和消防设计、配套设施和销售支持设计等。

一个具有影响力的商业项目，倘若各种业态纷杂分布，势必会影响区域内整体形象和商业功能的发挥。因此必须进行业态合理分区，使项目成为有机、有序的整体。业态组合与空间布局的基本原则如下：

1. 根据购物目的性进行合理分区

在业态分布上，常按照消费者的购物目的进行分布。对于诱导性商品、季节性商品、时尚类商品的业态类型，适宜分布在较低的楼层，通过商品的展示达到吸引消费者购买的目的；而对于目的性较强的业态类型，适宜分布在较高楼层，一般而言，办公用品、家用电器、娱乐等适宜分布在较高楼层。把经营相同类型商品的商家统一设置，既能发挥业态的聚集效应，又能方便消费者选购不同档次、不同样式的产品，从而达到"1+1>2"的效果（图5-6）。

业态功能总体比例配置表

项目	店铺数	面积（m²）	所占比例
百货	1	15955.18	25.6%
次主力店	8	4532.29	7.3%
零售	98	15398.84	24.7%
餐饮	19	12442.02	20.0%
影院	1	11874.22	19.1%
溜冰场	1	2084.29	3.3%
合计	128	62286.84	100%

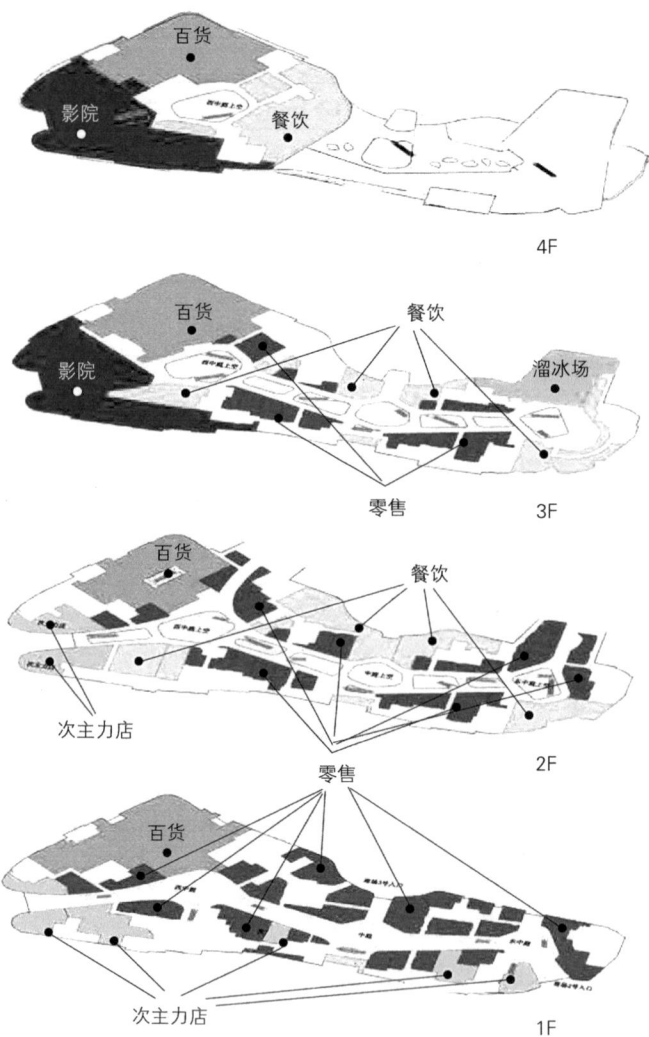

（a）业态的各层平面

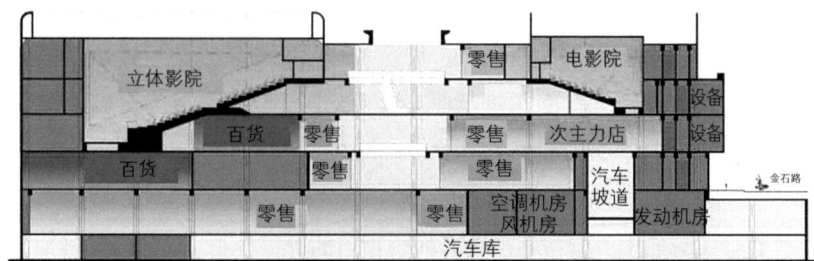

（b）业态功能竖向分布示意

图5-6 无锡万象城项目业态布置示意图

整个购物中心地上4层，一层以零售、次主力店和百货的业态为主，次主力店一般布置在一层靠近主要出入口的位置并可以对外直接开门，百货贯通一到四层，内部形成自己的竖向交通系统。二层以上在业态功能中会配置大量的餐饮。三到四层布置影院、溜冰场等娱乐休闲设施。

2. 功能协同，考虑业态的功能互补性

业态的落位与布局要充分体现项目的市场定位，首先要保持业态布局的目标客群的一致性。

保持目标客群的一致性，主要基于特定目标客群的消费需求有比较强的系统性，如CBD、传统购物街区、城市新兴区域。综合体面对的受众群体和需求往往大相径庭，要保持城市综合体整体定位的一致性，就需要综合体中各物业品种在档次、内容的选择和梳理上保持定位相对一致。商业综合体可以根据不同客群的消费特征在购物中心内建立不同的消费主题区域，在不同的消费主题区根据客群的需求组合各功能业态。在进行业态规划时要充分考虑不同业种的聚客能力，使各业种之间形成良性的互补（图5-7）。

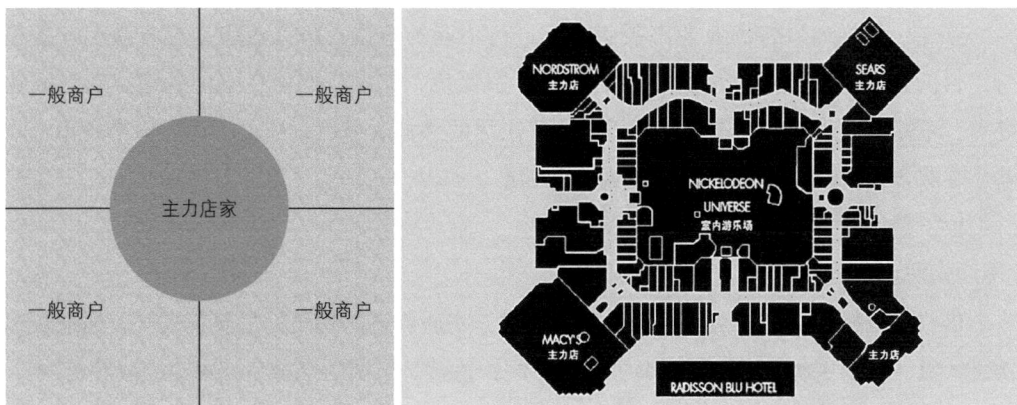

（a）主力店设置在中央
主力店设置在中央，形成平面的商业核心。利用主力店核心聚客作用，不仅促进了一般承租商户的经营，也促进了主力商家的经营，使商业元素之间实现良好的整体互动。

（b）某购物中心中庭布局
中心为Nickelodeon Universe主题乐园，周边区域及各楼层则有水族馆、高尔夫球场及电影院等商业娱乐设施，周围业态相辅相成，娱乐主题带动购物中心内主题商店、主题餐饮、运动酒吧等类零售及餐饮业态的消费。

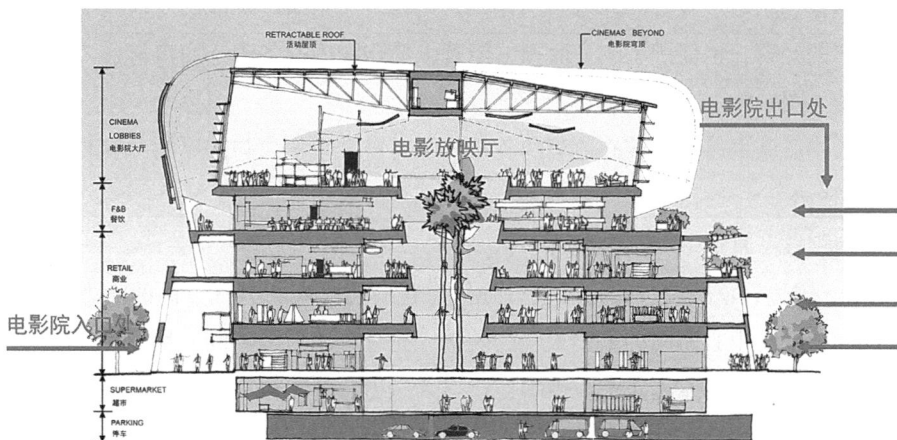

（c）顶楼设置特色化
顶楼设美食广场、大型电视屏幕、电影院、娱乐项目（玩具反斗城、溜冰场、冒险乐园、儿童乐园等）。

图5-7 根据不同业种的聚客能力，使各业种之间形成良性互补的各种情况

此外，业态之间的功能互补还必须考虑人流的拉动。科学的动线设计能够最大限度地吸引人流，避免由于区域死角所带来的物业价值的贬损，使商铺价值达到最大化，如主力店的位置摆放。如果将其设在入口附近，将影响后边的人流到达率；但将主力店放置在商场的中后端，在人流的影响下会极大地拉动前边商铺的价值。

5.1.4 业态组合与空间布局优化的常用手法

商业价值最大化是不同类型的物业进行空间布局的原则，但在进行总体布局时，也应综合考虑不同功能空间的性质、数量及交通、用地等因素，以实现系统功能的最优化。

当业态组合确定后，如何合理优化商业布局？一般而言，从以下三个方面考虑：

首先，怎样通过各商业业态吸引人气进行不同的落位，将人流引导至各楼层、各角落，目的是使商业综合体中所有的商铺都不留死角。其次，如何在不同的地点布置商业亮点，不断刺激消费者"逛"的欲望和意犹未尽的感觉。最后，还要考虑如何平衡租金收益，在综合体盘活的情况下使租金收益最大化。

以下是商业布局中常用的一些操作手法。

1. "金角、银边、草肚皮"原则

借鉴自围棋术语，从交通位置的角度来讲，交通要道的拐角处最聚集人气，通道长边次之，纵深地带更次，相应的租金也有所不同，这就是所谓的"金角、银边、草肚皮"。

主力店由于租金基数较高，单平租金较低，设计一般将其位置设在"草肚皮"中。其基本的动线规划就是将主力店设置在购物中心中间，而一般承租户则围绕着主力店呈发散状分布。这种动线规划原则的精髓在于将主力店设置在中央地带，形成一个平面的商业核心，同时积极利用这个核心的人流吸引作用，达到人流聚集、发散的效果。不仅促进了一般承租商户的经营，也促进了主力商家的经营，使购物中心各中小商户与主力店之间实现良好的互动（图5-8）。

如怡景中心城中，位于核心地带的反斗乐园通过多个出口与四周的一般商铺实现了良好互动（图5-9）。

2. "扁担杠"原则（哑铃形布局）

"金角、银边、草肚皮"告诉我们，地段有优有劣，聚集人气方面的能力各不相同，但不同的商业业态也有不同的聚集人气的效果。充分利用这种不同，将人气高的主力店放在两侧，将人气稍差的专卖店放在中间，让出入主力店的人流先经过长长的店铺通道，将店铺带旺，提升专卖店的租金价值。这时，出入两侧主力店的人流就像一根"扁担"，把中间的专卖店的价值扛了起来。

当商业综合体或购物中心的地块区域的形状为长方形时，将主力店设置于购物中心的

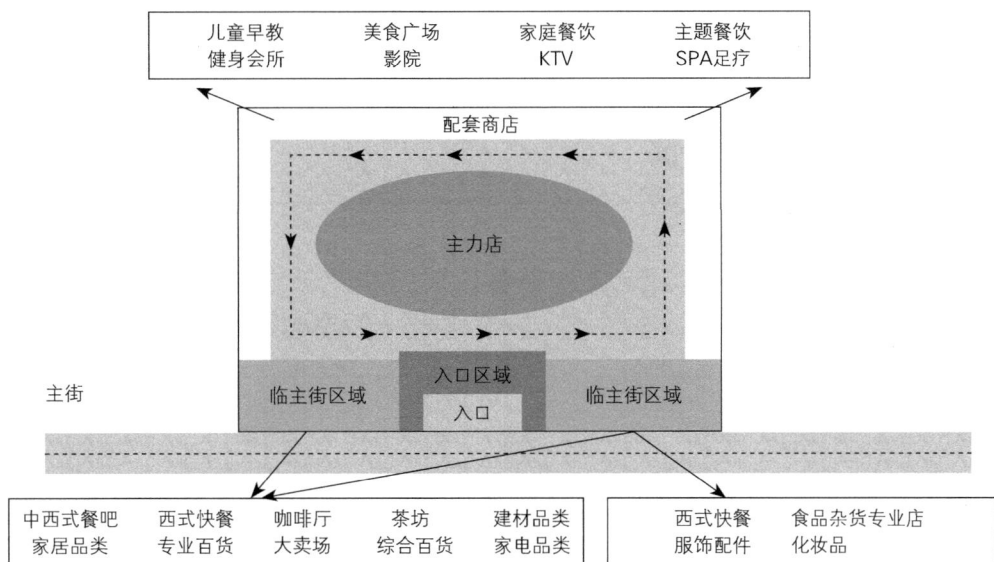

| 儿童早教 | 美食广场 | 家庭餐饮 | 主题餐饮 |
| 健身会所 | 影院 | KTV | SPA足疗 |

配套商店

主力店

入口区域

入口

主街

临主街区域

临主街区域

| 中西式餐吧 | 西式快餐 | 咖啡厅 | 茶坊 | 建材品类 |
| 家居品类 | 专业百货 | 大卖场 | 综合百货 | 家电品类 |

| 西式快餐 | 食品杂货专业店 |
| 服饰配件 | 化妆品 |

图5-8 "全角、银边、草肚皮"布局的平面特点

"全角、银边、草肚皮"布局基本的动线规划：将主力店设置在购物中心中间，而一般承租户则围绕着主力店呈发散状分布。

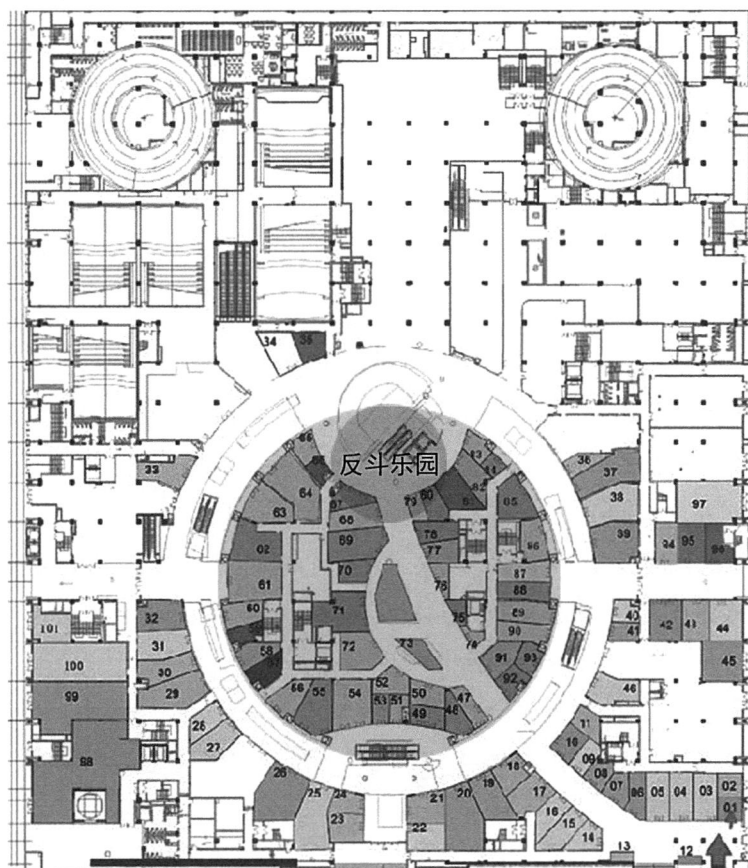

反斗乐园

图5-9 以反斗乐园为中心形成一个环岛式人流动线

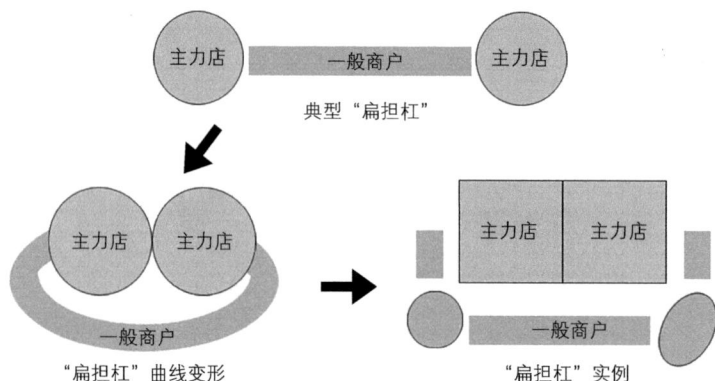

图5-10 "扁担杠"原理示意图

"扁担杠"的另一术语就是"哑铃形"布局，同时"扁担"可变形为曲线、折线等各种形态。特点是主动线清晰简单，并且"环环相扣"。其核心就是利用两个中庭的节点功能，促进机会均等的消费人流，主动线显然是夹在两个主力店之间的长街。

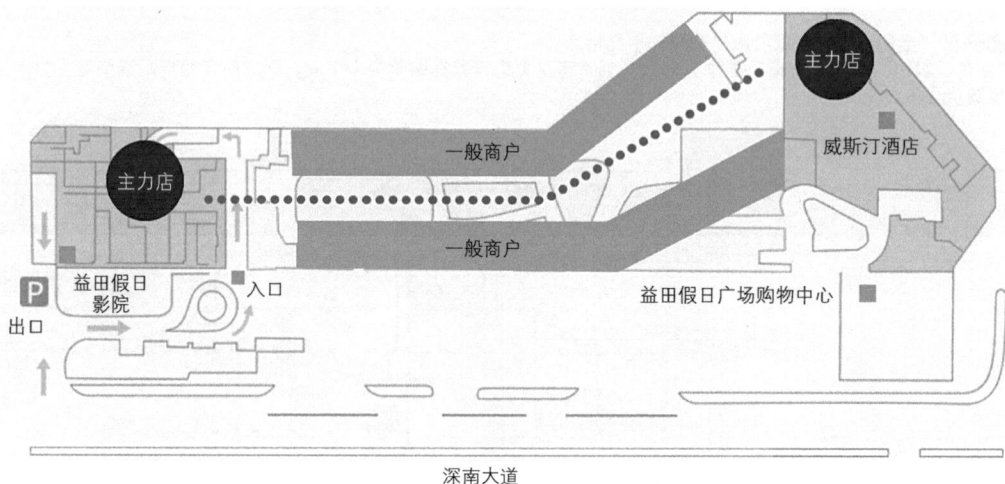

图5-11 "扁担杠"原则示例

在益田假日广场购物中心的平面当中，其两端分别是威斯汀酒店和益田假日影院，而一般的承租商户则分布于中间。这样，在两大主力店的拉动下，中间的一般承租户就能享受更多的人流，实现资源互动、人流共享的目的。

两端，将一般商户设置于购物中心的中部，相当于形成了两个磁石极点，这两个极点具有最强的吸引力，可以吸引人流在两极之间进行流动，从而覆盖了中间的中小店铺，并可实现人流共享（图5-10、图5-11）。

3. 楼层的"金银铜铁锡"原则

从楼层的角度来说，一楼最聚人气，二楼其次，楼层越高，可达性越差，因此也越难于聚集人气。因此，从租金收益的角度讲：一楼是金、二楼是银、三楼是铜、四楼是铁、五楼是锡。

详见北京某购物中心分层租金的示意表（表5-4）。

北京某购物中心分层租金 表5-4

楼层	单层建面（㎡）	业态定位	代表品牌	单店面积（㎡）	租金价格 [元/（月·㎡）]	扣率
B1	16667	时尚快餐、特色餐饮、快消服装	麦当劳、大食代、以纯、美邦	50 ~ 700	500 ~ 700	8% ~ 22%
F1	16667	时尚服装、饰品、鞋类、休闲餐饮、晨曦百货	ZARA、绫志、C & A、LOVE & LOVE、星巴克、百丽	40 ~ 3000	700 ~ 900	18% ~ 24%
F2	16667	时尚女装	TB2、欧时力、播、WANKO VEEKO	80 ~ 300	450 ~ 600	18% ~ 24%
F3	16667	时尚男装、家居、家电、餐饮	波司登、劲霸、LOCK & LOCK	20 ~ 1000	300 ~ 400	8% ~ 24%
F4	16667	运动城	李宁、匡威、耐克、阿迪达斯	100 ~ 600	200 ~ 350	18% ~ 24%
F5	16667	时尚餐饮、KTV	豆捞坊、汉拿山	60 ~ 1200	150 ~ 200	8% ~ 12%

注：因租金随着诸多因素有不可控调整，此份资料仅供参考。

4."提升机"原则

通过楼层的"金银铜铁锡"原理可以知道，楼层越高，人气越低。这时，在高的楼层布置一些吸引人气的商业业态，吸引消费者到达高楼层，这些商业业态就起到了人流提升的作用。如在高楼层位置设置一些目的性消费强的业态，如打折业态、娱乐业态等，通过垂直交通直接将人流提升起来。

在人流提升方面常用以下手法：

（1）多主力店原则：层层都有核心主力店，有的购物中心甚至每层有数个主力店。对于多层商业体来说，在每一层都设有主力店可以使每一层都具有核心引力，避免了由于某一层没有主力店而缺乏足够的吸引力，造成该层商铺的人流受到影响，人流可以较为均匀地到达该商业体的每一层。香港有的购物中心每一层都有数个主力店，通过多主力店的设置，使购物中心的人流拉动力达到最强，如又一城、海港城等购物中心，在某些楼层甚至有三家以上的主力店（图5-12）。

（2）顶层业态特色化，如将娱乐、电影、美食等特色项目置于高层甚至顶层，可以有效地引导人流往上走。如又一城和太古广场的电影院，就有意将电影院的入口设置在首层，而出口却设置在较高的楼层，这样，顾客在一次看电影的过程中，就会形成一条相对完整的人流动线，通过增加人的流动，增加购物中心商品的消费。大陆也常用这种手法，一般将院线大厅放在顶层，在底层留有一台垂直娱乐电梯来满足垂直人流的流动。

（3）停车场的多楼层设计。每层都设立通向停车场的直接通路，可给购物者出入提供

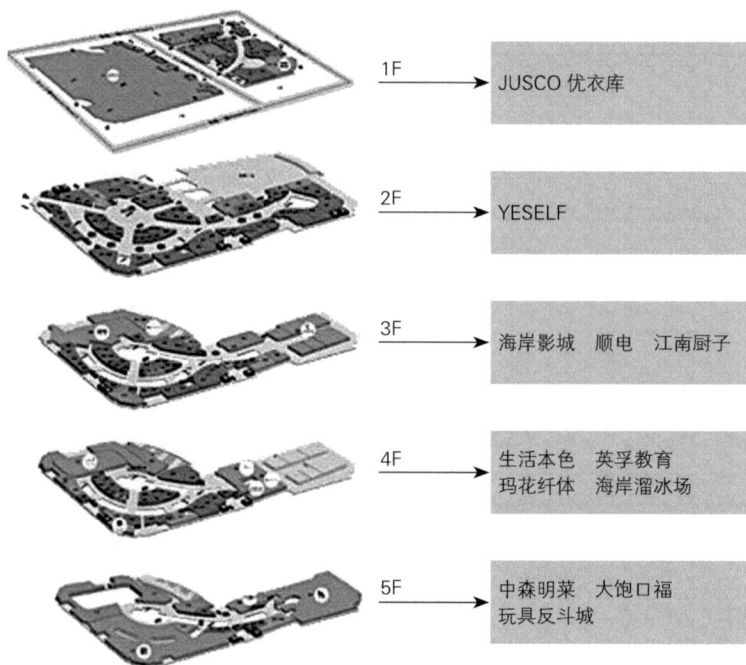

1F	→	JUSCO 优衣库
2F	→	YESELF
3F	→	海岸影城　顺电　江南厨子
4F	→	生活本色　英孚教育 玛花纤体　海岸溜冰场
5F	→	中森明菜　大饱口福 玩具反斗城

图5-12　香港又一城的主力店业态分布图

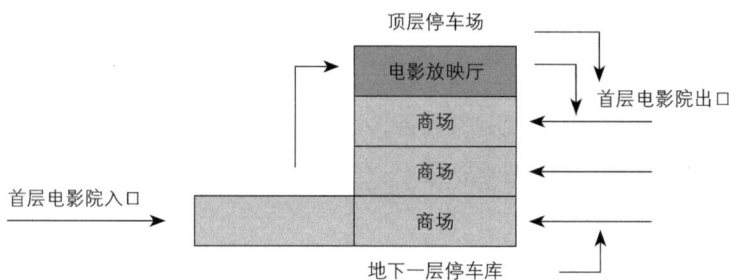

图5-13　多楼层停车场人流引导示意图

很大的方便。停车场进行多楼层布置，其目的不仅是在城市中心寸土寸金的地方创造更多的停车位，而且停车场多楼层设置的结果更便于人流引导，使购物中心人流的进入途径和分布更加合理。它打破了传统的人流交通组织模式，从地面开始对停车场进行多楼层设置，直接从停车场导入各消费楼层，创造"多首层"效应，来进行人流引导（图5-13）。

5. 商业布局的"通透性"和"可达性"原则

商业布局中，通道设置要通透，让顾客站在通道的一端可以看到远处另一端的商铺。沿中庭四周布置低柜，让消费者的视线可以通过中庭看到每个楼层的商铺。让顾客在通过中庭的自动扶梯到达每一个楼层的过程中可以清晰地看到远处的商铺标识。

"可达性"也是相对应的另一条重要原则。如商场的主入口一般不设置台阶，好的平面交通设置能使消费者沿着商家事先设计好的交通流线进行消费，使不处于"金角、银边"的商铺也能得到充足的客流。

图5-14 华润杭州万象城的中庭
上图：扶梯采用螺旋上升的方式，较好地解决了视线遮挡的问题。右下图：纵横交错的过廊（跨度约5m）设计缓解了至尽端动线过长的问题，形成小循环，增强购物便利性；自动扶梯接驳过廊，使水平动线与垂直动线形成有机组织，但是视线会略受阻隔。

共享空间的"连桥"及自动扶梯的设计很讲究，既要使顾客能看到对面和不同楼层的店铺店招，又要方便到达街对面的商铺（图5-14）。

6. 商业布局的"五三二"原则

综合体中的购物部分需要安排好各业态所占面积比例，每个业态都有不同的特征，承担不同的角色和功能。有侧重贡献租金的，有侧重吸引客流的，还有补充功能的。例如：主力店和餐饮吸引客流能力强，但租金贡献低；服装零售销售额高，但是属于人流消化型而非带动型；生活精品类能提高购物中心的丰富度和可逛性，但招商资源有限。如何合理布置不同业态，使商场整体效益达到最大化并形成动态的平衡，是业态布局最重要的课题（图5-15）。

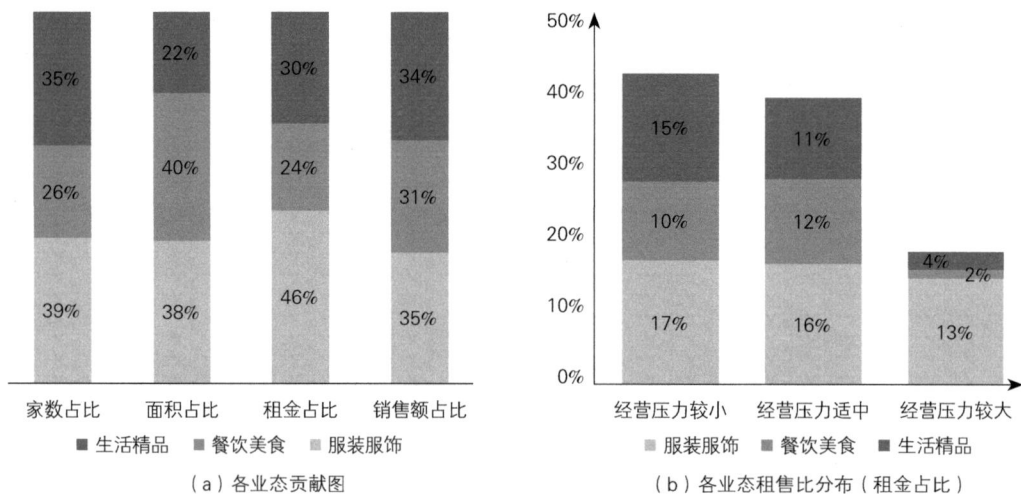

（a）各业态贡献图

（b）各业态租售比分布（租金占比）

图5-15 通过租金、销售坪效及租售比三维象限图来判断不同业态的经营表现，并确定合理的比例
注：以上数据为虚拟，仅作示例。

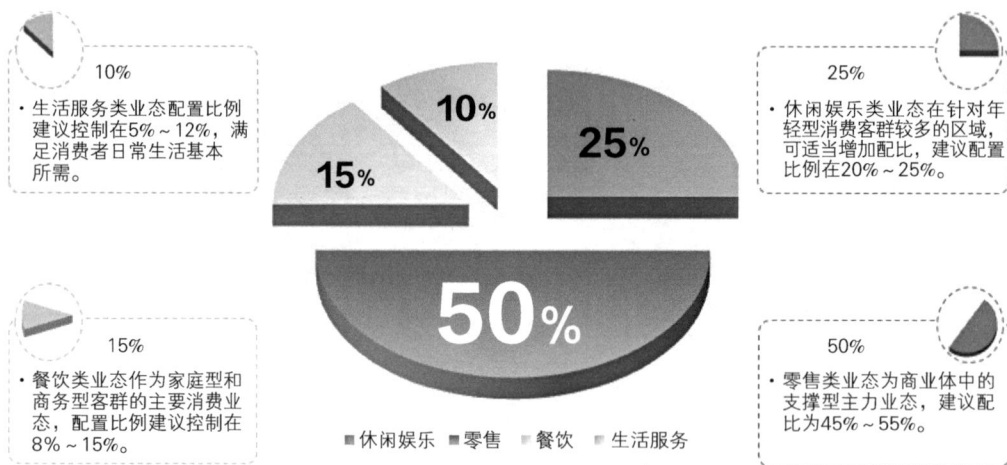

- 10%
  - 生活服务类业态配置比例建议控制在5%~12%，满足消费者日常生活基本所需。

- 25%
  - 休闲娱乐类业态在针对年轻型消费客群较多的区域，可适当增加配比，建议配置比例在20%~25%。

- 15%
  - 餐饮类业态作为家庭型和商务型客群的主要消费业态，配置比例建议控制在8%~15%。

- 50%
  - 零售类业态为商业体中的支撑型主力业态，建议配比为45%~55%。

图5-16 笔者曾参与项目的商业模型业态配比建议（5∶3∶2）

　　一般在一个大型封闭式购物中心内，主力店和次主力店的理想占用面积应为50%；文化、休闲、娱乐、健身、餐饮等业态商家的理想占用面积应为30%；专卖店等组成的零售商铺组合的理想占用面积应为20%。这就是商业布局的"五三二"原则（图5-16）。

　　现在越来越多的购物中心开始注重餐饮、娱乐业态的占比，并在此基础上加大引入对年轻时尚人群更有吸引力的快时尚品牌或品牌集合店。随着市场的不断变化，商业布局的"五三二"原则正在发生分化，但由于此原则可带来最佳的回报效应，许多成熟的地产商其实还在继续坚持使用（表5-5、表5-6）。

表5-5

某项目餐饮零售业态商业经营逻辑及价值分析

业种	业种细分		品牌示例	客流贡献	店铺面积（m²）	租金模式	租期（年）	盈利模式（成本、利润分析）
餐饮	堂食餐饮	大餐	四海一家	家庭式消费及白领消费	2500~3000	扣点/底租取高	10	堂食餐饮主要成本构成 1. 材料成本： 快餐31%~33% 正餐37%~38% 2. 员工成本：16%~17% （以大兴餐饮为例） 3. 租金占比：8% 4. 装修成本：5%~13% （按照5年均摊）
			张生记		1500~2000	底租	10	
		特餐	赤坂亭	白领及情侣消费为主	450	扣点/底租取高	8	
			王品台塑牛排（银泰中心）		550	底租	6	
			釜山料理（银泰中心）		420	扣点/底租取高	6	
		快餐	肯德基（天鹅湖万达）		520	底租	10	
			味千拉面（包河万达）		170	底租	10	
			星巴克	家庭式消费及白领消费	260	底租	8	
			永和大王（沿街）		—	底租	10	
			食通天		1000	扣点	8	
	零售餐饮		哈根达斯（天鹅湖万达）	白领消费为主	160	底租	6	—
			面包新语（大唐国际）		150~200	底租	5	

某项目服装零售业态商业经营逻辑及价值分析

表5-6

| 业种 | 业种细分 | 品牌示例 | 客流贡献 | 店铺面积（m²） | 租金相关 | | 经营情况 |
					租金模式	租期（年）	盈利模式（成本、利润分析）
服装	快销	ZARA	极强	600	扣点、底租取高	10	1. 人工及其他成本：5%～10% 2. 租金＋扣点成本：10% 3. 利润率：60%
	大女装	Marisfrolg		300	扣点、底租取高	3	1. 进货成本：10%～20% 2. 人工及其他成本：3%～5% 3. 租金（含物业费）成本：15% 4. 利润率：30%～50%
		Jorya	较强	300	扣点、底租取高	3	1. 进货成本：10%～20% 2. 人工及其他成本：3%～5% 3. 租金（含物业费）成本：15% 4. 利润率：30%～50%
	少淑装	JNBY		200	扣点、底租取高	3	1. 进货成本：10%～20% 2. 人工及其他成本：3%～5% 3. 租金（含物业费）成本：15% 4. 利润率：30%～50%
		Ochirly		900	扣点、底租取高	3	1. 进货成本：10%～20% 2. 人工及其他成本：3%～5% 3. 租金（含物业费）成本：15% 4. 利润率：30%～50%
	男装女装（内衣）	Aquasculum	极强	300	抽成	2～3	1. 进货成本：10%～20% 2. 人工及其他成本：3%～5% 3. 租金（含物业费）成本：15% 4. 利润率：30%～50%
		Vicutu		150	抽成	1	1. 进货成本：10%～20% 2. 人工及其他成本：3%～5% 3. 租金（含物业费）成本：15% 4. 利润率：30%～50%
		爱慕		60	扣点	1～2	1. 集团直营，无进货成本 2. 人工及其他成本：10%～20% 3. 租金成本一般为扣点：20% 4. 利润率：50%～60%
		爱美丽	极强	20	扣点	1～2	1. 集团直营，无进货成本 2. 人工及其他成本：10%～20% 3. 租金成本一般为扣点：20% 4. 利润率：50%～60%
		爱慕男士		40	扣点	1～2	1. 集团直营，无进货成本 2. 人工及其他成本：10%～20% 3. 租金成本一般为扣点：20% 4. 利润率：50%～60%
	综合店铺	Bally		214	扣点、底租取高	5	1. 集团直营，无进货成本 2. 人工成本：5%～7% 3. 租金成本：10% 4. 利润率：60%

图5-17　中庭尺度、扶梯的布置、导向标识的设计均可体现"方便性"原则
①中庭尺度巨大，环形走道宽5m；②可吊装广告横幅；③设置多组自动扶梯（一层未设，保证广场的尺度感），含跨层梯（2部，A：二～四层；B：三～五层），组织成水平、垂直复合动线，引导人流至高层业态（冰场、餐饮）。

7. 商业布局的"方便性"原则

此外，在商业布局中体现人性化的设计理念，为消费者提供便利性服务，使其在消费的同时感受到身心的舒适和愉悦，反过来也可以增进综合体商业的吸引力（图5-17）。

在商业经营出现问题时，应该把"方便性"是否有问题作为剖析的一个方面。比如身处繁华区的商业，客流量却不高，则问题有可能出现在端点上。出入口的设计是否对顾客的进店造成了障碍，这种障碍是出现在结构上的还是心理上的。或者客流总是集中在主通道，边铺、角铺人流量小，商户亏损，则问题有可能出现在线形或节点上。辅通道宽度是否过窄，有无导向标志指引，导向标志的设计是否能起到足够作用，是否回路不畅或回路不明显，以致顾客不愿走深。或者客流过于集中在首层、二层，造成高层冷清。如果排除是业态布局出现问题，则问题有可能出现在垂直动线上：扶梯数量是否合理、扶梯位置是否合理、是否有必要增加观光梯等。

8. 主力店优先原则

主力店的概念是个舶来品，英文为"anchor"，直接翻译是"锚"的意思。从词义中可以看出主力店的作用，即能独立依靠自身的特点吸引消费者和吸引客流，对购物中心起到至关重要的作用。"anchor"除了传统意义上的大型百货、超市、家电商店外，近来更有被大型餐饮休闲业态追赶并且取代的趋势。

要成为主力店，应该具备以下几个要点：

（1）主力商店在购物中心占有较大规模、较大的经营面积，并且为自身统一经营管理的品牌商业企业，在具有高价值的品牌影响力和号召力的同时也有着较强的抗风险能力；

（2）主力商店的经营形态决定着整个购物中心的经营形态，如以大卖场为主力商店，就是社区型、地区型购物中心，以百货商店为主力商店，就是都会中心、区域中心；

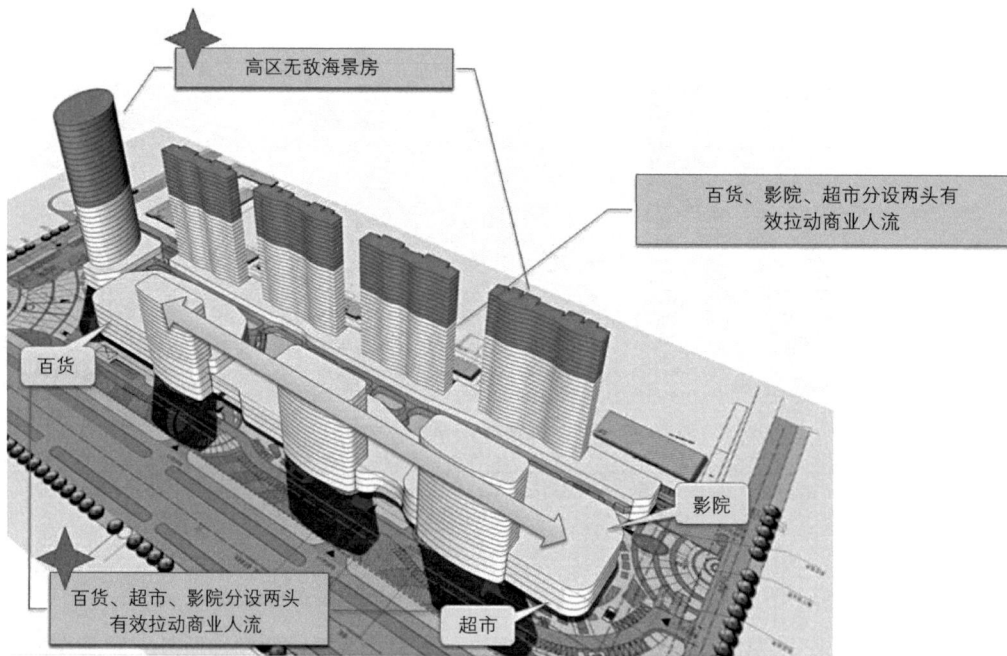

图5-18 笔者管控的烟台开发区星颐广场概念方案——明确主力店位置及主动线要求

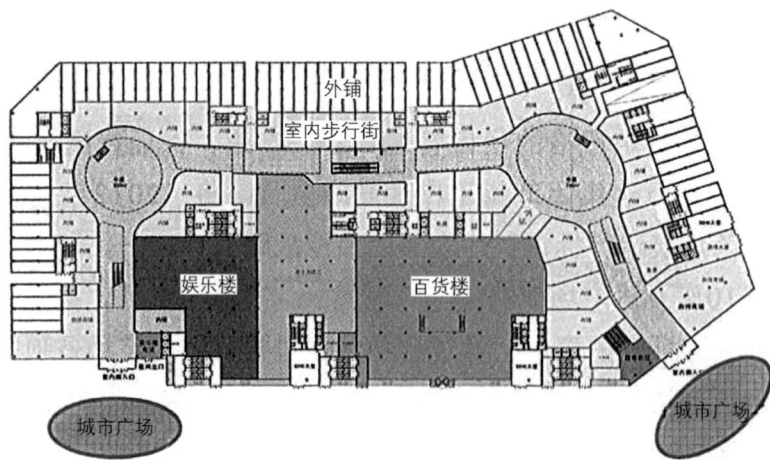

图5-19 第三代万达广场典型平面（来源：《万达商业地产投资建设》）第三代万达广场典型平面构成可归纳为："一街+多主力店+大型地下车库"。

（3）从品牌上、规模上、功能上带动购物中心的人流，有强大的吸引人流的能力。

此外，大型百货、室内游乐园及电影院等主力店业态自身的特点决定了其对物业及配套的要求比较特殊，必须在业态布局时予以充分考虑（图5-18、图5-19）。

在常规的购物中心，电影院、冰场、儿童乐园和超级市场都是吸引客流的核心主力店。目前，"快时尚+品牌集合店+人气餐饮+儿童业态+院线"在某种程度上也成为购物中心的全新业态组合，而其中的品牌集合店，在很大程度上取代了百货，成为购物中心

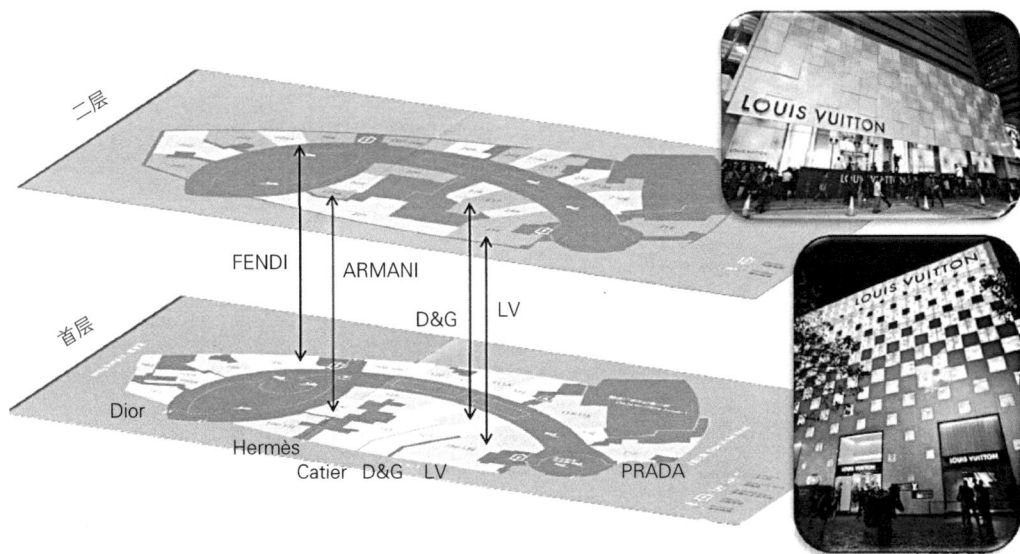

图5-20 上海恒隆广场的复式主力店
一线品牌钟爱沿街展示面，且通常采用复式铺形式。

新的亮点。

但随着时代的不断变化，常规主力店的模式也在不断地发生变化。差异化的特色经营将成为未来的主流，而未来的主力店也将随着差异化的经营而变得有所差异。如香港希慎广场就是一个没有电影院、冰场、儿童乐园等常规主力店，也没有LV、Hermès、GUCCI等奢侈品品牌的高端购物中心。希慎广场的经营思路在于对自身条件和市场定位的冷静思考。该项目瞄准了消费力旺盛的年轻新锐族群，将其作为购物中心的市场定位，因此也不必依赖于常规的主力店。

在布局主力店时应注意避免让核心主力店占满某一楼层，相反，应同时占据几个楼面的一部分，一般应小于该层的二分之一。这样布置的目的是让主力店在多个楼层发挥作用，汇聚和引导人流到达更多的层面，提高同层的其他小商铺的商业价值，如香港海港城的"连卡佛"分布在三个楼面，玛莎百货则在每个购物中心都有两个以上的楼层（图5-20）。

5.2 业态规划后的品牌落位

品牌落位是指在符合项目整体定位的前提下，按照各楼层业态规划，将合适的品牌，按照合适的面积，落在合适的位置。如果将项目比作一个人，定位塑其灵魂，业态成其精气，品牌则赋予项目看得见的血肉（图5-21）。

图5-21　某商业业态布局与品牌落位（来源：笔者曾经管控项目组提供）

定位是因，则品牌是果，品牌的落位是实现定位的成果。

品牌落位工作中需注意以下几个关注点：

1. 关注品牌之间的位置搭配

有的品牌是竞争对手，互相排斥。有的品牌抱团取暖，习惯于同时出现。

2. 关注品牌面积的不同要求

如果规划的面积太大，会造成坪效过低、经营压力大的后果；如果规划的面积过小，则不适合相应商家的要求，也会对招商造成阻碍。

品牌的开店面积，是由该品牌的产品线丰富程度来决定的。如服装中的快时尚品牌，均要求面积为1500~2000m²以展示更多的产品。同样，餐饮品牌因菜系不同，定位风格不同，所需求的面积差异也较大。因此，品牌商家的面积要求是不容忽视的要素。

3. 关注同一品牌中各产品线的特点

弄清同一品牌下不同的产品线的不同定位，就能准确筛选出符合购物中心需要的品牌。通过不同品牌的不同的产品线战略，选择适合购物中心定位和档次的品牌产品线，对项目招商工作非常有帮助。

案例：西班牙Inditex集团是世界四大时装连锁机构之一，全球服装店达6000家，旗

下拥有ZARA等8个品牌。目前Inditex在国内开店通常是多品牌齐头并进，通常要求1+3
（ZARA + PULL & BEAR、Bershka、Stradivarius）或1+6捆绑进驻。

　　ZARA主打多年龄层的男、女装，PULL & BEAR主攻中低端年轻群体，Bershka主打街
头风格，Stradivarius定位于年轻潮流女装。而Massimo Dutti、OYSHO在产品线内定位相对
更为高端，通常会在定位更高的购物中心出现。产品线的多品牌战略可以覆盖更广的消
费客群，从而带来更佳的利润。但并不是覆盖得越全越好，还要看项目定位及消费环境
（图5-22）。

　　为补充说明定位、业态规划、品牌规划三个阶段的关系，这里讲下日本商业定位中的
MD概念。

图5-22　Inditex集团旗下8个服装品牌示意

案例：日本商业规划中的MD计划

　　MD为Merchandising的缩写，即商品计划。

　　商业项目首先根据市场发展方向及项目地理位置、周边客层、同城商业布局
等因素确定项目定位，然后依据定位规划业态（需结合项目工程条件），找寻目
标品类品牌，最终拟落位到图纸上，每个铺位要按品牌等级罗列三到四个目标品
牌，最后依据项目既定商务条件和目标品牌行业内标准，作出收益预算（还需结
合各营运部门、后勤部门的数据），可根据预算适当调整、修订MD计划，全部确
定后启动招商，招商要二八比例，先招目标主力店，给予优惠政策，后面的普通
品牌可适当提高条件（图5-23）。

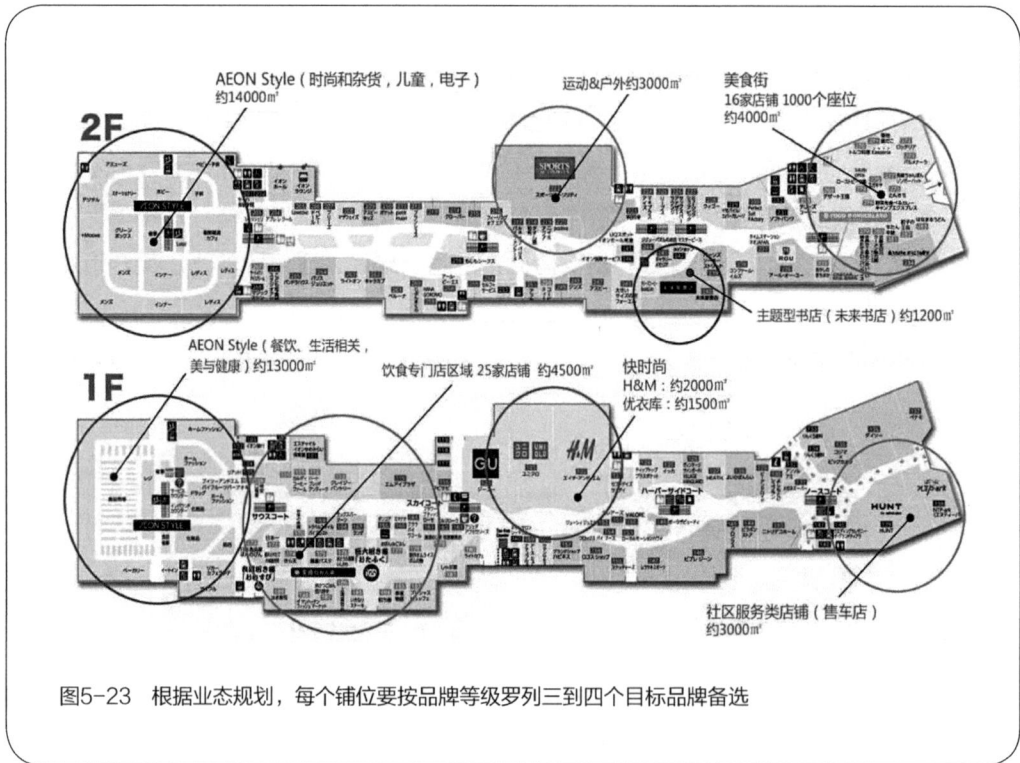

图5-23　根据业态规划，每个铺位要按品牌等级罗列三到四个目标品牌备选

在招商的实际工作中经常发生调整业态规划、降低对品牌档次的要求等情况。所以，从品牌落位角度上看，建立品牌资源库，为招商提供资源保障非常重要。为此，我们要做好以下三方面工作：

1. 品牌采集

必须对品牌和客商的特征信息进行充分识别，特别是品牌的定位、消费人群及物业要求（层高、荷载、燃气、给水排水等）等关键信息，同时还要采集到品牌经营方的信息以及该品牌在本地同类商业项目中的开店情况。

2. 品牌评价

结合自身商业项目的需求和品牌的要求，给予品牌相应的评定，打上"标签"，如该品牌的定位与风格是否符合项目定位、项目是否可以满足其物业要求等，以此来进行目标品牌的锁定。

3. 品牌库维护

构建品牌资源库，形成合格品牌名录，作为项目招商时的重要依据。同时，对于已经入库的老品牌也需在一线不断收集新信息，进行品牌资料的更新。为了便于招商时的查询和对比分析，品牌库需要按照业态及业种进行分类管理。

6 商业地产的招商、推广及运营

关键词：招商运营

商业地产运营的核心是把经营单位和消费形态整合到统一的经营平台上。无论持有还是销售，统一运营是关键，包含四个方面：统一招商、统一营销、统一服务和统一物业。招商工作的成败关系到项目是否可以顺利开业，运营的好坏决定资产的最终价值。商业营运及营销推广的核心其实就是在对消费趋势及消费行为准确、系统的理解的基础上的"对症下药"。

6.1 招商前的准备及策划推广

招商前的准备工作包括以下几个环节：

1. 明确招商目标及计划节点要求

这是招商策划的第一步，只有将目标明确，后面的策划工作才能更有针对性。招商团队必须围绕以下三个问题做准备工作，这是所有工作的出发点：

（1）做招商策划的工作目的是什么；

（2）实现工作目标要做哪些工作；

（3）最终目标是否能实现。

招商工作时间节点把控也非常重要，根据开业时间有如下关键时间节点和工作（表6-1）：

（1）开业前至少10～13个月，完成定制型商户目标业态、品牌洽谈及落位。

（2）开业前至少8～10个月，完成定制型商户并开始房产技术条件深入对接，按周/月召开招商分析和协调会，解决问题；零售型商户招商工作启动并完成不少于30%的面积；按周/月召开招商分析和协调会，解决问题。

（3）开业前6～8个月，完成零售型商户招商50%以上的面积，零售型商户开始房产技术条件对接；定制型商户装修申请审批，按周/月召开招商分析和协调会，解决问题。

（4）开业前4～6个月，定制型商户开始进场装修；零售型商户招商完成80%以上面积，审核零售型商户装修申请；按周/月召开招商分析和协调会，解决问题。

（5）开业前2～4个月，招商工作全面结束，招商店铺收尾，按周/月召开招商分析和协调会，解决问题。

某项目招商进度表 表6-1

序号	阶段	业务事项	完成时间
1	设计	初设评审及移交	开业前27个月
2	设计	第一版施工图报审	开业前24个月
3	设计	第二版施工图报备	开业前11个月
4	招商	业态规划签批移交	开业前16个月
5	招商	主力店业态及平面确认	开业前12个月
6	招商	步行街业态规划图移交	开业前12个月
7	招商	主力店房产技术条件移交	开业前11个月
8	招商	项目租赁决策文件	开业前8个月
9	招商	步行街品牌落位前的业态分布图、施工图技术条件确认及移交	开业前6个月
10	招商	室内步行街餐饮业态品牌落位图	开业前6个月
11	招商	室内步行街餐饮业态点位图确认移交	开业前5个月
12	招商	室内步行街非餐饮业态品牌落位图	开业前5个月
13	人力	项目商管人员到岗	开业前12个月

2. 做好招商的营销企划推广工作

招商策划，即策划一系列能吸引商家或外来资金落户的一系列活动。招商策划是商业地产营销策略上的重要一环，是商业地产成功与否的关键因素之一。做好筹备期招商推广、运营期企划推广工作，可以保障整体工作目标完成（表6-2）。

某集团企划推广的工作程序及具体内容 表6-2

序号	流程步骤	责任人	流程说明（输入、输出、流程说明、关键点）	支持文件及记录
一、筹备期招商推广				
1	推广计划	运营管理中心（企划）	1. 运营管理中心（企划）负责在年末，根据项目进度及招商进度情况，编制《年度招商推广计划及预算》，按《权责手册》报批。新项目可以依据招商进度节点，编制专项招商推广计划及预算方案（详见流程步骤2、3）。 2. 招商推广费用预算包括但不限于：媒体宣传费用，招商环境布置、宣传片、资料等制作印刷费用，活动推广费用，为招商宣传和品牌推广所发生的其他费用及不可预见费用等。	《年度招商推广计划方案》《专项招商推广计划方案》

续表

序号	流程步骤	责任人	流程说明（输入、输出、流程说明、关键点）	支持文件及记录
1	推广计划	运营管理中心（企划）	3. 每期招商推广计划及方案须根据当期推广的内容及重点附相应的预算方案，预算应当准确、完整，不得超过年度招商推广计划预算目标。 4. 运营期招商推广由项目运营中心（推广组）按年度编制《项目年度招商推广计划》并按程序报批，经批准后分解执行	《年度招商推广计划方案》《专项招商推广计划方案》
2	资料收集方案编制	运营管理中心（企划）/大客户部、招商部	1. 项目招商目标确定后，大客户部、招商部应当及时向运营管理中心（企划）提供如下资料： （1）项目定位及业态规划资料； （2）商户及品牌名录； （3）招商计划及节点要求； （4）其他。 2. 运营管理中心（企划）根据收集的资料，在项目招商正式启动前至少1个月，编制完成《专项招商推广计划/方案》，主要内容包括但不限于： （1）对项目的整体解读，包括但不限于：公司商业地产模式、项目产品特点，所处城市经济实力和发展前景，城市商圈，项目区位、交通、周边环境，目标人群及消费特征，竞争对手，项目自身特色，主力店及知名品牌、商业管理方面的特点及优势； （2）提炼项目的核心卖点、市场推广定位、推广主题等核心要素； （3）推广的策略及节奏； （4）推广团队组建； （5）推广的主要目标； （6）推广费用预算等	
3	推广执行	运营管理中心（企划）	1. 运营管理中心（企划）应当结合项目整体招商目标和阶段性招商进度的需求，合理控制推广节奏。 2. 运营管理中心（企划）负责根据年度或专项推广计划，拟定"月度/各阶段招商推广方案"，按《权责手册》要求完成审核/审批后执行。 3. 招商推广应当合理地运用媒体组合、活动组合以达成预期招商推广目标	《年度/月度招商/企划推广计划》
4	推广总结	运营管理中心（企划）/大客户部、招商部	1. 运营管理中心（企划）可根据需要，参与大客户部、招商部召开的招商工作分析会，及时了解策划配合需求，适时调整招商推广策略。 2. 针对每一单独招商推广活动，运营管理中心（企划）应于活动结束后三个工作日内编制活动总结。 3. 每月底，运营管理中心（企划）编制《月度招商推广总结》，对本月工作、费用开支等进行回顾，特别应对相关推广活动的效果进行评估，与下月《月度招商推广计划》一并报分管副总审核，商管总经理审批	《月度招商推广总结》

续表

序号	流程步骤	责任人	流程说明（输入、输出、流程说明、关键点）	支持文件及记录
5	注意事项	运营管理中心（企划）/总裁办、大客户部、招商部	招商推广过程中，运营管理中心（企划）应当注意公司资源的协同利用，一方面配合并协同总裁办进行品牌宣传与推广，另一方面可独立采取如下推广形式，扩大招商影响力度： （1）招商推介会。招商推介会应选择在目标客户、品牌所在区域项目经营表现优异的区域举办，应同时推出多个招商项目共同亮相，为目标客户提供多种选择，展示公司集团化发展的优势，增进有实力的客户与项目联合发展的信心，促成签约。 （2）招商签约仪式暨招商大会。招商签约仪式应当安排主力店商户及重点意向商户参与，由运营管理中心（企划）负责组织，相关部门配合做好参会商户的邀请、接待及招商业务咨询等工作。 （3）集中开业。运营管理中心（企划）应编制单独的开业庆典方案，明确活动形式、媒体广告投放要求、场地展示要求、开业期间促销方案、活动道具制作要求等	
二、运营期促销推广				
1	企划计划	项目运营中心（推广组）	1. 运营期企划推广由项目运营中心（推广组）按年度编制《项目年度企划推广、活动计划》并按《权责手册》报本部运营管理中心（企划）审核后，按权责报批，经批准后分解执行。 2.《项目年度企划推广、活动计划》须符合本部运营管理中心（企划）规定的内容要点，通常须包括但不限于如下内容： （1）目标； （2）策略； （3）节点及活动形式； （4）费用预算	《项目年度企划推广、活动计划》
2	企划执行	项目运营中心（推广组）	1. 项目运营中心（推广组）负责依据经批准的年度或专项推广计划，拟定"月度/各阶段招商推广方案"，按《权责手册》要求完成审核/审批后执行。 2. 重大活动或节日活动须编制活动总结及效果评估报告，报本部运营管理中心（企划）审核备案。 3. 每月底，项目运营中心（推广组）负责编制《月度企划推广总结》，对本月工作、费用开支等进行回顾，特别应对相关推广活动的效果进行评估，与下月《月度企划推广计划》一并报项目商管总经理审批	《月度企划推广总结》

3. 制定好招商方案及明确的实施策略

招商方案制定始终要考虑两个重要因素，一是招商方案的可行性，二是招商方案的可选择性。制定招商方案要切合实际，目标要能够实现，或经过努力能够实现。做招商方案需同时制定多种方案，供决策人物选择，选择成本较小，而效果又相对较好的一种方案。

常见的招商方案包含以下内容：

（1）招商条件：租金标准及递增比例、不同业态的合同年限、租金及押金收取方式、招商优惠政策等。

（2）招商范围：业态、业种、品牌档次，每个铺位锁定3个目标品牌，分高、中、低3个档次。

（3）招商区域：全国、当地。

（4）任务指标：铺位数量、面积、分铺租金及租金总目标。

（5）时间节点：从启动到完成整个过程的时间节点。

最后被实施的招商方案是在各类招商方案中经过严格筛选和充分论证而确定的那个方案，因此，实施过程中要遵守原方案中制定的程序、原则和操作办法，不得随意变更。

定制型商户招商目标基本完成的条件下，应当及时启动零售型商户招商，根据招商计划和节点择时配合召开招商大会、推介会等，推进其他商铺招商，按周/月召开招商分析和协调会，解决问题。

实施招商方案的时间一般都比较集中，每天按时完成当天的任务，要明确下一步的工作任务，以避免工作的盲目性，有利于在工作中互相支持、加强协调。

实施招商方案时尤其要注意信息的捕捉和资料的收集、储存、整理，这样才能保证招商获得尽可能大的收获。

在整个招商活动期间，需组织尽可能多的力量，主动出击，广交朋友，挖掘新的信息，建立更新更多的招商渠道。

招商过程中的洽谈环节也很重要，主要以商务的洽谈与谈判为核心。需要核心团队商务谈判能力比较强。

6.2　招商工作的展开及常见流程

我们这里的招商，主要指的是招引商家进场从事商业经营的行为。能否按计划成功招商，是商业地产操盘中的一个重要环节。因而，掌握商业地产的招商特点就非常有必要了。

1. 了解招商工作的四个特点

与传统的商业相比，地产商业具有如下四大特点：

（1）招商是一个系统的工程，要统筹安排

招商一般发生在项目建设之前，在前期策划的时候就需要明确找什么样的合作伙伴、给对方什么利益、如何才能实现价值最大化，进行系统筹划。在项目定位时进行细化，拿出一整套方案，最终形成招商计划书。

（2）为创造价值而招商，分清目标客户

要带上营运的思路招商，招商不仅仅是招租。招商就是为商户服务，首先要明确是否了解你的目标客户真正的需求，为创造价值而招商。

招商是永不停止的工作，好的购物中心是调整出来的，而不是靠定位和招商一步到位就能成功的。商业营运及营销推广的核心其实就是在对消费趋势及消费行为的准确、系统的理解基础上的"对症下药"。

目标客户首先要确定主力店群。主力店作为购物中心的核心引擎与主要承租商，其必须具备知名度高、品牌效应高、信誉好的特性，拥有强大的集客能力。主力店招商成功，便成功了一半。

商业是一直变化的。但随着商业项目同质化越发严重以及电商对实体零售商业的冲击，主力店已经发生了很大的变化。所以，对于商业地产的招商工作来说，不仅仅要有常规业态的商业资源，更要有能够满足不同主题定位商业项目的针对性的品牌资源，这才是招商制胜的关键。这就要求开发商不仅要加强与常规业态品牌商业的合作，而且要更加注重拓展新的商业资源。

（3）招商难度大，限制条件多

绝大多数开发商感到"招商难"，其实都是项目前期选址、定位、规划、设计当中的问题不断累积而成的。

目前，我国商业总量过剩，商业资源不足。商业地产的供给远远超过了商业发展的需求，造成闲置是必然的结局。项目建设期较长，招商工作长达数年，进度规划非常重要。

商业地产在我国兴起的时间不长，绝大多数的发展商缺乏营运经验。同时，招商是横跨地产和商业行业的一个工作，要求招商人员具有复合型的知识结构、工作经验和技能，专业人才、专业团队目前比较稀缺。以上限制条件决定了商业地产招商的难度比较大。

（4）招商技术要求高

商业地产的招商需要从业人员具备较强的招商技巧和谈判能力。招商人员需具备丰富的零售服务知识，招商人员必须熟悉商品或服务的类别及特点、商品或服务的组合原理、价格面、产品线、房地产开发、物业管理等相关的基本知识，掌握市场学、经济学、管理学中的一些基本原理，了解租赁、消费、产品、销售等相关法律法规。

需要合理的招商推广策略。招商推广策略应符合策划内容的要求，并围绕项目的市场定位、功能定位和亮点设计等内容进行招商推广策略的制定和实施，以保证招商工作投资少、效率高。

2. 掌握招商工作的基本流程

商业地产招商的成功与否直接影响到项目的成败，首先掌握正确的流程最为重要。商业地产招商常用工作流程分为以下14个阶段：

（1）商业项目部进行市场调研和目标客户分析；

（2）确定招商对象；

（3）确定经营模式：投资经营、委托经营、租赁经营、直接经营、虚拟经营；

（4）制定招商优惠策略；

（5）商业项目部进行客户招商月计划实施；

（6）招商主管制定客户招商周计划；

（7）客户管理员对客户信息归档完善、招商资料准备就绪；

（8）招商主管进行目标客户开发、拜访、接洽；

（9）商业项目部进行客户分类、确定重点；

（10）商业项目部安排客户与开发商初步洽谈、填写招商租户登记表；

（11）商业项目部负责客户与开发商的沟通谈判；

（12）开发商、客户双方确定合作对象，签订招商意向书，交纳定金；

（13）商业项目部、开发商与客户沟通、谈判，方案修改与认可；

（14）开发商、客户双方正式签订招商协议。

示例见表6-3。

某商业集团招商工作流程表　　　　　　　　　　　　　　　　　表6-3

序号	流程步骤	主责部门	流程说明（输入、输出、流程说明、关键点）	支持文件及记录
一、招商启动阶段工作（至少在开业前12个月启动）				
1	租赁决策	招商部	获取《筹备期租赁决策文件》，包括业态落位、店铺分割及面积厘定、各店铺租金指标分解等内容，明确零售型商户招商方向及基本要求	《租赁政策文件管理流程》
2	招商通知	招商部	1. 以《招商通知》的形式切分本部和项目商管公司的招商工作界面。 2.《招商通知》具体内容包括：《筹备期租赁决策文件》规定的招商政策、《各商铺租金分解表》、《业态落位图》及本部和项目的招商任务分解等	《招商通知》
3	品牌落位	招商部（包括本部和项目商管公司运营中心）	1. 正式对外招商前，招商部须根据市场调研分析结果以及确定的新项目总体定位和各业态功能组合情况，根据租赁政策文件和《招商通知》要求，确定招商目标品牌并进行落位，《品牌落位图/方案》须在项目开业前至少12个月提报本部领导审批。 2.《品牌落位图/方案》中每个商铺要求至少有1个主选品牌和2个备选品牌	《品牌落位图/方案》

序号	流程步骤	主责部门	流程说明（输入、输出、流程说明、关键点）	支持文件及记录
4	招商方案/计划	招商部	1. 招商部根据项目定位、商业业态规划、招商租赁政策及租金方案、招商通知、品牌落位方案等文件，负责编制《招商方案》及招商工作进度计划，报分管领导、总经理审批。 2. 项目运营中心（招商组）负责编制地方品牌的招商计划/方案，按《权责手册》报本部审批	《招商方案/计划》
5	招商任务分解及人员分工	招商部、项目运营中心（招商组）	1. 招商部及项目运营中心应当根据部门人员编制，按照不同业态或不同楼层将招商人员分成若干小组。 2. 重点商户或品牌由招商部负责人或分管领导牵头组成招商小组，重点跟进和协调。 3. 商铺招商任务必须分解到各品类及相关责任人，参见《目标品牌商户计划汇总表》。 4. 组织对招商人员进行系统的培训	《目标品牌商户计划汇总表》
6	《招商手册》的设计与制作	运营管理中心（企划组）	1. 招商部向运营管理中心（企划）提供相关资料及内容，由后者负责完成《招商手册》的制作。 2. 招商手册要体现项目的总体定位和商业业态功能组合及整个项目的特色。 3.《招商手册》需按权责审批后方可批量制作	《招商手册》
7	标准租赁合同的文本的准备	运营管理中心	1. 在招商工作启动前1个月，招商部应当制定项目零售型商户的租赁/返租合同及附件、物管合同、补充协议、广告位使用合同等相关法律文件，运营管理中心（企划）、财务部、综合部（法务）等部门/人员参与讨论、会签。 2. 合同范本须按《权责手册》规定报商管总经理批准，其他规定详见《租赁合同管理流程》	《租赁合同管理程序》

二、招商实施阶段工作

序号	流程步骤	主责部门	流程说明（输入、输出、流程说明、关键点）	支持文件及记录
1	商户资源开发	招商部	1. 招商部负责通过各种渠道进行商户资源开发，获取尽可能多的零售型商户资源信息，具体参见《商户开发作业指引》。 2. 如果需要招商代理公司协助完成招商或信息寻找、接洽，招商部负责拟订并提报招标采购方案，按《权责手册》、招标采购相关流程选择、确定	《商户资源开发作业指引》
2	招商推广策划	运营管理中心（企划）	为配合招商工作开展，运营管理中心（企划）根据零售型招商进度、节点及工作需要，启动零售型招商企划推广工作，根据需要策划和组织项目招商推介活动、广告宣传等工作，具体参见《企划推广管理流程》。	《企划推广管理流程》
3	招商谈判管理	招商部	1. 对于有进驻意向的商户，招商部负责开展与深入沟通、接洽、谈判工作。 2. 沟通接洽的重点应当包括但不限于： （1）项目发展目标； （2）合作商务条件； （3）房产技术条件； （4）优惠政策及条件； （5）合作形式及其他	《招商谈判作业指引》

续表

序号	流程步骤	主责部门	流程说明（输入、输出、流程说明、关键点）	支持文件及记录
4	工程技术条件对接	招商部	招商谈判过程中，招商部应当充当总部产品规划部与零售型商户技术沟通与协调的中间桥梁，做好房产技术条件的对接与协调，具体可参照《招商技术对接作业指引》执行	《房产技术条件对接作业指引》
5	租赁合同评审	招商部	1. 根据谈判的进程，明确商户的进驻意向、商户商务条件和工程技术条件要求后，双方达成合作共识，招商部负责拟订租赁/出让合同要件（商务条件、技术条件、物业管理合同等），形成合同草案及相关要约文本。 2. 相关合作合同草案及相关要约文本，须按《租赁合同管理流程》规定报商管公司内部评审，并须按《权责手册》规定报批后方得生效。 3. 合作条件变更：租赁合同经过审批后，若商户合作条件发生变化，需按合同审批流程重新办理审批手续	《招商合同评审作业指引》

三、招商结束与总结阶段

序号	流程步骤	主责部门	流程说明（输入、输出、流程说明、关键点）	支持文件及记录
1	商户进场通知及资料移交	招商部	1. 招商部在合同报批过程中，可提前（至少提前15天）将商户的相关资料（品牌信息、商户相关资质证照等的复印件）及技术要求等以《商户进场通知书》的形式发送到本部营运管理中心。 2. 本部营运管理中心审核无误并备案后，转发项目运营中心提前做好商户进场的准备工作	《商户进场通知书》
2	商户装修	招商部、项目运营中心	零售型商户进场后的装修对接事宜（如装修申请、图纸报批、装修验收、退装修保证金等）由项目运营中心统筹、跟踪，招商部参与审核装修效果图	《商户装修管理作业指引》
3	招商总结	招商部	1. 每周/月招商分析和协调： （1）招商部应当每周/月组织招商工作分析会，了解商户动态和招商工作中的问题，针对出现的问题及时调整招商策略。 （2）分管副总、商管总经理应当每周/月召集相关部门组织招商工作分析会、协调会，了解商户动态和招商工作中的问题，针对出现的问题及时调整招商策略。 2. 开业后总结： （1）新项目开业后2个月内，招商部要根据项目招商租金指标达成情况、招商品牌品质、合同签订情况、招商奖励等对整体招商工作进行全面总结和评估，并编写《零售型商户招商总结报告》。 （2）总结报告须经分管副总签字，报商管总经理批准，报总裁备案	《招商作业完成情况周报表》《店铺招商进度汇总表》《招商总结报告》

6.3 精细化运营及运营模式分析

如何让一个购物中心顺利开业，并且持续发展，趋势向好，需要专业的和强大的营运能力。

从商业地产产业的角度来看，是资本第一，运营第二，地产第三。这个顺序指的是在商业项目作决策时，应该满足的优先级。但从商业项目的价值实现来看，则运营才是第一位的。

现在国内商业地产的资本逻辑发生了变化。长期资本介入之后，行业将会发生巨大的变化，因为资本看中的是商业项目的长期价值，而要获得长期价值，就必须回归商业运营的本质。

商业的本质在于如何处理供需关系，通过发现消费者需求、满足消费者需求和适度创造消费者需求来适应日益变化的供需关系。购物中心的"人货场"概念，就是通过组织"货"（商品供给），构建"场"（消费场景）来满足"人"（消费者需求），"人货场"三者相互作用，循环往复。精细化运营的本质其实就是关注"人"和"场"的经营。人的方面即利用大型营销活动造势，进行客流的经营，从而达到拉升品牌销售业绩之目的。

很多开发商已经知道要运营先行了，但是由于部分开发商全过程运营经验不足，在注重运营的趋势中也出现了不同的运营模式，主要可归纳为三种（图6-1）。

有的公司自建团队，所有工作都是自己来完成，即自己建设物业，建设完移交给自有的商管团队进行运营管理。商业团队的策划、招商、运营均由开发商自己实际操作。国内

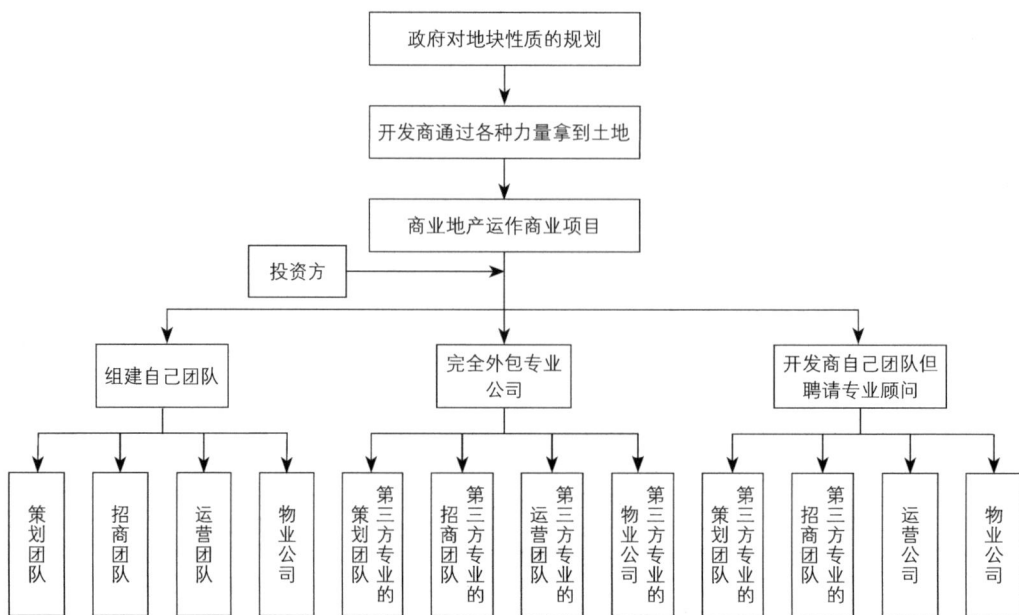

图6-1 商业地产开发运营的三种模式

规模较大的商业地产开发商也是采用这种模式，如万达、华润、宝龙、红星、新城等。在这类公司中，一般分为商管与房产两个板块，独立运营核算，是基于拥有多个项目的商业地产运作模式，每个项目都有商业团队，将这些项目团队进行整合，成立商业运营公司，管理企业所有的商业项目（图6-2）。

这种模式的实现条件是企业实力非常强大，这是对开发商的一个较大的挑战。

目前，一些大的地产公司的商管集团内部往往针对各业务条线，建立"大总部、小项目"的运营型集团化管控体系，总部对下属公司实行倒金字塔式集权管控，管理重心集中在总部（图6-3）。

另一种模式是：开发商全程聘请代理公司进行销售、开店策划和组织实施，直至招商和开业成功，即外包给第三方专业团队进行商业全程运作，含：前期市调、整体营销招商方案、项目定位、规划设计、广告策划、团队组建、销售运作、招商运营、开业、后期经营管理。

这种运作模式的团队由于没有企业内部人员，长此以往，无论从成本还是企业的发展角度来看，都不是一件好事，所以这种模式更适合开发企业运作一个商业项目，不考虑长远的发展。实践中很多返租销售型商业会这样操作，以求规避企业责任。

这时第三种模式也出现了，即自建团队+聘请专业顾问，联合运营模式。

开发商自有完整的实力团队，但项目难度较大的话，需要第三方顾问团队仅作为顾问现场驻点，协助运营。这种模式是目前大部分商业地产公司采用的方式，可以更进一步稳

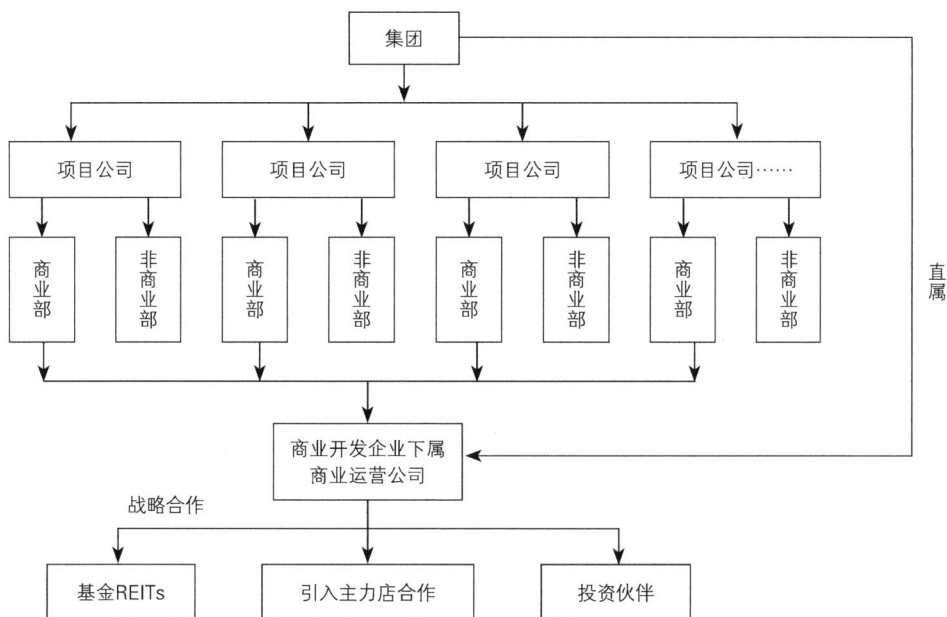

图6-2 典型的商业地产集团构架图

强调专业化管理和资源集约管理的集权阶段，总部以计划与监督为主，为二级管控模式。

集团职能部门专业管理相对细化、集权度较高。

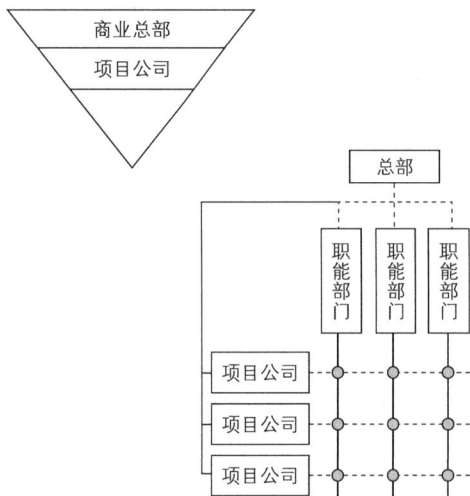

基于业务成熟度提高，逐步过渡到"总部+区域公司+项目公司"三级管控模式。

继续以集权化管控为核心，但总部根据业务需要，权限适当下放至区域公司，区域公司成为业务管理中心。

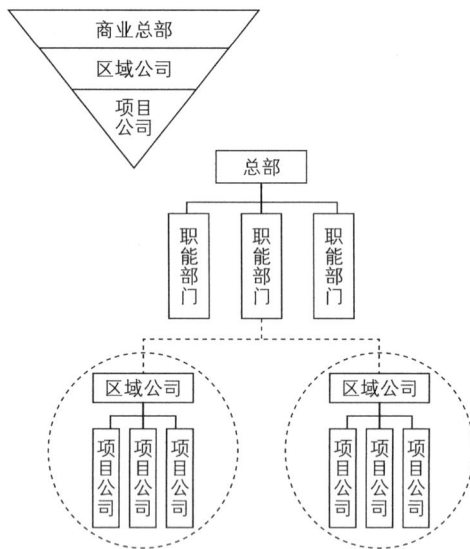

图6-3 典型的商业管理集团构架图（分为二级与三级管控模式）
对各业务条线，建立"大总部、小项目"的运营型集团化管控体系，总部对下属公司实行倒金字塔式集权管控，管理重心集中在总部。

健操盘，谨慎地进行项目开发运营，保障项目运营成功。运营团队长期驻场，既能节约成本，也能培养开发商自己的团队，更便于工作前后的沟通。

从商业项目的价值实现来看，我国商业地产的运营已经被摆到了非常重要的位置。

招商的本质其实不是引入商家，而是基于对消费趋势的预判而执行的商业资源的系统性组合安排，最终目标是盈利。

我们首先要搞懂消费趋势，目前，参与式、体验式消费正在成为主流。

其次，我们要带上营运的思路招商，招商不仅仅是招租。招商是永不停止的工作，好的购物中心是调整出来的，而不是靠定位和招商一步到位就能成功的。

我们还要带上养商的思路招商，招商就是为商户服务。招商的本质就是双方对"赚钱预期"达成共识的过程，把项目的"赚钱预期"梳理清楚，离招商成功就不远了。

最终，我们要勇于创新。商业的本质就是无定势，变革才是主旋律。凡是符合生意逻辑的"新模式、新业态、新品牌，新思路"，我们不可轻易否定，大胆设想，小心求证。

我们认为一个商业项目的真正成功是日后持续经营的长久旺盛。做好以上的招商工作就是为以后经营的畅旺奠定坚实的基础。商业营运及营销推广的核心其实就是在对消费趋势及消费行为的准确、系统的理解的基础上的"对症下药"。

7 商业地产的未来发展趋势

关键词：体验式消费

所谓"体验式消费"，是指通过体验带动非目的性消费[①]的消费方式。这种消费方式并不以购物消费为专门目的，而是为了体验而消费，在消费中享受体验。商业与文化、艺术的跨界带来了新的体验，用文化满足了消费者的新需求，用创意营造了差异化。

体验带动非目的性消费的核心理念是将商业从需要提升到人的感受。按照马斯洛的需求层次理论，如今的消费已经不再满足于功能的实现，而有了社交和价值认同的成分（图7-1）。

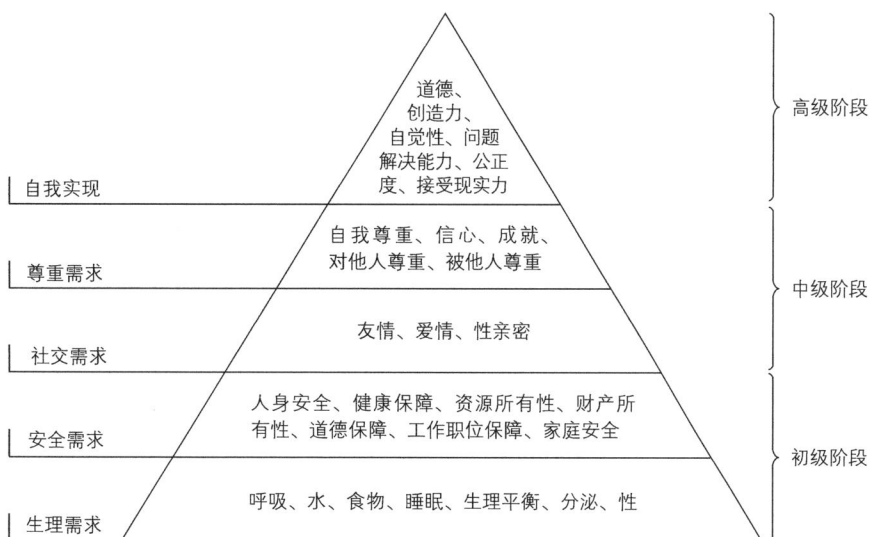

图7-1 马斯洛需求层次理论图

---

① 非目的性消费是指消费者的购买动机和购买行为没有任何的目的性或没有任何的提前预知，在某些外在因素（环境、气氛等）的诱引下而产生的一种冲动性消费。

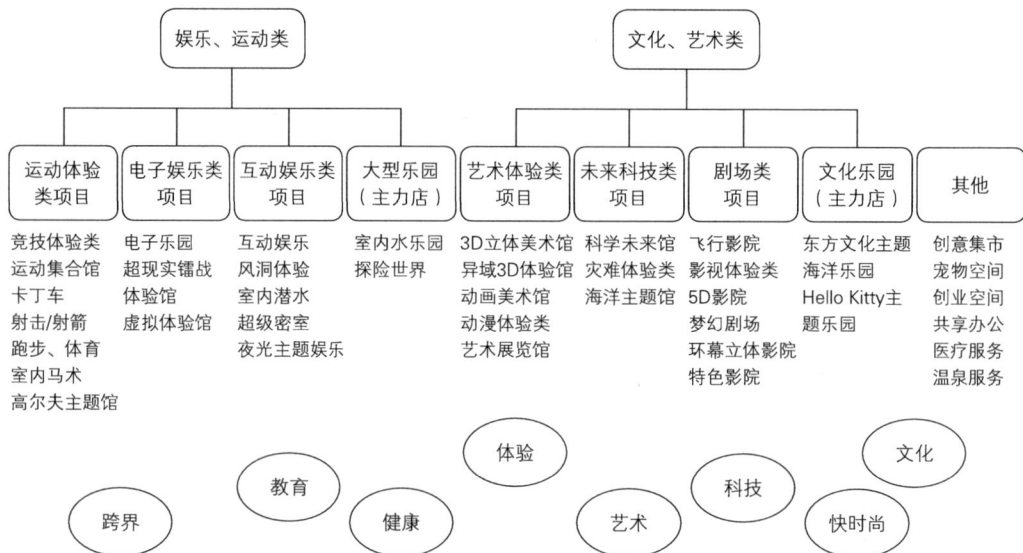

图7-2 创新业态汇总分类
体验式消费是商业综合体创新培育的发动机。

　　"体验式商业"更注重环境的营造、业态的搭配组合以及人群的准确定位。在体验的思路下，商业种类和经营的壁垒被打破。无论餐饮、休闲、娱乐还是教育、文化，"体验"重视的是场所各元素作为整体所汇聚的能量。它可以重新定义人们的价值诉求，其途径也更多的是通过情感和感受。

　　"体验性消费"决定了商业综合体设计发展的新趋势。商业创新上，应从体验场景和商业内容上发力。一是利用差异化定位打造体验式场景，二是用文化IP赋能丰富商业内容，创造出许多富含文化的主题业态。

　　在体验的前提下，出现了新的消费主义和许多创新业态。这些业态的主要特征有：着重生活模式的推广、品牌的跨界合作、对文化性和艺术性的关注、对信息化和绿色生活的关注等。在具体业态上，体验式消费往往最终表现为娱乐与文化两大主题趋势（图7-2）。

　　为此笔者还专门对一系列的创新业态的特色、空间需求以及特殊的物业需求作了详细的调研（表7-1）。

表7-1

创新业态特殊空间及物业需求

业态	品类	面积（m²）	适合楼层	特色、亮点说明	特殊的物业条件（水、电、荷载）	承租能力
运动类	竞技体验类馆	800~1500	各楼层	极速滑雪、夏威夷冲浪、十项全能等。足不出户便能体验一把滑雪、冲浪的乐趣	层高、荷载、水电均有特殊要求	8~15元/（m²·天）
	大鲁阁丨运动集合店	1000~10000	≥3层	台湾最大运动运动体验集合店，包括保龄球、飞镖机，迷你保龄球、激光迷宫、电子对战，以创新娱乐的概念，打造都会闲休运动主题馆		2~3元/（m²·天）
	iKart卡丁车	4000~10000	地下及高楼层	iKart卡丁车馆是一家集卡丁车运动、时尚生活、圈层社交为一体的大型连锁品牌	可考虑效仿上海百联中环购物中心，将卡丁车场设置在地下停车场或屋顶停车场内。也可考虑实结合的模拟赛车中心	
	射击、射箭馆	1000~3000	高楼层	体验式又大众单价的射箭馆		1~3元/（m²·天）
	健身、体育（带泳池）	1500~2000	4层		预留上下水、设备空间、独立的配电箱、卫生间。泳池用煤气（或天然气）为能源	
	高尔夫主题馆	2000~3000	屋面、地下及高楼层	可亲子可练习可商务。规划高尔夫体验区、高尔夫用品展卖区、海田源餐厅、高尔夫工坊，还有高尔夫模拟器包房、力量训练房、红酒雪茄展示区、智能会议室、休闲娱乐区	可以布局在商场楼顶，结合室内外功能区布置	
电子娱乐	世嘉欢乐城	4000~8000	≥2层	汇集由世嘉制造商提供的运用高科技的从刺激类到卜类的所有娱乐设施		6.5元/底租+18%提成
	超现实镭战体验馆	1600	≥3层	相比真人CS，加入了更多科技手段和游戏模式，更加强调其娱乐属性，可以吸引更多的人群加入，借此在体育娱乐之间擦出火花		
	虚拟体验馆	50~200	所有楼层		一般放在公共区域	

续表

业态	品类	面积（m²）	适合楼层	特色、亮点说明	特殊的物业条件（水、电、荷载）	承租能力
互动娱乐	风洞飞行体验中心	300	中庭、高大空间	利用空气动力学，能让人体验"飞翔"	层高18m	
	互动娱乐（黑暗乘骑）	2000~4000	≥2层	游客乘坐轨道游览车，沿着既定故事线路，在一个虚实景结合的主题故事环境中穿行体验的大型室内娱乐项目	该项目一般占地面积约2000~4000m²，高约6~15m。如有进口轨道车，造价较高	
	密室逃脱	2000~3000	高楼层	多主题、多模式选择		1~2元/（m²·天）
	3D立体美术馆、魔幻艺术画廊、动画美术馆	600~2000	≥3层	利用错视技法通过视觉来刺激创造力与想象力的新概念体验式美术馆。梦幻之城、动画推广、错觉视图、光学错觉		
	动漫体验类	500	≥3层	爱丽丝梦游仙境、变身记3D照相馆、海贼王		
	影视体验类、5D影院	100~2000	高楼层	国家地理风光、恐怖电影全接触、越狱、全面回忆等		
艺术体验类	特色影院	1000~3000	高楼层	艾米1895、暮里电影公馆等类似KTV的风格，观众可以根据自己的喜好自助选片，然后在有独立观影空间的包厢坐席看电影播	同院线要求	5~6元/（m²·天）
	飞行影院	2000	高大空间	一座通过球形影视屏幕、大型液压提升座舱、高科技电脑智控技术等现场特效，融视觉与动感于一体的"飞行体验"	该项目占地2000m²，建筑层高要求20m，球幕直径约20~30m，可容纳76人，投资额2000万元	
	复合书店	500~1000	2层、3层	每一个书店都有一个小型咖啡厅，供顾客休息并为会员提供饮品和甜点	预留餐饮条件	
	科学未来馆、科学博物馆	8000~10000	一层独立大空间	是一个与大家共同分享21世纪"新知"、"面向所有人开放的科学博物馆		
主题乐园	乐天世界探险世界、辛巴达欢乐城堡、东方文旅主题乐园	30000~40000	一层独立大空间	20项以上大型娱乐设施组合	一般位于独立空间，层高在24m以上，消防需要省级以上部门论证。另沈阳龙之梦8层、巴达欢乐城堡	

7.1 体验式消费下的主题娱乐趋势

"体验性消费"决定了商业综合体设计发展的新趋势。在体验的前提下,出现了新的消费主义和许多创新业态。这些业态的主要特征有:着重生活模式的推广、品牌的跨界合作、对文化性和艺术性的关注、对信息化和绿色生活的关注等。但在具体业态上,体验式消费往往最终表现为娱乐与文化两大主题。

娱乐永远代表着人类最前端的梦想。追求项目创新运营、差异化、主题化以及体验式成为商业运营发展的新方向。继餐饮业态之后,主题娱乐成为商业项目追求创新及差异化的新宠,成为商业综合体中新的活力泵。例如加拿大的西埃德蒙顿购物城(West Edmonton Mall)(图7-3、图7-4),总建筑面积超过50万m²,集购物、休闲、娱乐、文化、体育活动于一体。项目除了800多家商铺、100多家餐馆、19个电影分厅、1家豪华酒店外,还拥有占地2万m²的室内水上乐园、室内游乐场。水上乐园包括各种丰富的娱乐设施,如人造海滩冲浪、蹦床、游戏机、游乐园、溜冰场、迷你高尔夫、电影院、赌场等。

文化主题的商业地产往往能从千篇一律的购物、娱乐、零售等常规定位中脱颖而出,成为整个商业项目的重要卖点和增值点。目前,中国国内的购物中心已显现出过剩之势。在对手如林的竞争环境中如何脱颖而出?复合型文化空间的加入就成为商业综合体破局的思路之一。复合型文化空间充分考虑消费者需求,把多种服务集中在一起。消费者在这里就能够满足所有的生活需要,而且文化娱乐方面的需求也可以满足。

图7-3 西埃德蒙顿购物城的室内人工湖景区停泊着1:1的圣玛丽亚号船的模型
这是哥伦布发现美洲大陆时乘坐的船只,巨大的桅杆和船帆再现了当年宏大的气势。

图7-4　西埃德蒙顿购物城内的海洋世界及人造沙滩

现在到商场游逛已经成为一种"度假"、一种"旅游"。这几年，商业综合体纯粹的商业功能在不断弱化，旅游价值和文化价值日渐凸显，使游客在游玩中产生较强的消费欲望，从而促进消费。这是一个更高层次的文旅商业业态。

文旅商业设施在满足基本的吃、购、住等功能的基础上，还应该满足文化展示、文化体验、互动交流、游览体验等复合的功能。商业综合体的发展趋势从生活化向文旅休闲化发展。

文化主题商业综合体的设计要点在于文化的活化、休闲业态的市场化、商业地产的盈利化。一个文化主题鲜明的商业综合体也就意味着一个开放、具有吸引力、动态、有文化传承、带有体验性的空间。

1. 特征一：主题明确化

体验往往需要先设定一个"主题"，从一个主题出发并且所有服务都围绕这个主题，或者创造一个"主题道具"（例如一些主题博物馆、主题公园、游乐区，或以主题为设计导向的一场活动等）。这种主题化的服务和消费模式的核心就是：以人为本，重视人的需求；同时创造独一无二的主题符号，使其具有更强的个性特征和区别优势。

如笔者所设计的"常州吉美特商业中心"就是以"水"作为主题的购物公园模式（图7-5）。该项目在体验型消费、时尚、人文关怀的前提下，将阳光、空气、水流、绿色植物等元素引入其中，为消费者提供愉悦和开放的环境（图7-6）。以"水"为主题的国内商业综合体有"南京水游城""成都环球中心"（图7-7）等项目。

目前所选择的主题越来越纷繁复杂，比如历史文化、神话传说、动物、音乐、汽车、动漫等。然而，这些"体验"和"主题"并非随意出现，而是由设计人员和项目策划人员

创建复合型多功能环境
创建易识别、可渗透的城市区域
创建独特的场所感和项目特性
创建灵活多变的开发战略，满足长期开发的需要
创建综合性景观系统，将建筑同周围环境协调起来
创建人与经济的可持续性开发，创建多层次消费，
满足不同年龄层的需求

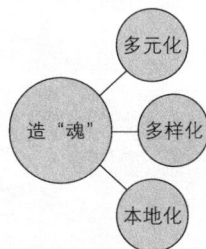

图7-5　以"水"作为主题的设计理念

图7-6　常州吉美特商业中心鸟瞰图（笔者于2012年主创设计）

图7-7 成都环球中心海洋公园实景图（来源：深圳中深建筑设计有限公司项目组）
目前国内从事海洋主题设计的公司如海昌控股，正在积极探索一条"海洋馆+购物中心"的全新商业模式，亦在积极探索轻资产运营的商业模式。具体包括：①发挥水族及海洋生物保育技术和主题公园设计建设营运全体系两大核心竞争力优势，提供咨询和技术管理输出服务；②在大型城市综合体内开发具有独特创意和海洋文化内涵的室内儿童娱乐业态；③提高海洋主题文化内容创意制作能力，研发海洋主题娱乐产品及文化演艺等创新业务。

精心设计出来的，具有夸张化、拟态化、故事化、回归商业等基本设计特点。如目前市场上已出现以旅游、农业等为主题的商业综合体，未来不排除出现医疗、教育等其他功能的组合。商业综合体的形式和内涵将"多元化"发展。

2. 特征二：业态创新

主宰21世纪商业命脉的将是创意。在某种程度上，可以说体验式消费是商业综合体创新培育的发动机。

但商业综合体在培育和创新体验式业态时要注意：首先，要考虑项目的"整体形象"，创新业态应与综合体项目的整体形象配合；其次，创新业态的灵魂是体验，体验是消费者认可项目的重要途径；最后，创新业态必须结合综合体，完善综合体的核心价值，而此核心价值必须要有持续性的包容力。

3. 特征三：设计理念的创新

笔者曾经在江西宜春设计的一个商业综合体的设计要求中，就明确提出了以下几个要求，反映了建筑设计创新的途径和思路：

（1）立面造型大气、整体，富有现代感和创意；

（2）室内空间室外化；

（3）室外空间室内化；

（4）交通分流化（多首层，车库侧立等）；

（5）人流共享互通化（集中商业与商业街人流形成环状，互通，互相拉动）；

（6）顶层价值化（屋顶可设多标高、多功能的屋顶花园）；

（7）顾客空间游乐化、艺术化（要有特色空间，成为建筑的造型中心）；

（8）文化资源整合化（在室内、景观、灯光上体现文化元素）。

任何商业建筑立足于市场，都是靠与众不同的创新模式得以成功的。不管是建筑的外观还是内在的使用功能，无论是常规业态还是针对特色人群的特色商场，都是运用创新的眼光、方法去赢得市场、占得市场先机的。

建筑设计层面上，开放空间的娱乐性及精神性特征不容忽视。一旦有了特色，将成为整个项目的决定性因素并为项目吸引各个层面的人流。如商业综合体屋顶层层退台，做成空中花园的概念，可以将人潮引入高层，提高二层以上建筑的商业价值（图7-8）。同时在空中花园设置休闲娱乐区域，使人们的身心得到放松，享受天然氧吧的愉悦气息。目前这种比较时尚的商业形式将成为未来一段时期内的主流趋势。笔者负责设计的"成都宽窄巷子二期概念方案"中，就将商业体做成一个开敞的大空间，并结合城墙的概念形成一个"屋顶演艺公园"。方案集购物、休闲、居住、旅游公园等功能为一体，从而对一期商业产生多文化的响应（图7-9、图7-10）。

图7-8 成都万象城设计

成都万象城是成都首个引入退台设计的购物中心，在屋顶花园、景观走廊等室外与半室外空间设置了大量的餐饮业态，将阳光、自然与生态巧妙地嫁接到高端商业、餐饮等业态上来。成都万象城的规划设计引入了田园概念，同时也非常符合成都人的休闲生活习惯。

图7-9　成都宽窄巷子二期规划的城墙演艺公园（来源：笔者所在项目组）

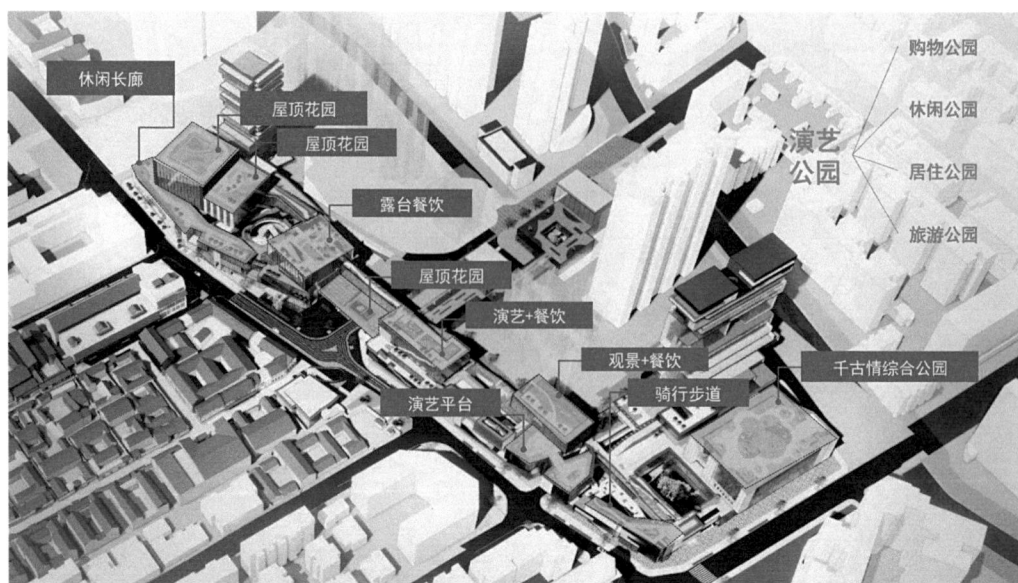

图7-10　成都宽窄巷子二期规划鸟瞰图（来源：笔者所在项目组）

如日本难波公园购物中心，就是大阪市都市花园和商业零售结合的综合性物业，项目功能由空中花园、商业购物中心、写字楼、公寓构成。整个项目占地3.7万m²，总建筑面积2.4万m²（表7-2）。屋顶花园与空中花园利于市民聚会与体验式购物活动的展开（图7-11～图7-14）。

难波公园面积一览　　　　　　　　　　　　表7-2

开发商	NK 电气铁道公司	
设计团队	美国捷得国际建筑师事务所（The Jerdo Partnership）	
开发时间	2003 年	
一期建筑面积	商业	40000m²
	办公楼	80000m²
	公园	8000m²
	绿地	3000m²
	广场与通道	4700m²
	其他	31300m²
	合计	167000m²
二期店主面积	76600m²	
总计	243600m²	

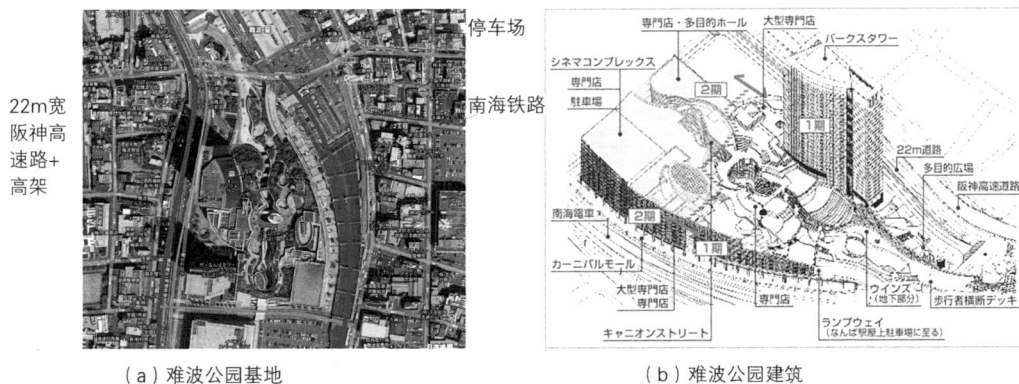

（a）难波公园基地

（b）难波公园建筑

图7-11　难波公园基地及建筑鸟瞰图
项目位于大阪传统商业区中心，基地被快速路、高架和铁路线包围，周边环境资源较少。
为呼应和处理基地问题，难波公园被项目定位为城市公园，其形态为斜坡，从街道地平面上升到8层楼高度，形成高出城市的自然绿洲。

我们可以想象，这些开放空间的运用将会催生出更多富于设计感的空间，进而为都市综合体带来更好、更持久的商业氛围和营利能力。

在体验式消费下，对娱乐业态的创新和深挖已成为商业项目的大势所趋。迪士尼、环球影城、环球嘉年华、派拉蒙等国际主题公园顶尖品牌，纷纷瞄准中国国内主题公园消费市场；同时，一些国内大企业也纷纷投身于文化创意产业，尝试以主题公园为核心进行项目开发。

这些项目往往以"主题乐园"为项目核心、以休闲娱乐为项目主导、以科技文化体验为项目特色。在主题娱乐方面，越来越侧重情景化、主题化、动态化设计；主题娱乐产品越来越注重参与性、互动性和体验性；同时，娱乐与文化的融入程度加深。

图7-12 难波公园的"自然峡谷"
用暖色石材模拟的自然峡谷，与大阪市区众多灰色混凝土和瓷砖饰面的建筑形成鲜明对比，也与周边绿意盎然的植被相互呼应，是四通八达的通道。

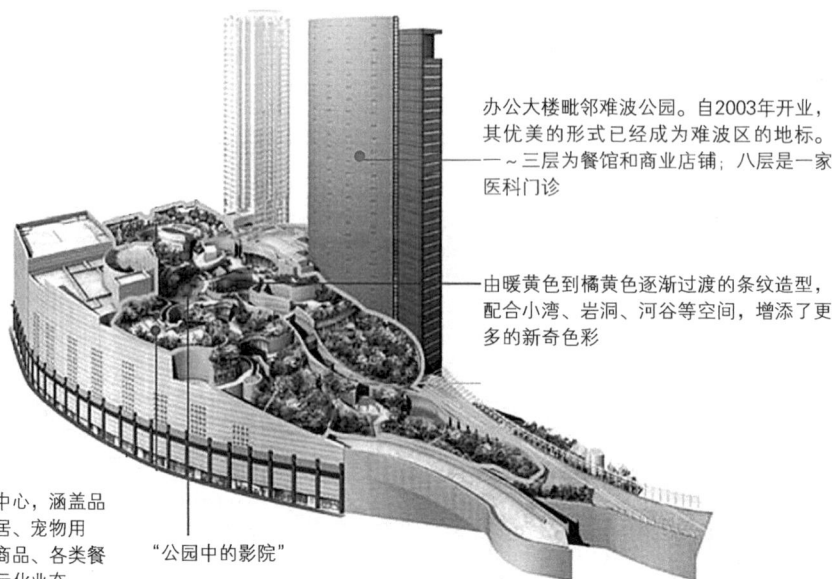

办公大楼毗邻难波公园。自2003年开业，其优美的形式已经成为难波区的地标。
一～三层为餐馆和商业店铺；八层是一家医科门诊

由暖黄色到橘黄色逐渐过渡的条纹造型，配合小湾、岩洞、河谷等空间，增添了更多的新奇色彩

二～八层为商业购物中心，涵盖品牌服装服饰、家具家居、宠物用品、儿童用品、运动商品、各类餐饮、电玩、影院等多元化业态

"公园中的影院"

图7-13 难波公园城市功能的融合
为了避免将顾客引入封闭式的购物区，难波将商业区、餐饮区与自然和开放的空间完美地融合在一起。沿着一座30层的高塔、空中花园、屋顶绿树，公园直接跟大街相连；同时，商业零售区提供了各式各样的专卖店，使之成为其独特环境的补充。

图7-14 难波公园鸟瞰

7.1.1 主题娱乐业态的三大类型

目前在建的以主题娱乐为主力店的商业综合体项目中，按主题划分，集中体现为综合类、文化类、动漫类、游乐类、影视类、海洋类、水公园七大类，但根据对国内外产业、项目的调查和研究分析，又可以将目前的主题乐园划分为三大类：电子娱乐乐园、游乐园、体验乐园。

1. 电子娱乐类项目

电子娱乐乐园多针对人们好奇、乐于冒险、敢于挑战的心理，采用多种类型的高科技娱乐设施，是结合高科技与文化、体验等于一体的电子游乐场，将游览者带入虚拟空间，或让游览者感受高空坠落、飞檐走壁、急速撞击等刺激的过程。目标客户主要为年轻的消费者群体，主要手段为以虚拟现实为代表的高科技运用。典型案例有：世嘉欢乐城（JOYPOLIS）、南梦宫（Namco Wonder Park Plus）（图7-15、图7-16）、东京休闲乐园（Leisure Land）等。

以日本东京的世嘉欢乐城（JOYPOLIS）为例（图7-17），世嘉欢乐城由游戏制造商世嘉公司（SEGA）经营[①]，位于东京"DECKs"海滨购物中心内，空间占用3～5层，面积达

---

① 世嘉公司长期从事游戏机事业，是日本最大的游戏机研发商、供应商和销售商，占据日本游戏机产业第一位。

图7-15　南梦宫主内场景一

图7-16　南梦宫主内场景二

图7-17　世嘉欢乐城在"DECKs"海滨购物中心的位置、体量示意图

1.5万m²。它囊括了由世嘉制造商提供的从刺激类到占卜类的所有高科技电子娱乐设施。其最大特色就是遍布三个楼层的尖端科技和电玩游戏，有游艺活动以及超现实的计算机图像游戏。由于吸引力巨大，已成为东京著名景点之一。

再如东京休闲乐园项目（图7-18），位于日本东京市彩色城堡，总面积为3800m²，每年接待游客120万人次。作为24小时全天候且全年无休的室内综合娱乐设施，它包揽了汇集最新趣味游戏和竞技游戏的游艺中心、保龄球场、击球练习场、化妆室、卡拉OK等，是室内娱乐设施的大汇聚。

2. 游乐园类项目

比起电子娱乐乐园的科技性，游乐园的定位更偏重于游艺。在实际操作中往往融娱乐与文化于一体，主要消费群体为一些新潮的年轻人和儿童。针对这些核心消费人群，在游乐园中往往设置一些冒险类项目、儿童游乐项目、主题类项目等，整体形象比较时尚。通过体验刺激或温和的项目，释放工作或生活中的种种压力或享受返璞归真的美好时光。

图7-18　东京休闲乐园的室内外场景

图7-19　韩国乐天世界功能分区示意

典型案例有韩国乐天世界和三丽鸥彩虹乐园（Hello Kitty）。

（1）韩国乐天世界

"乐天世界"项目位于首尔市的中心地段，项目紧靠地铁站，交通便利。项目建筑面积为18万m^2，其中游乐主题的探险世界1.3万m^2。它不仅是韩国最好玩、最刺激的主题公园之一，还包括商场、酒店、体育中心等，是一个融娱乐与文化于一体的商业综合体（图7-19）。

"乐天世界"分为室内主题公园"探险世界"和室外主题公园"魔幻岛"两个部分。室外为"魔幻岛"区，充满刺激和挑战的游戏项目，装饰美丽，适合摄影。乐天世界每个季度都会举办风格各异的狂欢节和游园活动。

室内的"探险世界"则是以"小小地球村"为主题，共分为4层，里面有很多游乐场所和探险设施，设计神秘而华丽，包括"西班牙海盗船""激流勇进""蹦极降落""法国大革命""旋转木马"等22种游乐设施，此外，还有各种公演、激光秀、吉祥物店、餐厅等活动和配套。探险世界娱乐设施完善，但惊险程度并不太高，适合全家出游消费。

（2）三丽鸥彩虹乐园

三丽鸥彩虹乐园是集三丽鸥卡通明星（尤其是Hello Kitty）于一体的全天候室内主题娱乐乐园（图7-20）。项目位于日本东京市，拥有地下2层、地面4层，总占地面积约为2.1万m²。在充满梦幻童趣的三丽鸥彩虹乐园，游客能够与Hello Kitty、My Melody等三丽鸥著名卡通人物一同玩耍。在梦幻剧场上演的音乐剧和演出中，一些卡通明星，如Hello Kitty会一展歌喉；另外还有著名的嘉年华式大巡游。除此以外，三丽鸥彩虹乐园还拥有7个娱乐设施、3家餐厅、1个咖啡厅和4家礼品店。汇集Kitty商品的"KITTY'S HOUSE SHOP""Vivitix"等销售点心、杂货、文具、衣服、家电等各种商品，还有一些在此才能买到的限定商品。

3. 体验乐园类项目

体验乐园，顾名思义，其中主要是用来体验的娱乐项目。

首先，它往往着重于新奇，主要诉诸人体的切身感受，经由感官引发心理的惊奇、愉悦，强调亲身参与，特别是亲身参与后加深甚至改变人们的认知，由此产生对于消费者的吸引力。

其次，它普遍应用高科技，营造更为新、奇、特的景观以及体验娱乐产品和项目，如通过音像设备、传感技术、电子仿真技术及各种物理学原理，模仿狂风暴雨、丛林探秘、星际漫游、黑洞历险等场景，打造主题公园"虚幻、脱离现实"的梦境氛围；或者利用物理学原理，打造可随风变化或悬浮于空中的动态雕塑景观，增加项目的可看性、新奇性。

体验乐园项目往往集观光、文化、体验、娱乐、商业于一体，兼具旅游、交流、推广等功能，如动漫推广、新概念美术展、前沿科技体验等。此外，体验乐园针对的消费人群非常广泛，年龄段横跨老年人、中年人、年轻人、儿童等。客源上可以包括游客、本地人等。典型案例如韩国特丽爱3D立体美术馆、东京塔魔幻艺术画廊、三鹰市立动画美术馆、日本科学未来馆、飞翔影院、梦幻剧场、5D影院、环幕立体影院、4D互动卡通脱口秀、4D Dark Ride、嘉定风洞飞行体验中心、X-ROOM超级密室等。

图7-20　三丽鸥彩虹乐园4D互动电影场景

（1）注重感官的体验

韩国特丽爱3D立体美术馆是首尔的一家利用视错觉构图来刺激创造力与想象力的新概念体验式美术馆。不同于传统美术馆的死板，展示的图画是对名画或生活中的画面进行创意的改造，新奇有趣；此外还提供多种多样的展示和体验活动。除错视绘画展馆外，还设有圣托里尼画廊和人物绘画等体验活动区。美术馆中图片的3D效果极强，游客不仅可以触摸并与图画拍照，还可以虚拟地成为图画中的主人公（图7-21）。

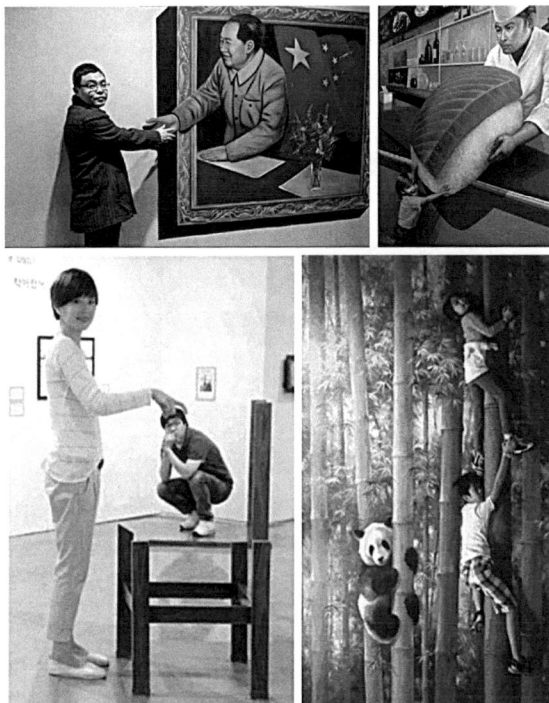

图7-21　3D美术馆中的3D效果展示图

同样诉诸视错觉的还有东京塔魔幻艺术画廊。东京塔魔幻艺术画廊位于东京铁塔大楼四楼，利用了远近法和阴影法来展示最先进的光学错觉。

但是，将视觉体验提升到极致的是梦幻剧场［图7-22（a）］，该项目的核心是"幻影成像"技术——利用光学影像技术实现真实和梦幻般的影像交织。成像方式新颖而强烈，效果虚实真假难辨，配合情节演绎，极具娱乐和视觉震撼。

还有一些体验项目在诉诸视觉的时候还配合了其他的感觉体验，如4D动感电影。

4D动感电影有平面和环幕（最大可达360°环幕）两种类型。配合高清三维立体影片内容，动感座椅系统会做出喷风、喷水、下坠、扫腿等特技效果，并与烟雾、光电、气泡等环节特效完美结合，给观众带来视觉、听觉、触觉等全方位的感受，具有极强的身临其境之感。

4D黑暗乘骑（"4D Dark Ride"）［图7-22（b）］这种大型室内娱乐项目走得更远。黑暗乘骑项目集成了4D电影、动感游览车、仿真布景、特技表演等顶尖娱乐技术，让消费者乘坐轨道游览车，沿着既定故事线路，在一个虚实景结合的主题故事环境中穿行体验。参与者乘坐游览车仿佛穿梭于主题剧情中，而动感轨道系统也会在设计规定的瞬间变换车辆运动方式，产生如急转弯、摆动、颠簸等动作，模拟爬升、坠落等效果；加上硬件特技效果，如熔岩喷射、激烈碰撞的电火花等，融合影片情节，在电脑的同步控制下呈现精彩的特效表演，让游客感受至深。

由于体验方式特殊，该项目占地比较大，面积要求为2000～4000m²，层高为6～15m。

（a）惊魂鲨鱼体验项目　　　　　　　　　　　（b）死海体验项目

（c）室内法拉利项目

图7-22　最新的室内感官体验项目场景（来源：好莱坞中国公园）

（2）注重动漫的体验

目前，动漫产业正与其他产业加速融合，"大动漫"的生态系统已经基本形成。基于此，一些商业地产先行者开始将动漫系统引入，提供动漫专用电影院、餐饮、体验馆、游乐等动漫主题设施，如变身记、海贼王、爱丽丝漫游仙境等。

变身记：3D照相馆，通过扫描仪扫描客户全身，在电脑中依照顾客要求变身为漫画中的形象，从而得到独一无二的三维实体。

海贼王：模拟海贼王场景，可以感受河流、沼泽、天空的激流勇进设施。

爱丽丝漫游仙境：全感5D影院，通过全特效、全动感、全仿真、全数字高清等高科技手段，再现爱丽丝的梦中仙境。以"爱丽丝漫游仙境"故事为主题的餐厅，创意设计来自日本设计公司Fantastic Design。内部所有装修都是以英国作家路易斯·卡罗尔的著名童话故事《爱丽丝漫游仙境》里描述的场景为蓝本进行布置及设计的。

在最近的一些动漫体验中，交互内容不断增加，如"4D互动卡通脱口秀"就是利用高科技打造的交互式游乐项目。虚拟的角色会出现在剧场的大屏幕里，观众可以在观看电影的过程中，和卡通主人公一起聊天、玩耍。

一般这种剧场是由超大屏幕影视剧场升级衍生而成的。项目占地约300m²，层高要求4m，可容纳200人。这种新型的高科技互动游乐项目利用超大屏幕人机虚拟交互技术和剧情架构，营造了与节目环境配套和互动的虚拟现实环境。项目寓教于乐，表现形式多变，很容易吸引家庭和亲子类观众。

（3）注重知识学习的体验

知识学习体验可以提供多样化的创新体验手段，如虚拟翻书，提供与真实书籍相似的虚拟电子书，但是视觉冲击力更强，展示信息量更巨大；另外，它兼具博物馆展示和体验互动的功能，如德国斐诺现象博物馆将神秘的科学实验公众化，馆内设置了超过300个不同的科学实验现象，包括声、光、物理、生物等，人们可以在此体验各类科学实验，里面的科技小剧院还定期组织上映科技普及、科幻题材的电影。

再如东京市的日本科学未来馆，项目面积约为8900m²，是一个与大家共同分享21世纪"新知"、面向所有人开放的科学体验乐园。常设展示区由"地球环境与前沿科学""技术革新与未来""信息科技与社会"及"生命科学与人类"四大部分构成，每个展厅都有科学交流员以及志愿者进行现场讲解，并与观众进行多种互动实验，还经常举办各种特别企划展，如"哆啦A梦科学未来展"等。在一些热玩项目如"机器人世界"中，游人可以同各种机器人接触；而在"国际宇宙空间站"项目中，则可以通过实物和录像等了解宇航员们的生活与工作情况，如每个人有多大的个人空间、如何上厕所、如何刷牙洗脸，等等。

一些高新科技的发展将体验提升到全新的高度，如CAVE体验（CAVE Automatic Virtual Environment，即洞穴式虚拟现实展示系统）。这是一种先进的房间尺寸的可视化工具，它整合了高清晰度、立体投影和3D电脑绘图等特性，可营造出完全置身于虚幻环境中的完美体验（图7-23）。CAVE允许多名用户同时体验虚拟环境，戴上立体眼镜，通过人的形体动作就可以改变虚拟世界，内容可以包含神话、绘画、文字等元素，通过沉浸体验让"全脑"参与其中，提高了记忆，直观的浏览、独特的视角和体验都会给参观者留下很深的印象。

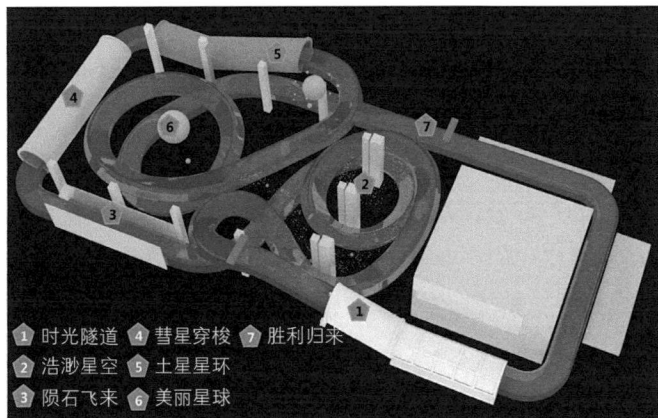

① 时光隧道　④ 彗星穿梭　⑦ 胜利归来
② 浩渺星空　⑤ 土星星环
③ 陨石飞来　⑥ 美丽星球

图7-23　利用高科技手段营造虚拟幻境的体验（紫金观天轨道设计）（来源：南京万达茂项目组）

（4）注重情节的体验

该类型的体验将小说、电影、网游中的情节与娱乐融为一体，借助高科技的创造力，通过参与者的行为使其得到独特的游戏感的体验。如逃脱类的X-ROOM超级密室，玩家通过室内某些道具进入故事发展情节，找到逃脱密室的线索。

这种情节体验由于独特的游戏感而大受欢迎。

7.1.2　主题娱乐业态的常见运营模式

由于主题娱乐产品的多样化，促使不同规模层次、不同目标群体、不同主题的产品出现，如主题式家庭娱乐中心、室内主题娱乐项目等。

1. 人流拉动、地标形象

商业综合体中的娱乐业态肩负聚集人气、吸引人流的功能。将人们的娱乐和休闲有机地嵌入商业综合体的商业、办公、居住等多元化的功能需求中，成为商业综合体设计中重要的一环。

近几年商业地产的数量激增，同质化严重到了甚至入驻品牌都雷同的程度。在这种情况下，区域型的综合体需要创造新的主题和特色来吸引客群，增加客群停留时间。

项目需要扩大区域商业的辐射半径。五彩城二期有沃尔玛、冰场、CGV影院及史努比乐园四大主力店，但是沃尔玛及影院辐射范围有限，冰场受季节及学生假期影响比较大。史努比乐园作为主题公园具有更大的辐射面积、更强的吸客能力。

此外，史努比形象在中国70后、80后人群中具有较强的认知度和认可度，由这批人组成的青年家庭，正是五彩城的主要目标消费者，因此，更加符合区域型家庭客群的心理需求。

史努比深入人心的卡通形象具有极强的延展性，不仅可以作为地产项目形象代言人，也暗示出了很好的市场应用前景。一方面，对史努比形象的运作、深度挖掘，对扩大商业项目的影响力来说可以提供很好的先决条件；另一方面，也起到了提高社会认知度、树立良好企业形象、形成地标性认识的作用。特别是通过合同约定的华北地区独家代理资格，也让五彩城史努比乐园成为当地的地标之一。

2. 商业综合体中的多业态并存

娱乐和文化作为商业综合体项目的一部分，常常伴随着商业购物、酒店、养生、养老等业态同时出现。多业态并存、相辅相成的产业融合趋势将使得商业地产项目的消费配套（如餐饮、消费、服务等）更趋综合、系统和完善，而娱乐项目和内容也将更为丰富（图7-24）。

因此，商业综合体可选择相容的物业形态，在保持各自的独立性和相互协作的同时，

图7-24 新世纪环球购物中心是一个典型的文旅综合体
作为全球最大的单体建筑（总建筑面积178万m²），地上40万m²的新世纪环球购物中心从一开始就吸引着地产界的注意。环球购物中心真正做到了大体量、多业态的组合，能带给一家人一站式的体验式消费。到了周末，一家老小在环球中心都可以找到自己感兴趣的场所，一家人可以在这里享用美食、看电影、在真冰场滑冰、去海洋乐园游玩。

实现各物业形态在混合开发中的增值，如迪拜的世嘉共和国（SEGA Republic）项目。世嘉共和国主题公园面积约8万m²，紧挨着趣志家主题公园（Kid Zania），园区拥有14个主要景点和170个街机风格的游戏，包含了惊险游乐设施、模拟运动冒险等。

世嘉共和国主题公园（图7-25、图7-26）开设于迪拜购物中心（Dubai Mall）内，占据了迪拜购物中心的上下两层。游客可以轻松地在主题公园内度过几个小时，如果需要其他服务，园区外迪拜购物中心的美食和服务都可以对娱乐提供支持。

3. 内容为主，全产业链整合

尽管娱乐业态已经成为客流吸引、消费体验的重要组成部分，但中国的娱乐业态与国外先进品牌之间还存在不小的差距。如国外著名主题公园游客年接待量普遍为500万~1000万人次，东京迪士尼乐园年接待量超过1亿人次；而我国主题公园年接待量普遍为200万~400万人次。研究国内外差距的背后原因可以发现，国内的娱乐业态相对国外普遍存在特色不明显、创新能力不足、缺乏专业经营管理人才、经营模式与营销模式落后、收入结构单一等问题。

主题娱乐作为"内容为王"的创意衍生品之一，提供的是更无形的服务，对创办企业

图7-25 迪拜世嘉共和国主题公园室内场景

的背景、资源、能力和素质有着特殊的要求。一个合格的娱乐业态运营者应该有超强的创意和内容生产的实力，有影视传播的相关背景、发行渠道来形成足够的影响力，了解创意产业内容的知识产权，有开发衍生品的能力，如影视产品玩偶、模型、纪念品、服装和主题公园等。

因此，要做好娱乐业态，仅仅依靠地产经验是远远不够的，还要依托一些优秀的大型传媒公司。以环球影城为例，其背后的开发商是NBC环球集团，也是全球最大的娱乐媒体公司之一，旗下拥有和运营着13家电视台、212家附属电视台，另外还有有线台、无线广播、卫星和互联网等业务板块。环球主题公园是美国环球电影公司旗下的大型主题公园，与环球嘉年华和迪士尼主题乐园并称为世界三大娱乐主题乐园。与迪士尼乐园相比，环球主题公园的特点在于更多地使用高科技以及借用著名电影的场景和特技，并更重视开发度

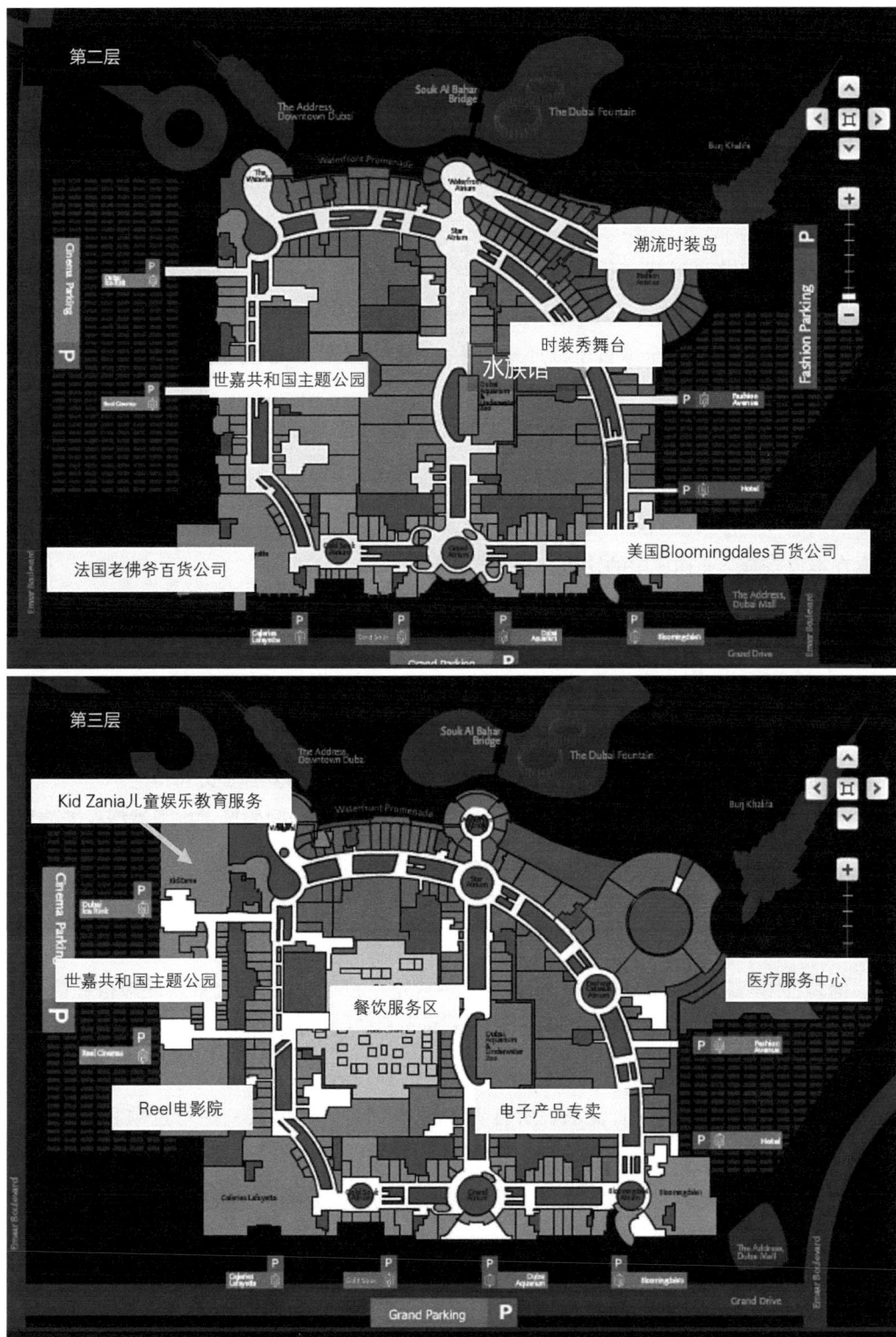

图7-26　世嘉共和国主题公园在二、三层的位置

假功能。其游乐项目包括哈利·波特的魔法世界、变形金刚3D历险、神偷奶爸小黄人乐翻天、侏罗纪公园河流大冒险等。可以说，主题公园的运营成功极大程度上得益于其他几个板块带来的创造力、传播力和影响力。

因此，主题娱乐业态要在"内容"上有创意，达到差异化，形成辐射力，就要考虑涉足制作和传播或者寻求合作，只有进行产业上的突破才能获得更广泛的影响和持久的竞争力。

最近，落户北京通州文化旅游区的环球主题公园即将开业。公园规划用地120hm²，总投资超过200亿元。此外，还将配套建设一个集多样零售、餐饮和娱乐设施于一体的环球城市大道和迄今为止全球首个以环球为主题的度假酒店，形成度假区的核心组成部分（图7-27）。

同时，北京环球主题公园也将国际先进的文化创意、旅游休闲、科技创新、生态环保等技术和产业以及本土文化元素进行了融合，项目的建设和运营将带动文化创意、精品演艺、动漫制作、休闲度假、购物餐饮等一批上下游产业加速发展，有效提升高端文化旅游要素在本市旅游产业构成中的比重，带动产业升级。

4. 娱乐业态经营模式的多元化

在经营模式上，目前国内外三大类主题娱乐项目中常见的模式可以分为三类：

（1）销售设备：游戏或文化企业根据市场上的需求，自己开发出市场需要的产品，并投入生产制造，自己生产的产品通过自己的营销体系建立自己的客户群体，如直接为大型游乐园提供设备，通过游客体验购买设备等，实例有世嘉、南梦宫、方特等。

（2）品牌授权：将自己所拥有或代理的商标或品牌等以合同的形式授予被授权者使用；被授权者按合同规定从事经营活动，并向授权者支付相应的费用（权利金）；同时授权者给予人员培训、组织设计、经营管理等方面的指导与协助。使用这种经营模式的有三丽鸥彩虹乐园、乐天世界、乐高乐园等。

例如三丽鸥彩虹乐园合作细节的商业条款规定了1年授权和游玩景点设施租赁费（按每个游乐园地点计）约80万元；授权费，包括32%的入场费和游玩景点收费；游玩景点维护费，为景点设施价的15%（约8万元）；人气卡通人物授权费（商品），为定价的10%等。还约定了设施和物业的要求、所有者和运营商的责任以及一些可选项目的额外费用等。

（3）合作经营：这种模式是指两个或两个以上的国家企业基于合同进行合作，共同从事某项产品的研究、制造或销售，或者某个项目的经营，合作者之间依合同的约定投入资金、技术或设备以及劳务，并依合同的约定分享权益和分担风险。典型案例有梦幻剧场、4D互动卡通脱口秀、4D Dark Ride、嘉定风洞飞行体验中心等。

如目前的娱乐风洞经营模式就包括：

图7-27 北京环球主题公园总体规划图及鸟瞰图（来源：北京市通州区人民政府政务公开官网）

①风洞技术的研发和风洞设备的生产及销售；

②特许经营，即加入公司的经营体系，在特许经营协议的期限内，经营者每月根据销售业绩支付特许经营费，经营者在购买任何装置时，都会获得Aerodium提供的特许经营的折扣、全面的客户服务、飞行管道维修指导和工作人员的培训机制；

③租赁，可以租借一个季度或更长时间，这可以帮助投资者减小投资风险，Aerodium 会为租赁者将设备运送到世界任何地方并安装运行；

④提供专业的风洞表演，由经过培训的表演者根据各种活动的不同内容和主题，编排出不同的音乐和表演形式。

越来越多的国际设计团队、运营团队和咨询团队的介入，带来了更加国际化、更前沿的理念和技术，有利于国内主题公园的质量提升、创意提升，甚至将促进全产业链开发模式的尽早实现。此外，经营模式的多元化和综合性也带动了盈利模式的转变。传统娱乐的收益多依赖门票收入，收入结构单一，过分依赖客流量。而多业态的融合、多元化的经营形成了多元化的综合消费。

7.2 体验式消费下的文化赋能趋势

而文化主题的商业地产往往能从千篇一律的购物、娱乐、零售等常规定位中脱颖而出，成为整个商业项目的重要卖点和增值点。目前，中国国内购物中心已显现出过剩之势，在对手如云的竞争环境中如何脱颖而出？复合型文化空间的加入就成为商业综合体破局的思路之一。复合性文化空间充分考虑消费者需求，把多种服务集中在一起。消费者在这里就能够体验到所有的生活需要，而且文化娱乐方面需求也可以满足。

7.2.1 文化赋能体验空间

文化主题商业综合体的设计要点在于文化的活化、休闲业态的市场化、商业地产的营利化。一个文化主题鲜明的商业综合体，也就意味着一个开放的、具有吸引力的、动态的、有文化传承的、带有体验性的空间。

7.2.2 体验式消费下的主题文化业态

商业综合体涵盖现代生活的各方面，强调对人本的关注和主题文化的融入，追求和谐的人文环境，已经成为目前创作的主流。文化主题型商业综合体，就是一个以建筑文化为原点，创造出现代生活方式的"文化主题情景商业建筑"。它既有企业文化、城市文脉的根基，又有对市场竞争的差异化体现，又符合现代人对高品质生活要求和对新城市文化理念的认同。

现代综合体对文化的需求正是对文化整合力和凝聚力的需求。综合体的成功离不开区域间各功能的联动，使功能之间相互促进、互动发展，最大范围地吸聚人气；而文化等人文功能可以形成区域的灵魂，使各功能发挥最大价值。

在目前已建及在建的43个项目的信息中，文化类、动漫类、游乐类（设备）、影视类、海洋类、水公园、汽车、航天、童话等主题都有所呈现（表7-3）。不难看出，商业综合体已开始向体验式"城市文化艺术会客厅"的方向发展，消费模式已将文化艺术消费列于首位，其次才是生活购物消费，并将精致生活与艺术气息紧密融合。

已建及在建的43个主题乐园主题分类统计　　　　　　　表7-3

分类	数量	项目名称
综合类	12	万达城、中华梦幻谷等
文化类	7	楚汉文化、帝尧文化、国学、爱情婚俗文化
动漫类	6	三丽鸥彩虹乐园、史努比、愤怒小鸟等
游乐类	5	梦幻乐园、乐华欢乐世界、长春迪乐世界、辛玛王国
影视类	4	天津东方环球影城、天津华强3D影视主题公园、贵州独山传奇影视文化主题公园
海洋类	3	海南陵水海洋主题公园、博鳌极地海洋世界、北戴河海洋文化
水公园	2	青岛海上嘉年华、安吉乐翻天水上主题乐园
其他类	4	汽车、航天、童话

要做到这一点，恰当的文化定位必不可少。一般而言，我们对文化价值的挖掘主要从传统元素、现代元素、艺术元素、地域元素及异域元素等方面进行思考。

1. 传统元素

传统元素是实际操作中最常见的。传统意味着历史的久远，文化代表着岁月的沉淀，二者本身的内涵就有一定的重合。如观前街的昆曲、道观、评弹，如新天地的石库门、一大会址，如第五大道的博物馆，再如成都锦里的武侯祠、蜀锦。当地曾经最辉煌的元素经过时间的过滤后成为今天各具特色的风景（图7-28～图7-30）。另笔者负责的成都宽窄巷子二期规划中，在其中一个方案中也对传统元素的提取进行了一系列的探索（图7-31）。

2. 现代元素

现代元素在文化主题提炼时往往难度较大，所以该元素在应用过程中常和一定的专业市场相结合，比如衡山路的酒吧一条街。再或者利用现代的科技手段增加独特的元素，如在建筑高度上，金茂大厦和环球广场都打出了可登高俯瞰上海的文化主题（图7-32）。

图7-28　由笔者主创的宁波江北商业广场
利用带有"民国风"元素的坡屋顶形式以求与当地"开埠"的历史相呼应。

图7-29　合肥万达茂外立面
设计中的核心思路确定在"书卷"这一能代表徽州人文气质的关键词上。一个正在翻开的"书卷"，屋面造型层层堆叠，寓意翻开的片片"书页"。在构造层层堆叠的基础上，又用灯带勾勒出几道从屋面一直延伸至立面的大弧线，既与屋面书卷的整体动势相呼应，又加强了书卷的层次感。

图7-30　由笔者主创的朱家角商业广场
利用现代化的坡屋顶形式很好地诠释了当地"似水柔情"的江南水乡文化。

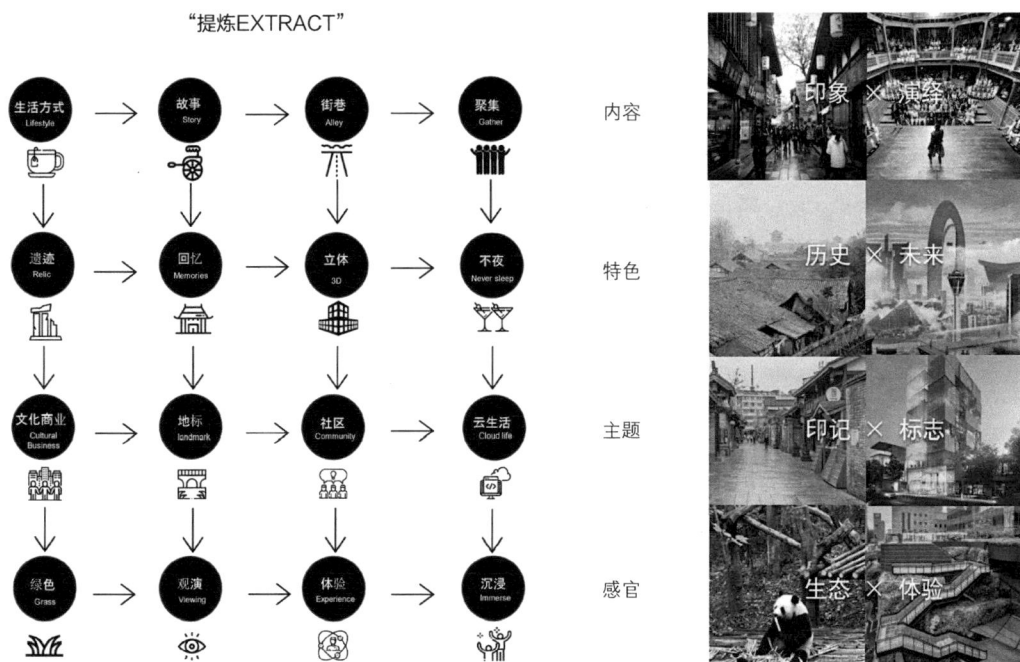

图7-31　成都宽窄巷子二期方案对传统元素的提炼（来源：笔者所在项目组）

从宽窄巷子一期提取山墙符号性框架和坡屋顶，延续宽窄巷子的风貌，保护历史文化街区的传统风格

图7-32 用现代元素提取老成都建筑密码

3. 艺术元素

将艺术欣赏、人文体验和商业进行结合。如新开张的上海"K11"拥有3000m²的艺术交流、互动及展示空间，定期举行免费的艺术展览、艺术工作坊、艺术家沙龙等活动，精选国内外知名当代艺术家的作品，分布于各个楼层，并且还有300m²的室内生态互动体验种植区，突破了室内环境的局限等。如北京的"芳草地"，打造艺术博物馆式的空间成为项目建设之初的重要策略。店铺与艺术品的混合是芳草地成功的核心因素之一。据统计，每天到购物中心顶层的展览馆参观的人员就有200多人，每逢假期会达到400多人，无疑提高了项目的艺术品位和人气。

4. 地域元素及异域元素

异域元素文化主题的运用最突出的例子就是分布在其他各个国家的唐人街，国外的元素亦然（图7-33、图7-34）。在本国很难准确地界定这种元素的文化主题的影响程度，但一旦离开自己的祖国，并和同胞达到一定的聚集规模，这种异域元素的文化主题就会表现得淋漓尽致。

如笔者主控的芜湖星颐广场就是利用原基地上的一个水面，围绕水面形成了一个异域风格的风情商业街（欧式维多利亚风格）（图7-35）。节假日，游客熙熙攘攘，均会聚集在湖边赏景、拍照。无形中，这个湖面成为商业综合体的一个文化中心。

图7-33 上海欢乐谷入口商业街及美国迈阿密迪士尼乐园中国区展馆建筑
中美文化旅游建筑都不约而同地用了对方国家的建筑特色，体现了浓厚的异域文化。

图7-34 由笔者主创的贵阳汤巴关奥特莱斯
利用基地的山地特征，通过坡屋顶与浅黄色外墙的对比穿插，丰富空间层次，创造具有西班牙风格的商业建筑。建筑物高低错落，在满足商业功能要求的同时，充分照顾城市立面，使功能与造型有机结合在一起。

图7-35　芜湖星颐广场湖边的风情商业街，欧式异域风格的文化运用（来源：笔者所在项目组）

7.2.3　主题文化业态开发的三个关键点

特色体验已经成为文化业态开发成功的核心关键点，一个成功的文化业态开发需要几个核心元素，如独特、鲜明的核心主题，新颖、有趣的体验手段，文化与科教、商业等相结合的复合开发等。当然，体验型的文化业态也离不开紧扣主题的建筑空间。

1. 关键点一：具有独特、鲜明的核心展示主题

体验型的文化业态离不开独特、鲜明的核心展示主题，如日本福冈博多运河城项目。

博多运河城占地约3.5万m²，核心部分是一个因水而生动的超大型的购物中心。180m长的人工运河以南北流向从它的中心流过。博多运河城集中了游艺、商店、餐饮、电影、音乐厅等一批文化、休闲娱乐设施。其中包括著名的福冈凯悦大饭店和华盛顿酒店、四季剧团的第一个专用剧场"福冈城市剧场"、高科技游艺主题公园"福冈快乐国"等

（图7-36、图7-37）。此外，博多运河城还拥有日本规模最大的多功能电影院，共有13个放映厅，经常上映热门佳作。

在该项目中，运河形成了博多运河城鲜明的主题。位于正中心的"太阳广场舞台"一年四季都举办各种表演及集会活动（图7-38）。滨水的表演舞台总是有各种不同风格的乐队在那里进行表演。如果顾客累了，还可以在河边长椅上坐着观赏日落美景，或是请画像的艺术家为你画上有日本卡通造型的漫画像。

图7-36 博多运河城内部的垂直绿化

图7-37 博多运河城鸟瞰及功能划分

图7-38 博多运河城内部"太阳广场舞台"的典型营销场景反映设计的内涵——让顾客停留更多时间

2. 关键点二：新颖、有趣的体验手段

体验功能和活动已经成为文化、科技展馆开发的灵魂，多样的参与体验功能形成了对人群的强烈吸引力。通过独特的体验式科技实验，将娱乐休闲与文化、科普完美结合，形成展馆持续的生存魅力。

以其中的新媒体艺术为例，它主要通过电脑、摄影、多媒体、网络等媒介，以互动型、视觉化呈现新的艺术形态。与传统艺术不同，观众不再只是艺术的欣赏者，同时也是参与者甚至是创作者。如德国的ZKM媒体艺术中心的题材三要素为：互动装置呈现的互动艺术、录像展示呈现的视觉艺术和主题展览呈现的造型艺术等。

尤其是互动艺术展示，主要是以互动装置营造互动性和强烈的现场感。如西雅图体验音乐博物馆（Experience Music Project）中以电脑和互动的3D影像相结合表现各主题音乐的音乐欣赏体验；通过先进的设备使得未受过专业训练的观众也可以通过敲击屏幕画面、捕捉光点等手段弹奏出音乐，得到演奏体验；模拟实验室中还可以提供电子鼓、电子吉他、贝斯等乐器，朋友可以相约组成乐团演出，利用音乐科技效果，让体验者得到万千观众欢呼的感觉。

3. 关键点三：文化、教育、商业、娱乐的复合开发模式

文化与科教、娱乐、商业相结合的复合开发模式可以整合学校、政府和商业资源，形成一体化的开发运作模式。如上海K11将艺术作品、互动式的顾客服务、不定期的艺术赏析等多元化感官体验融于一体，赋予购物全新的定义。在B3层开辟的3000m²的chik11艺术空间定期举办艺术展览、教育讲座及工作坊等，以此构建艺术家与公众的交流平台。

其他文化与教育资源结合的方式有：通过设立科普课堂、讲座、会议等形式，与学

图7-39 美国波士顿儿童博物馆室内外场景

这只高40m的巨大奶瓶，现在是波士顿的标志。它的后面就是这个国家最大的儿童博物馆之一。四个楼层的展品可满足各个年龄段的儿童，从初学走路的婴儿到十来岁的小孩以及更大些的孩子。大多数展品是可触摸的，所有展览都提供一次学习欣赏的经历。

校、政府资源进行整合。

如中国台湾东和音乐体验馆是台湾中小学校指定的户外教育基地，以音乐教育推广为目的，以音乐体验为手段，激发学生学习音乐的兴趣，每年吸引大量学生参观体验。功能主要为一些DIY实作区、音乐游戏区、声音体验区等。

墨西哥探索科学中心则是科技与教育资源结合的好例子。墨西哥湾沿岸的Exploreum科学中心和当地大学、科研机构合作，设置了不同级别的科学实验课程。课程共分12级，由易到难分4个课题：健康饮食、健康运动、DNA模型学习讨论、DNA转蛋白质实验。美国波士顿儿童博物馆也是优秀的案例之一（图7-39）。

上海张江文化科技创意产业基地是笔者曾经参与设计的一个项目。作为上海首个文化创意产业园，张江文化科技创意产业基地已经成为国内最具活力和创新能力的产业基地之一。

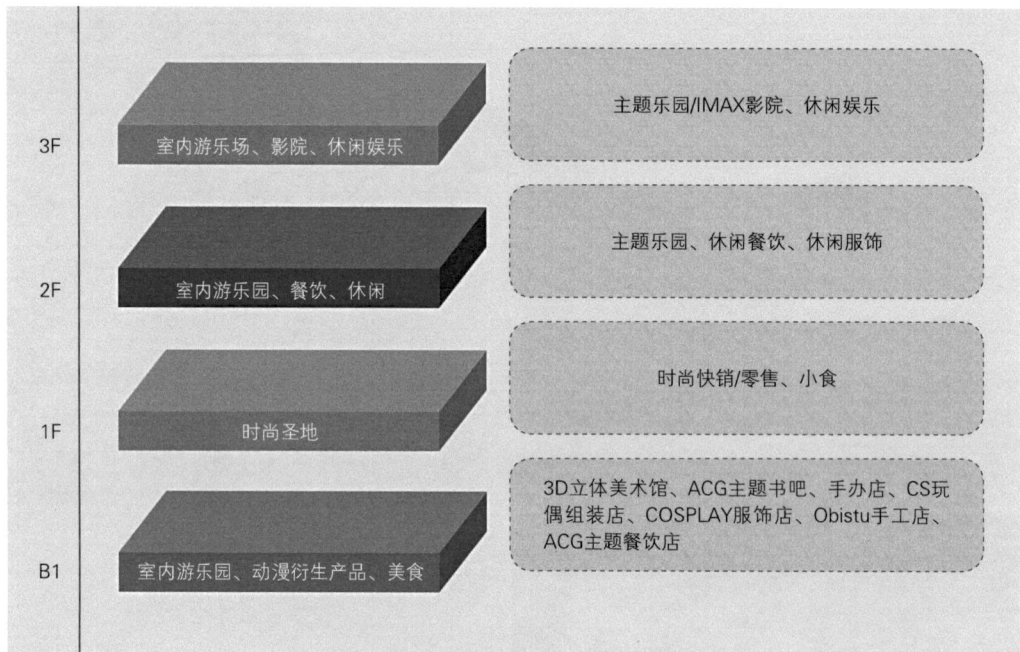

图7-40 上海张江文化科技创意产业基地业态布局及组合设计四种主要业态
配合零售、餐饮、娱乐、生活配套等常规业态就构成了整个ACG文化商业综合体的复合创新业态生活版图。

  该项目通过对市场环境的一系列分析，提出了打造城市副中心、ACG①文化商业综合体的设想。功能定位主要分为两部分：首先是主题商业，用于满足居民及白领生活的商业消费需求和休闲娱乐需求；其次是高科技办公楼，提供城市副中心稀缺品质办公空间和标杆性商务服务型物业。通过高科技办公楼和主题商业等业态的加入，该综合体集科研、办公、娱乐、文化、休闲、生活、教育等功能于一体，以科技为内涵，产城融合，包含了创意文化全产业链（图7-40、图7-41）。

  上海张江文化科技创意产业基地项目的商业定位是以"ACG文化"为主题的集购物、餐饮、娱乐、商务于一体的综合性消费中心。项目业态四大ACG主题元素的表现形式定位为：①主题娱乐：主题乐园、IMAX影院、互动KTV、动漫原型走秀、ACG沙龙；②主题零售：ACG用品、ACG书吧、手办、玩偶、COSPLAY服饰；③主题餐饮：女仆咖啡、猫头鹰餐厅、主题餐厅、商务快餐、小食DIY；④科技互动：3D立体美术馆、原创动画半球幕飞行体验馆、互动体验区等。

---

① ACG是一种新兴且具有无限可能的文化艺术形式，为英文Animation、Comic、Game的缩写，是动画、漫画、游戏（通常指电玩游戏或GalGame）的总称，为华人地区常用的次文化词汇，特指来自日本的动漫和电子游戏（这里的电子游戏多指美少女游戏）。ACG文化具有世界性，经济是其基础，科技是其动力。

项目分区主题示意图

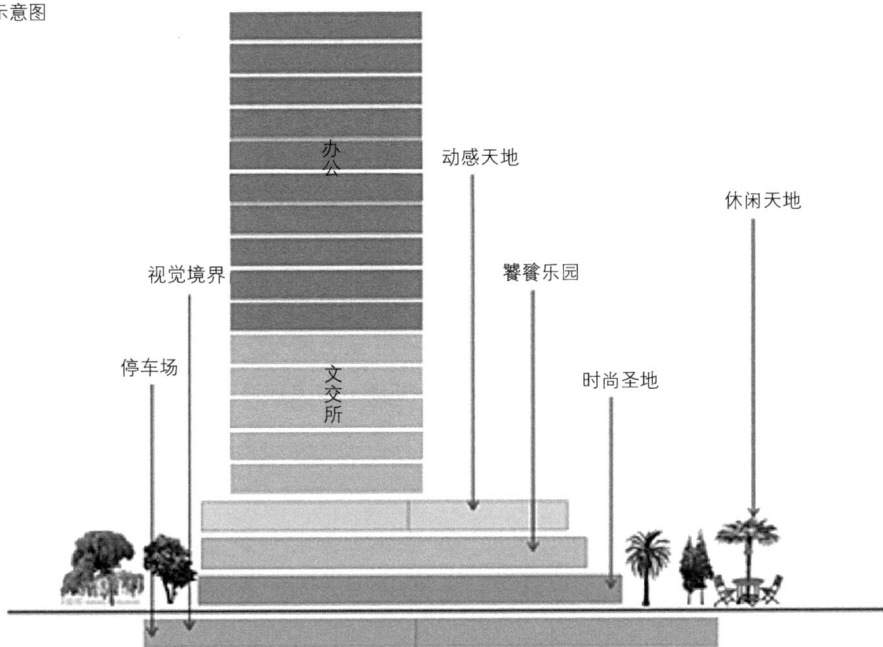

图7-41 上海张江文化科技创意产业基地项目分区主题示意图
该项目商业定位是以"ACG文化"为主题的集购物、餐饮、娱乐、商务于一体的综合性消费中心。

项目以"主题乐园"为核心，以休闲娱乐为主导，以动漫、高科技为表现形式，以科技文化体验为项目特色，打造符合张江消费群特质的商务社交的文化圈、现代生活方式的展示圈、时尚年轻阶层的游乐圈，是集文化展示、时尚零售、多元餐饮、高端科技为一体的文化主题型商业中心，提供商务、休闲、生活、健康的全方位服务。

同时，项目通过宣传形成拉动效应，带动系列产品的开发、生产、发布和销售；主题商业内定期举办主题活动、办公楼内企业的产品展销活动，带动商业发展，如网络游戏、动画片、手游、数码产品等；通过对餐饮、周边衍生品、服装等行业的辐射，以及网络、电视媒体、现场展示、微电影等手段，做到O2O线上线下无缝结合的销售。

7.2.4 以文化为核心的空间布局特点

随着文化休闲功能开始由配套功能逐渐转变为综合体的主导功能之一，商业综合体逐渐成为城市生活的休闲中心。它以"体验经济"为基础，以消费、娱乐和休闲为主旨，甚至还融合了教育功能，着眼于满足市民的精神和文化需求。

1. 城市中心区的公共游憩空间
公共游憩空间成为商业综合体的重点。其中，商业、交互性娱乐、公共休闲空间对文化设施的带动作用最大。如澳门文化中心，在功能布局上，以剧院主舞台+小剧场和露天广场为主。此外，还有户外的文化艺术广场，其多用途的户外表演场地，鼓励自发性的娱乐活动及露天表演。

该模式往往展现城市人文历史文化，集主题核心业态、各类衍生特色主题零售、各类餐饮、休闲娱乐于一体。此类商业综合体将文化和娱乐作为商业部分的主导，如德国柏林波茨坦广场的索尼中心。

柏林的索尼中心占地面积为2.6hm^2，总建筑面积为13.25万m^2，拥有8栋大楼，提供办公、零售、娱乐和居住功能空间，是当地最有魅力的文化场所（图7-42）。

由于周边区域的零售功能日趋饱和，因此，在索尼中心项目策划中明智地限制了索尼中心的零售使用面积，而将文化、娱乐作为商业部分的主导，极大地扩展了索尼中心的辐射能力。

从业态配比和布局上看，索尼中心娱乐型商业是整个综合体商业的主要组成部分（图7-43）。娱乐业态占整个项目商业部分的68%，其中还未包括电影之家内所包含的娱乐部分，相比之下，零售只占32%。索尼中心选择合适的物业形态混合开发，并将各个部分有机地组合在一起，成功地加强了各物业形态的经营。

时尚科技创新产品将购物、生活方式和娱乐商铺融为一体。广场致力于引进一些能够强化广场活泼气氛的零售店与餐饮。主要集中在广场的索尼时尚店拥有高科技的四层营业环境、销售广泛的创新产品，属于生活方式和娱乐相结合的商铺。

电影之家占据了索尼中心的一栋大楼（图7-44）。电影之家提供空间给各类用户，其中有德国电影电视学院、马林·迪特利奇电影博物馆、阿森纳宝库电影院。索尼中心中除了电影之家外，整个项目还拥有"电影之星"多厅电影院、"电影之星"3D IMAX影

写字楼内部设有机械雕塑展示

全景电影院、购物中心

核心区
文化类：音乐剧院、电影博物馆、电影剧场、展览会
商业类：餐馆、两家电影院

索尼中心和奔驰中心

区域周边还有Stella音乐剧院、一个卡西诺赌场和居住区

图7-42　德国柏林波茨坦广场
波茨坦广场的成功在于文化设施与商业设施的高度结合。其写字楼与艺术展示结合，剧院、博物馆、展馆与电影院和购物中心共享人流，区域居住和赌场也为文化中心带来大量的流动人口和居住人口。

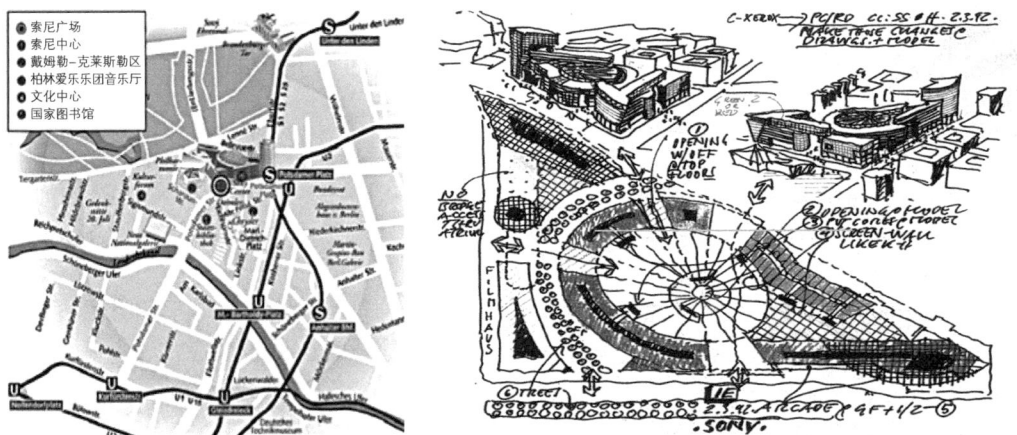

图7-43 波茨坦广场的索尼中心巨大的"穹顶"和商业活动空间

图7-44 索尼中心的电影之家

巨大的轻钢屋顶将不同的建筑连接为统一的街区，人们可以在屋顶下放松、就餐、休闲和购物。

院和餐饮。"音乐盒"让顾客体验各种音乐主题，它通过高科技为顾客提供多样的互动式活动。顾客可以站在显示屏前指挥"柏林交响乐团"，还可以参观摄录室，看到虚拟的贝多芬。

丰富的休闲娱乐、清晰的定位，再加上标志性的广场大屋顶，索尼中心通过建筑设计创造了一个特别的城市区域和有吸引力的城市空间。

2. 城市区域文化气质的塑造与提升

多功能文化聚合可以树立和提升文化的核心地位，特别适用于文化底蕴和配套设施欠缺的区域，可迅速提升区域文化气质，吸引客流。如笔者所负责的成都宽窄巷子二期规划。项目通过演艺植入"天府文化"，再现成都的辉煌历史以及老成都的市井文化。文化内涵的记忆被重新诠释，对整个成都市形成辐射，发挥巨大的文化艺术传播效应（图7-45、图7-46）。

成都新世纪环球购物中心也是一个典型的文旅综合体（图7-47、图7-48）。

图7-45　成都宽窄巷子二期的新文化定位（来源：笔者所在项目组）
宽窄的核心基因是传统中式"街巷院场"的产品空间形态，二期在此基础上进行创新设计，穿插演艺功能，如空中院子、创意盒子（演艺）、室外演艺、亮点地标等。

节点融合：在一期对应的街口形成节点空间，利于人流聚焦和商业的展示。

动线接驳：宽窄巷子一期的三条巷子对应二期形成动线的延伸，实现人流的互通与导入。

图7-46 成都宽窄巷子一、二期的空间关系分析（来源：笔者所在项目组）
延续宽窄巷子的风貌及城市肌理、街巷肌理与建筑肌理，形成一个区域性的旅游景区。

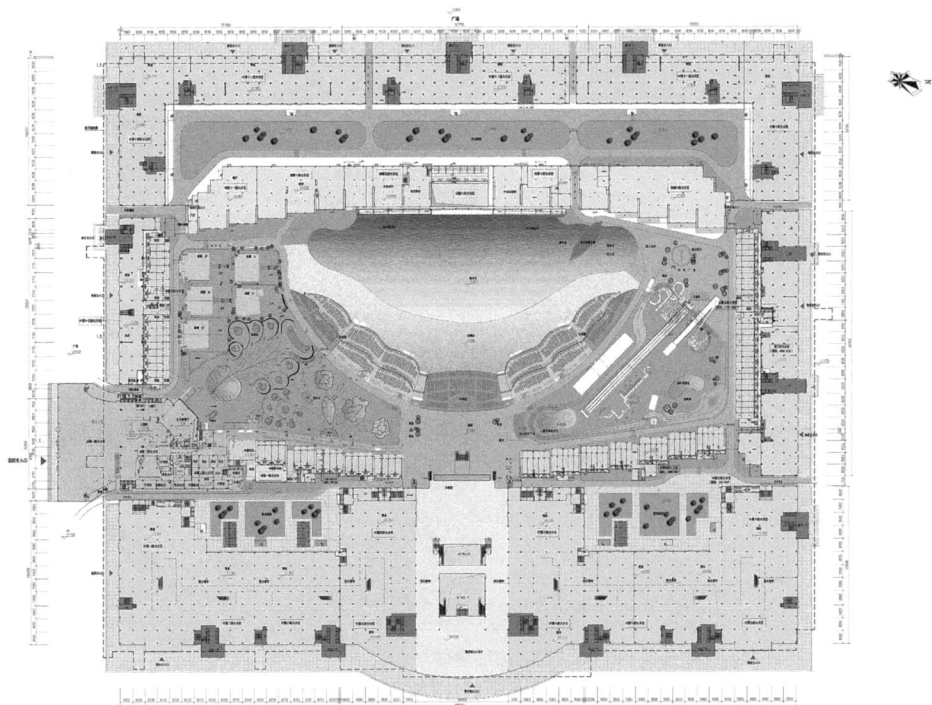

图7-47 新世纪环球购物中心一层平面图

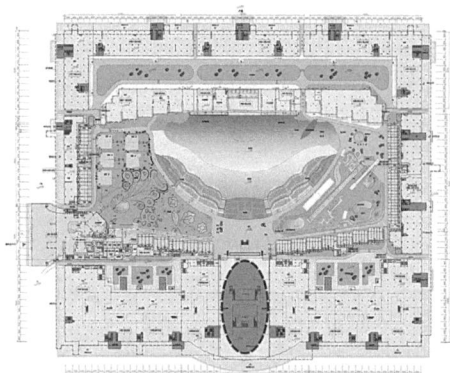

（a）海洋乐园入口大厅

以长180m、宽60m、高60m的阳光大厅作为整个建筑群主体功能的入口和人流交通枢纽。

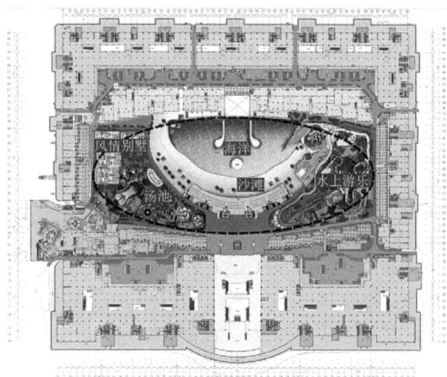

（b）核心功能区——海洋乐园

8万m^2、高99m的无柱室内大空间，包含1万m^2的造浪模拟海洋和沙滩、水上游乐区、风情别墅区、汤池区、餐饮、休闲区，使人们在市区就能享受全天候阳光、沙滩的度假生活。

（c）室内实景

图7-48 成都新世纪环球购物中心是一个典型的文旅综合体

在环球购物中心内，7.8万m^2的韩国乐天百货中国旗舰店、25万m^2天堂岛海洋乐园、约3000m^2的竞赛级大型真冰场、8000多平方米的IMAX巨幕国际影院，无论哪一个项目，都会让消费者心动不已。环球购物中心真正做到了大体量、多业态的组合，能带给一家人一站式的体验式消费模式。

案例：文化赋能，体验式商业从有趣到灵魂

上海K11艺术购物中心凭借艺术、人文、自然与商业结合的创新定位，一直是上海最有代表性体验式商业项目之一（图7-49）。

上海K11通过区域的主题规划，使得顾客可以像逛展馆一样在项目内游走，如同在博物馆内逛街，加上各种跨界合作的展览、对公众艺术教育的投入、美学品牌的渗入，公众能体会到更多元化的"艺术+商业"的体验。

如果说文化街区、美食主题街、IP形象展等创新形态是体验式商业的"形"，那么现阶段一些购物中心则迈向了探索体验之"魂"的阶段。

上海世茂广场：以"歌剧院"为设计理念、"魔都潮流枢纽"为定位，项目以强基因的IP与潮流文化营造出"零售+体验"的多元复合业态，打造综合性的文化场所（图7-50）。

图7-49　上海K11

图7-50　上海世茂广场

7.3 "大而全"与"小而美"的两极分化趋势

消费升级，市场竞争加剧，带来了市场的巨变，在规模定位上出现了两种趋势：大的更大，小的更精，也就是"大而全"和"小而美"两个特点（图7-51）。

7.3.1 大而全的"商旅文综合体"发展趋势

由于商业存量过剩、同质化严重，在线上分流大量客流的情况下，传统商业面临的

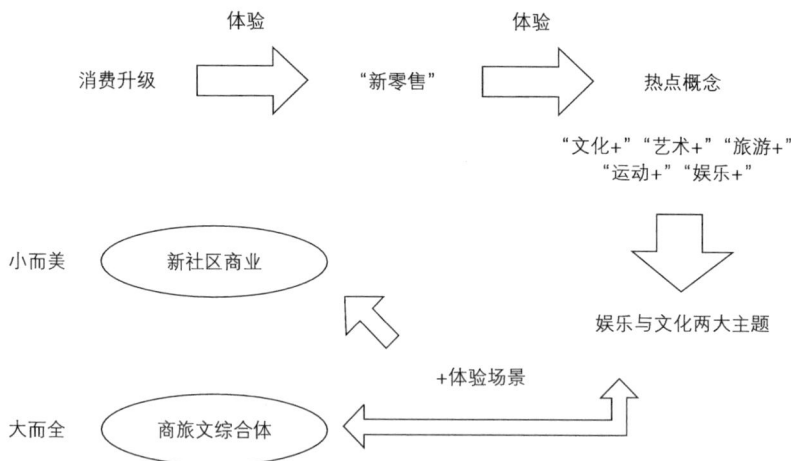

图7-51　商业地产发展趋势在规模方面的两极分化

形势越来越严峻。在越来越激烈的竞争环境下，我们需要通过打造更新更大的"超级大IP"，吸引各类人群，推动人流量增长。

规模上，大有大的优势。面积大即意味着包容性强，品牌种类多样化，有更好的容纳力和更大的吸纳力，让消费者真正体会到一站式购物的畅快。"超级"不仅仅是规模大的意思，更多的是通过跨界组合，形成同一个品牌下的多个消费娱乐场景，运用不同的"IP"主题组合，例如关注儿童类的家庭体、文化艺术类的演艺体、休闲类的娱乐体等，实现传统商业的升级转型，甚至做成超级主题公园的形式，从而达到跨区域的辐射。

第四代商业——"商旅文综合体"出现了。这类商业最典型的代表莫过于美国三五集团经营的三个超级MALL。其中最新的"美国梦"（American Dream）于2019年10月25日开业，商业总建筑面积为39万m²。作为全美最大的购物中心，开发亮点在于业态配比。其娱乐业态占比在商业体中首次压倒零售业态，分别为55%与45%。这一历史性的业态分布变革将使"美国梦"更新"零售娱乐化"的定义。这样的商业是可以通过成为"旅游景点"来吸引顾客的。旅游景点的辐射半径可以达到上千公里，所以此类大型商业每年可以吸引几千万顾客的到来（图7-52）。

"美国梦"预计每年有4000万访客量，能产生1360亿美元的消费。"美国梦"有5个中庭，自然隔成了5个区域，每个区域分别承担体育、娱乐、影院、餐饮和时尚的角色。它所涵盖的业态让人兴奋不已，包括尼克大宇宙主题公园、大型云霄过山车、暴雪溜冰场、12层楼高的滑雪坡道、海洋水族馆、摩天轮、梦工厂水上乐园、乐高探索中心、主题18洞高尔夫球场……

另一案例为迪拜购物中心，以总建筑面积约56万㎡的巨无霸体量创下了世界上规模最大的购物中心的纪录，年客流高达8000万。真正让迪拜购物中心成为世界著名"旅游景

图7-52　"美国梦"

点"的则是其内部游逛场景的营造，充分利用最新科技展现实体与虚拟并存的一流融合体验，满足每一个游客突破想象的感官体验。

迪拜购物中心目前拥有1300余家品牌商户，涵盖电影院、豪华酒店、餐饮、零售、奥林匹克规模的冰场、VR主题公园和水族馆等多元商业业态。拥有1.6万个停车位的迪拜购物中心有着这么一个口号：没人能够空手走出去。2019年，迪拜购物中心二期（The Dubai Mall Zabeel）正式营业。其亮点不仅在于业态的互补升级及商业场景的扩容，更在于其"城市服务商"角色的升级，通过车道的修建不仅成为项目本身的服务附加项，更为区域交通运载能级的提升做出了贡献。

国内也有此类综合体的许多尝试，如步步高的"梅溪新天地"、万达的"万达茂"等产品。

步步高梅溪新天地项目定位为：漫时尚，轻度假，集购物休闲、主题游乐、文化艺术、旅游观光为一体的"商旅文"城市综合体。

步步高梅溪新天地的功能定位为：时尚购物、创新餐饮、艺文娱乐、休闲社交、综合配套、生态景观等。梅溪新天地将主题游乐场、飞行体验馆和商场结合，以休闲娱乐消费带动家庭消费，这也大大提升了项目的远程辐射能力。从功能定位方面，可以总结为三大目的地：购物目的地、娱乐休闲目的地、旅游目的地。这是一般的商业综合体所不具备的（图7-53）。

万达的第四代产品也将走这条规模大、功能全的路子。

万达茂是特大型文化、旅游、商业综合体，是整个文化旅游城的主轴线，将各个项目有机连接在一起，荟萃国内外时尚品牌和几十家美食餐厅，让游客体验舌尖上的世界。目前国内已有10余座万达茂开始营业，其运营效果正在接受市场的考验（图7-54、图7-55）。

图7-53 步步高梅溪新天地

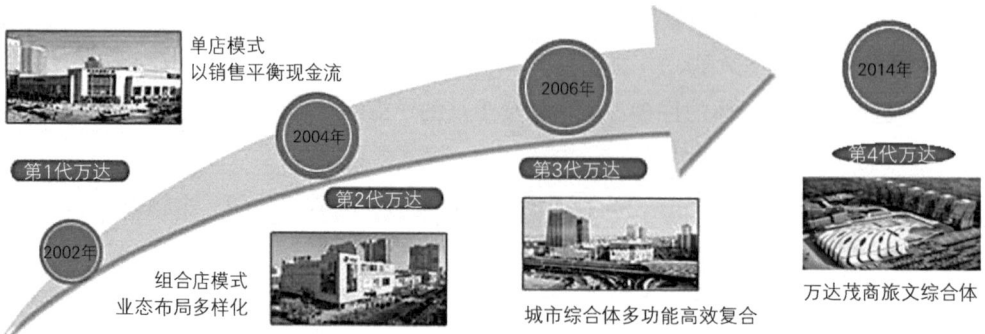

图7-54 万达的产品线演化线路图

我们可以发现：商业体量内，真正产生活力的不是商业，也不是娱乐，而是内容本身。注意力稀缺的时代，产品不再是功能表达，因为看不到使用特性，而是情绪表达，用户因爱其调性，而爱其产品。

此类巨型购物中心的挑战在于：一是对选址要求很高，二是开发商的资金实力及招商运营能力。

万达茂特点：

文化+商业中心
节目精彩多样
业态丰富
文化多元
全天候、360天
"一站式"消费娱乐
面向家庭的休闲娱乐

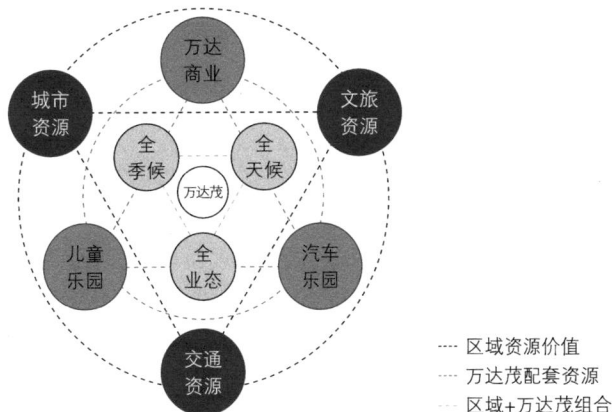

···· 区域资源价值
···· 万达茂配套资源
···· 区域+万达茂组合

图7-55 万达茂产品特点

7.3.2 小而美的"社区商业"发展趋势

在商业地产的发展大潮中，社区商业以"小而美"的姿态越来越受到开发商的青睐和关注。即便电商冲击再大，家门口的日常消费还是需要的，社区商业成为商业地产另一种重要组成形态。

最新数据显示，预计到2030年，中国城市化率将达到66%～67%，预计未来每年将有1200万～1400万人口进入城市，中国将形成20000个以上新社区，社区商业以永续经营、稳定客群、经营自由、资产证券化基础较强等优势成为城市更新、商业投资的新热点（图7-56）。

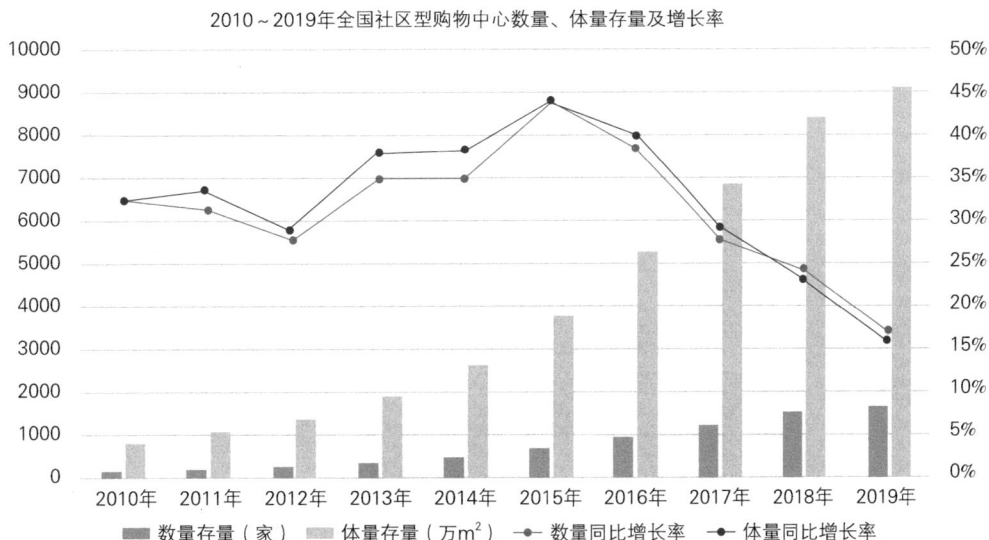

图7-56 前十年全国社区商业增长率（来源：赢商大数据）

"小而美"意味着社区商业的面积不宜过大，一般总体量在1万~3万m²。社区商铺的人均商业面积在0.6m²以下；社区邻里中心的人均商业面积为0.6~0.8m²；集合性多功能社区商业的人均商业面积为0.8~1.2m²。

"小而美"意味社区商业绝对不是大型综合性商业中心的缩小版，要真正从定位、功能、业态、服务等各方面与大型商业中心形成差异，并建立"社区商业"特有的商业模式。

近十年来国内社区型购物中心行业规模稳步扩张，平均每年新开业项目超过155个、体量逾850万m²，年均增长率达到29%。2015年后，行业告别"野蛮增长"，"小而美"意味着社区商业进入精细化运作阶段。

1. 社区商业的特点及优势

社区商业聚焦"最后一公里"社区商业，更加贴近消费者，提供了更直接、高效的服务。社区商业成为商业地产的另一种重要组成形态。社区商业以服务为核心，以便利为竞争力，服务观在消费者价值观中占重要位置，例如维修、送水、鲜花、诊所、家政、洗衣、快餐、药店、银行等便民服务（图7-57）。

2. 线上、线下的融合，社区商业成为新零售主战场

从线上走到线下，社区市场或将成为下一个爆发的红利市场。

（1）新零售在社区商业频频布局

2018年、2019年两年，家门口的菜市场开始"消失"，更多的生鲜超市、便民服务中心、便利店开始出现，手机上的消费、服务类APP开始变多。"吃、喝、玩、乐、用"为一体的小型商业MALL也开始在小区周边出现，或是成为新楼盘的标配。前有新加坡的邻里中心模式、美国的社区百货模式以供借鉴，中国的社区商业进程以自己的方式开始快速推进。

图7-57 社区商业的特点及优势

随着新零售市场持续升温，社区已经成为新零售运营商的必争之地。为什么新零售这么钟情于社区商业呢？主要是因为社区商业的特点和新零售基因的契合度非常高（图7-58）。

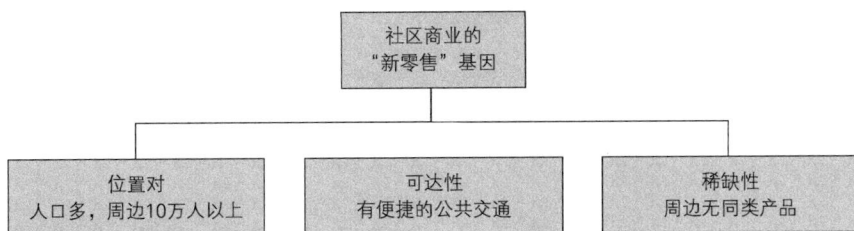

图7-58 社区商业的三方面特征

（2）社区商业数字化理念的架构开始发展

互联网与社区商业的链接，让社区商业价值最大化。

社区物业则通过O2O服务形式为居民提供增值服务以形成新的营收点，包括周边生活服务、社区广告营销、社区电子商务、物业增值服务、网络社区论坛、社区交友及服务等。目前，市场已有许多的智能设备开始对接社区，这类服务在未来也可能进一步放大。

通过"线上下单、线下体验"等形式与电商竞争合作，多维度拓展消费体验。如围绕社区商业，盒马尝试了盒马菜市、盒马mini、盒马里等多个产品线。"盒马里"将"社区购物中心"搬上网，基于门店周边3km范围内人群生活所需，提供商品与服务，用户可以到店或在线下单，无缝衔接，同时侧重社区，增加配钥匙、家政、修手表、保洁、美容美发这样的社区服务。这可以看作是盒马撬动未来社区零售的一个实验场，而这场实验的内核则是背后的数字化。线上、线下高度统一，可以在线下购买，也可以在线上下单，借助数字化技术，优化从仓储管理、上架标准、线上销售、货品配送、到店服务到数据反馈的新零售回路（图7-59）。

3. 社区商业的四个发展趋势

随着新时代消费方式和理念的改变，传统的社区商业急需转型升级，来迎合不断增长的社区消费需求。

（1）业态定位方面:从刚需消费向复合消费转变

早期的社区商业更注重功能性，特别是消费功能，很多传统的社区商业都只是配置了基本的生活配套。

一些城市成熟区域，其周边的常规商业供应已经较为饱和，很多居民希望社区商业在商业功能上能够更加多样，品牌上更有特色，对社区商业的业态与品牌提出了更高的要

图7-59 盒马新零售在社区
服务中的扩展

求。消费者在大多数品类中呈现出"多品牌偏好"行为，这意味未来社区商业需重点考虑品类/品牌丰富度。

（2）场景体验方面：从单纯的功能性向体验性转变

传统的社区商业以提供商品消费为主，但正如马斯洛原理阐述的，在基本物质需求得到满足后，人们必然转向更高层次的精神需求。今天的消费者完全变了，来到商业体不只是为了购物，更多是为休闲、娱乐、体验、生活。面向消费者的体验需求，重构品类，是商业体的生存之道。

未来的社区商业不仅仅是日常消费的地方，更应强调要成为社交体验的场所，如社区跳蚤市场、社区运动会、相亲会、宠物联谊会、儿童活动等。

在这个背景下，社区商业的消费体验感和环境亲和度也有了更高的要求，硬件上如绿化与水系、景观与小品、休憩区域的个性化等，软件上如运营的智能化、商业与消费者的互动性等。

THE COMMONS项目最大的亮点就是为年轻人社交提供更多的开放空间，方便年轻人随处一坐就可以休息、聊天、做瑜伽、学习，甚至发呆一下午（图7-60）。

社区商业体量虽小，但主题化的场景打造不可或缺。通过对空间、环境以及主题等多方面的提升，使客户获得更好的消费体验，正在成为社区商业最重要的趋势之一。

（3）文化载体方面：从商业功能向社区文化功能扩展

社区商业不仅是社区商业功能的载体，也应该是社区文化的载体，但传统的社区商业往往在第二个方面明显欠缺。他们对生活品质及精神层面的需求在不断升级，这中间不仅包括了一般的生活购物、餐饮、娱乐等，也包括了亲子、社交、文化等多层次的需求。

由于社区商业具备独立的场地与空间，所以可以定期和不定期地举办周末跳蚤市场、

图7-60 曼谷社区商业THE COMMONS的入口空间

公益义卖、节日主题派对以及亲子交流等社区活动。通过这种模式，不仅可以促进社区的健康发展，提高用户的黏性，同时也可以提升社区商业的影响力，并为商业带来稳定的客流。

　　新时代的社区商业需要更加精细化，在社区服务和消费体验的结合中，联合众多专业化、品牌化、连锁化甚至定制化的品牌，形成区域化的配套共享，满足消费者更多的消费需求，才能真正成为承载区域生活的主要平台。

7.4 "疫后重生"，消费新习惯促变新商业

　　2019年底，爆发了席卷全世界的"新冠肺炎疫情"。对于商业地产而言，疫情不会改变趋势，只会加速更新迭代。疫情危机将加速行业整体格局的重构，服务模式的重构，甚至业务模式的重构。在重构的过程中，商业地产的整体逻辑是不会变的，甚至对其关键元素进行了强化。

　　黑天鹅事件是无法预测的，市场也会发生剧变，许多创新得到明显加速，实际上，创新从来不是脑洞大开，包括这次疫情使数字化服务飞速成长，但其进程早在几年前已经开

始萌动与成长，疫情只是它的催化剂。突发事件和创新并不是因果关系，突发事件是加速器，创新的本质是根据消费痛点去探究机会。

疫情对中国消费的影响，是短期的而非长期的，影响局部而非整体。虽然疫情使得各行各业都按下了"暂停键"，但随着疫情逐步得到控制，市场会逐步恢复正常。没有一个春天不会来到，商业地产也面临"疫后重生"的挑战与机遇……

至成文之时，国外的疫情还没有结束。国内已进入疫后重建阶段，人们的生活、消费都随着疫情变化而充满着诸多不定因素，商家和平台的应对方式也在不断调整之中。经过这次疫情的"洗礼"，多少新的商业模式能够因此定型、多少新的消费习惯能够因此养成，还有待后续观察。让我们通过现象，分析其本质与背后的逻辑，展望商业地产新的发展趋势。

7.4.1 "宅经济"新习惯与消费新特征

对于商业变化而言，新冠肺炎疫情给人们带来了生活习惯上的改变，值得我们重视。行为心理学研究表明：21天以上的重复会形成习惯，90天的重复会形成稳定的习惯。习惯的养成是非常困难的，但是习惯一旦形成，想要改掉同样是非常困难的。

2020年疫情升级，线下娱乐取消，人们只能宅在家中，通过互联网进行社交、娱乐、获取资讯、学习技能……据数据分析公司（Quest Mobile）的QM报告数据，疫情期间，每个网民每天花在移动互联网上的时长比疫情前增加了21.5%。

新冠肺炎疫情在给餐饮、旅游等行业造成一定冲击的同时，网络购物、餐饮外卖、网络游戏等"宅经济"却逆势大涨，生鲜配送、在线教育、远程办公、在线医疗等新型"宅经济"也发展迅猛，一场以"宅经济"为代表的消费革命风生水起。从高速运转的物流系统到持续激增的网上订购，从重新拟定的消费清单到及时调整销售方式的线下商家……异军突起的"宅经济"，撑起了今年春季档消费的"半边天"，为经济社会发展注入新活力，也成为一种备受关注的新业态、新模式。

"宅经济"特征如下：

①宅经济快速崛起，生鲜电商强势回归。

②宅经济下的生活拉动烘焙产品增长。

③宅经济下的在线教育迎来高潮。

④宅经济下的居家办公成新模式。

⑤宅经济下健康生活意识提升。

这次疫情使人们意识到健康生活方式的重要性，有意识地准备相关内容和商品，实际上也是购物中心在其基础功能之上的消费升级。健康和安全的认知是人们体悟最深的，短期内它将继续保持刚性需求。除了人对健康的重视以外，人们对商品品质也有更高的要求。另外的一个潜在需求是：人们长时间宅在家里，回归自然与自由空间的需求，促使具有愉悦感的美学空间加大发展。与此同时，无接触式的服务，使人们更加理解了人工智能的重要性。

社区商业由于对人流的聚集性要求较低，又能满足居家生活的刚性需要，因此将在市场复苏中走出更快的一步。由于聚焦"最后一公里"经济，社区商业业态减少了远距离出行采购带来的风险，因此也在冲击中显现出了更强的韧性。由此次疫情所引发的社区市场需求，无疑将成为社区新零售业务进一步发展的催化剂。

7.4.2 实体商业从"新零售"到"新消费"的转型

"新零售"是马云在2016年10月的阿里云栖大会上的演讲中提出的概念，核心是线上和线下的融合。实体商业真正实现线上和线下的融合，将是提升品牌或项目未来的抗风险能力以及可持续竞争力的关键，也是实现从实体零售业向"新零售"全面转型的基础。将线下实体商业打造成"新零售"——具有强大的线上购物半径的"新零售"，将是提升品牌或商业项目未来抗风险能力及可持续竞争力的关键。

在"新零售"后，市场上又提出了"新消费"概念。什么是新消费？就是新需求、新供给和新行为。新消费就一定不只是卖货，而是重体验的商品和服务供给。消费场景的要素是：什么人、什么时候、什么地方、消费什么。未来商业要做的就是围绕消费场景进行业态创新。未来商业同时也是新消费的一个实践，也体现出了从新零售到新消费的进化。

此次"危机"的起因是担心被感染的人们减少出行令线下客流量下滑。线下被堵，线上自然成为出口。因此，在当前的困境中，线上营销成为品牌自救的方式之一。疫情终会过去，在高度数字化的当下，全方位社交零售才是社交媒体时代的终极目标。

购物中心将真正进入服务竞争和金融创新的新阶段，管理团队逐渐成为购物中心的核心资本。对于疫后消费回温，购物中心更应该好好利用数字化手段，以实现精准运营。如及时掌控商场动态，如客流、消费者购买喜好、引入什么、拒绝什么等，通过大数据手段进行筛选，再通过线上平台为消费者精准推送商品及服务，并利用私域流量以及各互联网平台打造线上分销渠道，以此搭建一个全方位的购物中心数字化生态系统。

在不到半年的时间内，我们见证了百年一遇的新冠肺炎大流行，上一次能够与之比拟的还是1918年的西班牙大流感。而疫情带来的还不只是经济危机，更令人担心的是金融危机。

疫情终将结束，未来中国的经济仍将保持稳定增长，加上中国广义货币增速已经回升至两位数，那么，我们认为，相比于持有几乎没有回报的现金类资产，未来无论是持有优质的房产还是股市，都应该会有更高的回报，新的一轮资产泡沫或正在酝酿。

如何在后疫情时代寻找机遇，将成为每一家商业地产商都必须面临的"年度大考"。作为商业地产的有效退出渠道的REITs政策值得我们关注。经济下行、不动产市场疲软带来资产价格下行风险，都是促使 REITs 登上历史舞台的重要因素。

面对危机，政策突破、退出渠道更加多元将是我们必然的选择。

变革与时代共舞——商业地产永恒的主题

商业地产依靠资本和规模进行大体量的简单复制终将成为过去时。在产业发展、消费模式升级的情况下，商业地产的功能与业态也产生了翻天覆地的变化。

随着市场的发展，人们已从纯物质消费渐渐转向了物质消费和精神消费并重，消费者在消费时不再仅仅关注商品本身，而是越来越注重购物、消费时的环境、心情与感受。目前，体验式消费开始大行其道，意味着居民消费的变化不仅仅体现在规模的扩大，更体现在消费形态的改变上。其中代表人类原始梦想的文化、娱乐业态开始越来越受欢迎，"商业、文旅综合体"成为新的发展方向之一。

我们正处于一个变革的时代，"山雨欲来风满楼"，信息革命正改变着人们的生活和工作方式。随着线下企业积极拥抱互联网，未来五年内，线上、线下的说法将消失，传统行业与互联网会高度融合。"互联互通、共生共赢"的互联网精神与商业综合体的"共生、互利"的核心理念高度重合，产品与服务的融合成为大势所趋。

如何突破同质化瓶颈，做出差异化和特色？这就必须再次回到"体验"上来。商业综合体在整体功能定位上，将逐渐强化生活化、休闲化、娱乐化、体验化、家庭化、创新化和服务化。

总之，这是一个充满变化的时代，而且是一个"无中生有"的时代。未来的商业地产必将是一场关于"想象力"的战争。各行各业唯有变革，才能适应时代而生存，商业综合体也不例外。商业综合体作为现代城市的"城中之城"，基本具备了现代城市的全部功能。这一切都在不断增加和完善综合体的功能，随着不同功能的差异化细分，每种功能又会演绎出千变万化的不同业态。因此，未来的商业综合体可能会根据自身的资源状况，选择具有优势的功能，作为核心功能来打造，其他的功能就会依托于周边的建筑群来实现。

我们是否可以遵循《失控》的作者凯文·凯利总结的"九律"那样去思考、去工作呢？如何无中生有？商业地产是如何演变、进化的？对于生命体而言，自然界充斥着共同进化。生物的社会行为越丰富，就越有可能形成互惠互利的关系。商业地产的发展亦如此，越是互相影响，共同努力，我们越能见证更多的共同进化的实例。我们研究商业地产的变化、大自然的进化，其实就是研究商业地产的进化方向。

面对商业地产的种种变化，我们准备好了吗？

2015年9月于上海

（引自《整合：商业综合体全程设计》）

期刊文章、专著及论文

1. 罗卿平. 高容量城市的空间设计对策——瑞安瑞祥新区城市设计探索 [J]. 建筑学报, 2006 (01): 29-31.

2. 林中杰, 时匡. 新城市主义运动的城市设计方法论 [J]. 建筑学报, 2006 (01): 6-9.

3. 徐洁, 林军. 商业综合体的城市竞争力模型——以东京六本木综合体为例 [J]. 时代建筑, 2005 (02): 28-31.

4. 艾侠. 中建国际: 当代都市综合体典型范式研究 [J]. 城市环境设计, 2011 (08): 186-189.

5. 钟纪刚, 李静波. 现代城市商业综合体的动线空间构成 [J]. 重庆建筑, 2008, 58 (08): 49-52.

6. 吴春花. 为都市中心而创建的成都远洋太古里——郝琳专访 [J]. 建筑技艺, 2014 (11): 40-47.

7. 耿松涛, 滕礼栎. 现代综合性多厅电影院设计与实践 [J]. 低温建筑技术, 2010, 32 (04): 25-26.

8. 金晶, 徐磊青. 地下车库的停车行为、效率与建筑设计——以上海两个大型商业空间的车库为例 [J]. 建筑学报, 2013 (08): 83-87.

9. 李蕾. 开放下的聚合——城市综合体的规划布局设计解析 [J]. 城市规划学刊, 2009 (06): 84-92.

10. 董贺轩, 卢济威. 作为集约化城市组织形式的城市综合体深度解析 [J]. 城市规划学刊, 2009 (01): 54-61.

11. 王宇. 中美城市综合体发展模式及设计差异 [J]. 世界建筑, 2013 (04): 124-127.

12. 邢和平, 赖建燕, 李盈霖. 建筑设计与商业管理的融合——商业经营管理者解析购物中心规划与建筑设计 [J]. 城市建筑, 2009 (05): 6-9.

13. 王桢栋. 当代城市建筑综合体研究 [M]. 北京: 中国建筑工业出版社, 2010.

14. 佳图文化. 商业综合体 [M]. 天津: 天津大学出版社, 2010.

15. 佳图文化. 商业综合体: Ⅱ [M]. 天津: 天津大学出版社, 2012.

16. 世联地产. 城市综合体研究报告 [Z], 2006.

17. 张国全, 郭雁, 叶松青. 城市综合体设计 [M]. 上海: 同济大学出版社, 2011.

18. 奚亮. 在华世界顶级设计机构之商业综合体设计解读 [M]. 天津: 天津大学出版社, 2011.

19. 凤凰空间·上海. 商业综合体: 集聚·共生·突破 [M]. 南京: 江苏科学技术出版社, 2013.

20. 刘念雄. 购物中心开发、设计与管理 [M]. 北京: 中国建筑工业出版社, 2001.

21. 国际购物中心协会. 购物中心专用术语词典 [M]. 时启亮, 侯文平, 译. 上海: 上海人民出版社, 2007.

22. 大连万达商业地产股份有限公司. 商业地产投资建设［M］. 北京：清华大学出版社，2014.

23. Koolhass R. S，M，L，XL［M］. New York：The Monacelli Press，1998.

24. 凯文·凯利. 失控［M］. 陈新武，等，译. 北京：新星出版社，2010.

25. 美国城市土地利用学会. 购物中心开发设计手册［M］. 肖辉，译. 北京：北京知识产权出版社，2004.

26. 毛里齐奥·维塔. 捷得国际建筑事务所［M］. 曹羽，译. 北京：中国建筑工业出版社，2004.

27. 天火同人工作室. 商业地产项目操盘指南：从定位规划到招商运营的开发实战［M］. 北京：化学工业出版社，2017.

28. 王利阳. 社区新零售［M］. 北京：人民邮电出版社，2017.

29. 戴叶子. 购物中心形态相关问题研究——以深圳特区为例［D］. 南京：东南大学，2010.

30. 牛力. 建筑综合体的空间认知与寻路研究［D］. 上海：同济大学，2007.

行业研究报告

1. 九洲远景

2. 中国民族证券

3. 戴德梁行

4. 中国房产信息

5. 高通智库

6. 商业地产行业动态

7. RET睿意德策略

8. 世联地产

互联网资料

1. 赢商网http：//www.winshang.com

2. 万达商业规划设计系统网http：//www.wanda-gh.com/

3. 上海环球港http：//www.global-harbor.com/

4. 大阪站前综合体http：//www.grandfront-osaka.jp/multilingual/kantai

5. 日本博多运河城www.canalcity.co.jp/cn/index.html

6. 日本GRANDTREE武藏小杉购物中心http：//www.grand-tree.jp/

7. 华润集团http：//www.crc.com.cn/

8. 太古地产http：//www.swireproperties.com/sc/default.aspx

9. 朗豪坊http：//www.langhamplace.com.hk/tc/

10. 上海尚嘉中心http：//www.lavenue-shanghai.com/

11. 上海iapmhttp：//weibo.com/iapmshoppingmall